U0529648

HUMANITIES AND SOCIETY

论革命

Hannah Arendt

[美国] 汉娜·阿伦特 著 陈周旺 译

译林出版社

图书在版编目（CIP）数据

论革命 /（美）汉娜·阿伦特（Hannah Arendt）著；
陈周旺译.—南京：译林出版社，2019.4（2022.7 重印）
（人文与社会译丛 / 刘东主编）
书名原文：On Revolution
ISBN 978-7-5447-7681-3

Ⅰ.①论… Ⅱ.①汉…②陈… Ⅲ.①法国大革命-
研究②美国独立战争-研究 Ⅳ.①K565.41②K712.41

中国版本图书馆 CIP 数据核字（2019）第 029180 号

On Revolution　by Hannah Arendt
Copyright © 1963, 1965 by Hannah Arendt
All rights reserved including the right of reproduction in whole
or in part in any form.
This edition published by arrangement with Viking, an imprint of Penguin
Publishing Group, a division of Penguin Random House LLC.
Chinese translation copyright © 2019 by Yilin Press, Ltd

著作权合同登记号　图字：10-2021-20 号

论革命　[美国] 汉娜·阿伦特 / 著　陈周旺 / 译

责任编辑　马爱新
特约编辑　陈秋实　张　诚
装帧设计　胡　苨
校　　对　季林巧
责任印制　单　莉

原文出版　PENGUIN Books, 2006
出版发行　译林出版社
地　　址　南京市湖南路 1 号 A 楼
邮　　箱　yilin@yilin.com
网　　址　www.yilin.com
市场热线　025-86633278
排　　版　南京展望文化发展有限公司
印　　刷　江苏苏中印刷有限公司
开　　本　880 毫米 × 1230 毫米 1/32
印　　张　9.75
插　　页　2
版　　次　2019 年 4 月第 1 版
印　　次　2022 年 7 月第 4 次印刷
书　　号　ISBN 978-7-5447-7681-3
定　　价　59.00 元

版权所有·侵权必究

译林版图书若有印装错误可向出版社调换。质量热线：025-83658316

主 编 的 话

刘 东

总算不负几年来的苦心——该为这套书写篇短序了。

此项翻译工程的缘起,先要追溯到自己内心的某些变化。虽说越来越惯于乡间的生活,每天只打一两通电话,但这种离群索居并不意味着我已修炼到了出家遁世的地步。毋宁说,坚守沉默少语的状态,倒是为了咬定问题不放,而且在当下的世道中,若还有哪路学说能引我出神,就不能只是玄妙得叫人着魔,还要有助于思入所属的社群。如此嘈嘈切切鼓荡难平的心气,或不免受了世事的恶刺激,不过也恰是这道底线,帮我部分摆脱了中西"精神分裂症"——至少我可以倚仗着中国文化的本根,去参验外缘的社会学说了,既然儒学作为一种本真的心向,正是要从对现世生活的终极肯定出发,把人间问题当成全部灵感的源头。

不宁惟是,这种从人文思入社会的诉求,还同国际学界的发展不期相合。擅长把捉非确定性问题的哲学,看来有点走出自我围闭的低潮,而这又跟它把焦点对准了社会不无关系。现行通则的加速崩解和相互证伪,使得就算今后仍有普适的基准可言,也要有待于更加透辟的思力,正是在文明的此一根基处,批判的事业又有了用武之地。由此就决定了,尽管同在关注世俗的事务与规则,但跟既定框架内的策论不同,真正体现出人文关怀的社会学说,决不会是医头医脚式的小修小补,而必须以激进亢奋的姿态,去怀疑、颠覆和重估全部的价值预设。有意思的是,也许再没有哪个时代,会有这么多书生想要焕发制度智慧,这既凸显了文明的深层危机,又表达了超越的不竭潜力。

于是自然就想到翻译——把这些制度智慧引进汉语世界来。需要说明的是,尽管此类翻译向称严肃的学业,无论编者、译者还是读者,都会因其理论色彩和语言风格而备尝艰涩,但该工程却绝非寻常意义上的"纯学术"。此中辩谈的话题和学理,将会贴近我们的伦常日用,渗入我们的表象世界,改铸我们的公民文化,根本不容任何学院人垄断。同样,尽管这些选题大多分量厚重,且多为国外学府指定的必读书,也不必将其标榜为"新经典"。此类方生方成的思想实验,仍要应付尖刻的批判围攻,保持着知识创化时的紧张度,尚没有资格被当成享受保护的"老残遗产"。所以说白了:除非来此对话者早已功力尽失,这里就只有激活思想的马刺。

主持此类工程之烦难,足以让任何聪明人望而却步,大约也惟有愚钝如我者,才会在十年苦熬之余再作冯妇。然则晨钟暮鼓黄卷青灯中,毕竟尚有历代的高僧暗中相伴,他们和我声应气求,不甘心被宿命贬低为人类的亚种,遂把迻译工作当成了日常功课,要以艰难的咀嚼咬穿文化的篱笆。师法着这些先烈,当初酝酿这套丛书时,我曾在哈佛费正清中心放胆讲道:"在作者、编者和读者间初步形成的这种'良性循环'景象,作为整个社会多元分化进程的缩影,偏巧正跟我们的国运连在一起,如果我们至少眼下尚无理由否认,今后中国历史的主要变因之一,仍然在于大陆知识阶层的一念之中,那么我们就总还有权想象,在孔老夫子的故乡,中华民族其实就靠这么写着读着,而默默修持着自己的心念,而默默挑战着自身的极限!"惟愿认同此道者日众,则华夏一族虽历经劫难,终不致因我辈而沦为文化小国。

一九九九年六月于京郊溪翁庄

目　录

导　言　战争与革命 …………………………………… 001
一　革命的意义 ………………………………………… 011
二　社会问题 …………………………………………… 051
三　追求幸福 …………………………………………… 108
四　立国（一）：构建自由 …………………………… 135
五　立国（二）：新秩序的时代 ……………………… 177
六　革命的传统及其失落的珍宝 ……………………… 215

索　引 …………………………………………………… 283
译后记 …………………………………………………… 296

导　言
战争与革命

　　迄今为止，战争与革命决定了二十世纪的面貌，仿佛所发生的那些事件，都只不过是在仓促地兑现列宁先前的预言。十九世纪的意识形态，诸如民族主义和国际主义、资本主义和帝国主义、社会主义和共产主义，尽管仍然被许多人拿来为自己正名，却与当前世界的重大现实丧失了联系。与之截然不同的是，战争与革命依然是当前世界两个核心的政治问题。它们要比自己的一切意识形态辩解更具生命力。革命引导着一代又一代的人前仆后继，"在强国林立的地球上，承担自然法和自然神赋予他们的独立而平等的地位"。但战争所造成的大灭绝，威胁着以革命来解放全人类的希望。革命只剩下一个最为古老的理由，那就是"以自由对付暴政"。实际上，从我们的历史一开始，它就决定了政治的存在。

　　这本身就足以让人大吃一惊了。现代"科学"，无论是心理学还是社会学，都以揭露真相为己任，在它们的合力围攻之下，其实已经没有什么东西比起自由的概念看起来更应该安然入土的了。原以为革命家是这样一种人，他们心安理得，甚至死心塌地将自己维系在这样一个传统之上：若是缺少了自由的观念，这个传统几乎就无从谈起，更说不上有什么意义。孰料竟连他们也宁愿把自由贬为中下层人的偏见，不愿承认革命的目的过去是而且一向就是自由。如果说，自由一词从革命的语汇中消失是那样不可思议；那么，近年来自由的观念卷入当下最严峻的政治争论的暴风眼中，卷入对战争和暴力合理之运用的讨论中，也是同样不可思议的。从历史上看，战争是有史以来最古老的现象，而革命，确切说来，在现代以前并不存在，只有在最近的重要政治资料中，方可找到它们。与革命相比，战争的目的只在极少数情况下才与自由有关。诚然，类似战争的、反抗外国侵略者的起义，常常会令人感到无比神圣，但是，它们从来也没有被人当成是唯一的正义战争，无论是在理论上，还是在实践上。

　　为战争正名，即便是在理论上，也算由来已久，不过它当然不比有组织战争的历史悠久。显然，其中一个先决条件就是坚信政治关系在正常进程中不会沦落到任由暴力摆布的境地。我们在古希腊第一次发现了这种信念。希腊城邦polis，即城邦国家，开宗明义地将自己界定为一种单纯依靠劝说而不依靠暴力的生活方式（这绝非自欺欺人的空话，不说别的，就拿"劝说"那些被判死刑的人服毒酒自尽这个雅典习俗来说，足见雅典公民在任何情况下都可免遭肉刑的羞辱）。不过，由于古希腊政治生活的范围并没有超出城邦的城墙之外，故对他们而言，在我们今天所说的外交事务或国际关系的领域中使用暴力，乃是天公地道，不言而喻。他们的外交事务，也只不过涉及希腊城邦之间的关系。唯一的例外是希波战争，它见证了全希腊都团结起来。在城邦的城墙之外，也就是说，在希腊意义上的政治领域之外，"强者行其所能为，弱者忍其所必受"（修昔底德）。

这样一来，我们就必须求助于古罗马，以寻找历史上为战争的第一次正名，寻找第一个认为存在正义和非正义战争之分的观念。可是罗马人的区分与正名，都跟自由无关，对侵略性和自卫性的战争也不加任何区别。"必然之战皆正义，"李维说，"当武力是唯一希望之所在，武力就是神圣的。"（"Iustum enim est bellum quibus necessarium, et pia arma ubi nulla nisi in armis spes est."）自李维时代起，千百年来，必然性所意味的诸多事情，时至今日，用来给一场战争扣上非正义的帽子，要比冠以正义的帽子更加绰绰有余。征服、扩张、维护既得利益，鉴于咄咄逼人的新权力崛起而拼命维持自己的权力，抑或是支持既有的权力均衡——所有这些众所周知的权力政治现实，不仅是历史上大多数战争爆发的实际原因，还被认为是"必然性"，也就是说，被认为是诉诸武力解决的正当动机。侵略是一种罪行，只要是抵御或防范侵略，战争就是有理的，这种观点只有在第一次世界大战使现代科技条件下的战争所具有的可怕杀伤力一览无余之后，才获得了实践的乃至是理论的意义。

在传统上，为战争正名显然不以自由为论据，而是把战争当作国际政治的最后手段。也许正是因为这一点，我们今天无论何时一旦听说自由被引入了有关战争问题的争论，都会感到极其不快。"不自由毋宁死"之类的高谈阔论，面对核大战超乎想象的空前杀伤力，不仅沦为一种空谈，而且简直就是荒诞不经。其实，为了自己国家和后代的自由而甘冒生命危险，与基于同样目的而牺牲全人类，两者之间是那样判若云泥，这就难免让人对"宁死也不赤化"或"宁死也不做奴隶"这些骗人口号的卫道士们大起疑心。当然，这并不是说，倒过来"宁可赤化也不愿死"就有多少可取之处。当一条旧真理已经过时，靠头足倒置并不能变得更真实。事实上，今天对战争问题的讨论，还处在这些术语的支配之下，从这一点就不难察觉，双方都是各怀心事的。号称"宁死也不赤

13 化"者实际上在想：损失不会像有些人料想的那样严重，我们的文明会幸免于难；号称"宁可赤化也不愿死"者实际上在想：奴役并没有那么糟糕，人不会改变他的天性，自由不会从地球上永远消失。换言之，此乃诓世欺人之谈，因为双方都在回避自己提出的荒唐取舍；他们并没有当真。[1]

　　重要的是记住，自由观念被引入有关战争问题的争论，乃是在以下这一点昭然若揭之后：我们的技术进步已经达到了无法对杀伤手段加以理性运用的阶段。换言之，在这场争论中，自由看起来就像是一个deus ex machina（"解围之神"），证明那些以理性为基础的东西已经变得不可理喻。难道我们无法将当前令人绝望的纷争硬说成是黎明前的黑暗，称国际关系将会发生一场深刻的变革，也就是说，甚至不需要国际关系彻底变革，不需要人的心灵和思想发生内在变化，战争就将会从政治舞台上消失？会不会是这么一回事：我们目前在这个问题上的困惑，表明我们对战争的消失毫无准备，表明我们要是不提起这一作为最后手段的"其他手段的继续"，就没有能力根据外交政策来进行思考了？

　　除了大灭绝的威胁之外——可以假设，通过新技术的发明，如一种"无放射性"炸弹或一种反导导弹来消除这种威胁——还有一些迹象指向这个方向。第一个事实便是，全面战争的种子早在第一次世界大战时期就已经萌芽，那时，士兵和平民之间的区分再也得不到尊重了，因为它与那时使用的新式武器相冲突。诚然，这一区分本身是较为现代的成就，它的实际废除，只不过意味着战争又倒退到罗马人将迦太基

---

[1] 据我所知，敢于直面核武器的恐怖和极权主义的威胁，而毫无顾忌地讨论战争问题的，唯卡尔·雅斯贝尔斯的《人类的未来》（Chicago, 1961）。

人从地球上永远消灭掉的时代。然而，在现代条件下，全面战争的出现或重现，具有一种十分重要的政治意义，因为它违背了一个基本假设：保卫平民百姓是军队的功能。政府的军事部门和民事部门之间的关系就建立在这一假设之上。相形之下，本世纪的战争史简直就像是在讲述这样一个故事，那就是军队越来越不能履行这一基本功能，发展到今天，威慑战略公然改变了军队的角色，使它从保卫者变成了一个滞后的、本质上没有作用的报复者。

国家和军队的关系就这样扭曲了，与之密切相关的第二个事实虽不怎么惹眼，却颇值得重视：自从第一次世界大战结束，我们就不由产生一种希冀，希望任何政府、任何国家或任何政府形式都不会强大到可以从战败中幸免于难。这一发展可以追溯到十九世纪，普法战争之后第二帝国被法兰西第三共和国取代；1905年的俄国革命则是随日俄战争的失败而来，这场革命无疑是政府潜在危机的不祥之兆，专等军队失利而爆发。无论如何，政府的革命性变革，不管是由人民自己造成的，如第一次世界大战之后那样，还是由得胜方凭借无条件投降和战争审判的要求从外部强加的，今天都不外乎是战败最有可能招致的后果之一——当然，条件是人类还没有在战争中大灭绝。这一事态发展应归咎于政府本身致命的弱化，归咎于权力丧失了应有的权威，还是说，任何国家、任何政府，无论多么稳固、多么得到公民的信任，都经不住现代战争所释放出来的，加诸全体人口的无与伦比的暴力恐怖，这些在本文中都是无关宏旨的。事实上，甚至在核战恐怖之前，战争就已经成为政治上生死攸关的问题，虽然还不是在生物意义上。这就意味着，在现代战争的条件下，也就是在第一次世界大战以后，所有的政府都不过是在苟延残喘。

第三个事实似乎指出了通过引入威慑这一军备竞赛的指导原则，

15 战争本来的性质发生了剧变。的确,威慑战略的"实际目标是避免而不是打赢它煞有介事地准备的战争。它企图靠永远不会实施的恐吓,而不是行动本身,来达到目的"。[1]要知道,和平是战争的目的,所以战争是和平的准备,这种见识至少早在亚里士多德那里就有了。至于谎称军备竞赛的目的是保卫和平,那恐怕就更古老了,换言之,它与发现宣传机关发明的谎言一样历史悠久。但问题的关键在于,今天,不管是出于真心还是假意,避免战争不仅是整个政策的一个目标,而且已经成为军备活动本身的指导原则。换言之,部队不再为一场政治家们希望永远都不会爆发的战争未雨绸缪,他们本身的目标已经变成发展武器来遏制战争。

而且,与这些可以说是自相矛盾的努力遥相呼应的是,"冷"战可能取代"热"战这一严峻问题已经浮出了国际政治的地平线。我不愿意否认,也让我们心存一丝希望:现在大国暂时恢复核试验,目的主要在于开发和发明新技术。不过在我看来,无可否认的是,这些试验跟先前的不一样,它们也充当了政策工具。作为和平年代一种新型的对抗演习,它们本身就具有危险性。参与演习的不是常规部队对抗演习中一对假想的敌人,而是一对真正的敌人,至少是潜在的敌人。核军备竞赛仿佛已经变成了某种试探性的战争,彼此向对方炫耀手中武器的杀伤力。这场条件和时间都未定的死亡游戏突然间变成现实的可能性一直都是存在的;而一天的胜负就可以结束一场前所未有的战争,这一切绝非不可想象。

这纯属幻想吗?非也。自从原子弹第一次亮相那一刻起,我们就

---

[1] 参见雷蒙·阿隆,"Political Action in the Shadow of Atomic Apocalypse", in *The Ethics of Power*, edited by Harold D. Lasswell and Harlan Cleveland, New York, 1962。

面临这样一种假想战争,至少是潜在的。很多人那时认为,现在也依旧认为,只要挑选一群日本科学家,向他们演示这种新式武器,就可以迫使日本政府无条件投降,因为这样一种演示对那些内行人来说就构成了无可辩驳的证据,证明具有一种绝对优势,靠时来运转,靠其他因素都改变不了。广岛事件过去十七年了,我们对杀伤手段的技术掌控正在飞速迈向这一步:战争中的一切非技术因素,比如士气、策略、指挥官的才能,甚至纯粹的机缘巧合,都被彻底消除,这样就能提前将结果精确地计算出来。一旦做到了这一点,单纯试验和演示的结果对于专家们,就跟以前战场、领土征服和会谈破裂等对于双方的军事专家们一样,都是判断胜负的真凭实据了。

最后也是本文最重要的事实是,战争与革命的相互关系,也就是它们的一致性和相互依存性都在稳步增长,而两者关系的重心越来越从战争转向革命。诚然,战争与革命相互关联,这本身并不是什么新奇现象,而是和革命本身一样历史悠久。革命要么像美国革命一样,以解放战争为先导或伴随它而发生,要么就像法国大革命一样,导致自卫战争或侵略战争。此外,在本世纪出现了一类截然不同的事件:对于革命将要释放的暴力而言,战火似乎只不过是一支序曲,一个准备阶段(这也是帕斯捷尔纳克在《日瓦戈医生》中对于俄国的战争与革命的理解);抑或相反,世界战争表面上就像是革命的后果一样,是一种在全球范围内蔓延的内战,比如,就连第二次世界大战,也要根据大部分人的公共意见,以充分的正当理由来看待。二十年后,战争的目的就是革命,能为战争正名的唯一理由就是为自由而革命,这几乎变成了不争的事实。这样一来,无论我们目前的困境将导致什么样的后果,假如我们没有被完全灭绝,与我们一道走向不可预见的未来的,很可能就是革命,有别于战争的革命。即使我们能成功地改变这个世纪的面貌,使它不再是一个战争的世纪，它充其量也依然是一个革命的世纪。这是一场将今天的世界分裂的竞赛，并且，在这场竞赛中，许多东西都变得岌岌可危。理解革命的人将可能获胜，而那些死抱着传统意义上的权力政治不放，相信战争是一切外交政策最后手段的人，在不久的将来也许会发现，自己只不过是掌握了一门毫无用处而又过时的手艺。对反革命的精通反击不了，也替代不了这种对革命的理解。反革命一词，是孔多塞在法国大革命中创造的，它总是与革命联系在一起，就像反动和行动联系在一起一样。德·迈斯特的名言："La contrerévolution ne sera point une révolution contraire, mais le contraire de la révolution."（"反革命不是一场颠倒的革命，而是革命的对立面。"）这句话从1796年说出之时起，自始至终就是一句风趣的空话。[1]

可是，在实践上和理论上将原本密切相关的战争与革命加以区分，不管多么必要，我们也不可不留意一个简单的事实：在暴力领域之外，战争和革命甚至是无法想象的。这一事实足以将它们一道从其他一切政治现象中分离出来。为什么战争容易导致革命，为什么革命会显露出引发战争的危险倾向？无可否认其中一个原因就在于，暴力是两者的共性。甚至在缺乏任何革命传统的条件下，而且即便以前从未发生过革命，在第一次世界大战中释放出来的大量暴力，其实已经足以在战

1　德·迈斯特在他的 *Considérations sur la France*（1796）中回应了孔多塞，后者将反革命定义为 "une révolution au sens contraire"（反方向的革命），参见 *Sur le Sens du Mot Révolutionnaire*（1793）in *Oeuvres*, 1847—1849, vol.XII。

从历史上说，保守思想和反动活动，都不仅来自它们最顽固的立场和它们的 élan（冲动），而且来自它们在法国大革命这一事件中的存在状态。它们产生的理念或观点几乎无一不是首先用作口舌之争的，在这一意义上，它们自始至终都是派生的。另外，这也是保守主义思想家一直善于舌战的原因，而革命者，要是他们也要发展一种令人信服的舌战风格，那就要从他们的对手那里好好学一下这门手艺。保守主义，既不是自由主义也不是革命思想，它从本源上而且其实几乎从定义上，就是好战的。

后余波中引发革命了。

当然,战争并不是完全被暴力决定的,更不用说革命了。在暴力绝对统治之处,例如极权政体的集中营,不仅法律——就像法国大革命美其名曰的那样,les lois se taisent(法律保持沉默)——而且一切事物、一切人,都一定要陷入沉默。正是因为这种沉默,暴力成为政治领域的边缘现象。人,就他是一个政治存在而言,被赋予言说的权力。亚里士多德对人下的两个著名定义,即人是一个政治存在和一个能言说的存在,两者相辅相成,都涉及相同的希腊城邦生活体验。此中关键在于,暴力本身是无法言说的,而不单在于言说面对暴力是孤立无助的。由于这一无言性,政治理论极少论及暴力现象,而会将有关暴力现象的讨论留给技术专家。政治思想只能听从政治现象自身的表达,它始终限于人类事务领域中呈现出来的东西。这些呈现出来的东西与物理事实相反,它们需要言说和表达。也就是说,它们是某种为了彻底展现出来,从而超越仅仅是物理上看得见和听得见的东西。因此,一种战争理论或者革命理论只能为暴力正名,因为这种正名构成了它的政治界限;如果反过来,这种正名越出雷池,赞美暴力或为暴力本身正名,它就不再是政治的而是反政治的了。

暴力在战争和革命中担当了主角,由此看来,严格地说,战争和革命都发生在政治领域之外,即便它们在有记录的历史中举足轻重也是枉然。这一事实,使饱经战争和革命的十七世纪走向了一种所谓"自然状态"的前政治状态假设。当然,这绝不是说"自然状态"可以当作一个历史事实来看待。这一假设至今没有过时,就在于它承认政治领域并不会在人们生活在一起的地方自发地形成,承认在那里存在着这样一些事件:尽管它们可能发生在特定的历史语境中,但并不是政治事件,甚至和政治毫无关系。无论我们是按照因果关系,潜在与显在的关系还是辩证运动的形式,甚至遵循简单的先后顺序,来设想这种自然状态,这一概念至少间接地指出了一种十九世纪的进步观所无法涵盖的现实。因为,自然状态的假设意味着存在一个开端,开端与它之后的一切泾渭分明,仿佛隔着不可逾越的鸿沟。

  开端问题与革命现象之间的关联是显而易见的。这样的一个开端,一定与暴力具有内在联系。传说中我们的历史开端似乎证实了这一点,如《圣经》和典故所说的:该隐杀亚伯,罗慕路斯杀雷穆斯。暴力是开端,同样,如果没有暴力的运用,没有忤逆之举,就不能缔造开端。这些在我们的《圣经》传统和世俗传统中第一次有文字记载的行为,无论是被人当作传说来流播,还是当作历史事实来信奉,都已经裹挟着一股力量穿越了时代的长河。人类的思想,只有化为贴切的比喻或广为流传的故事,才会具备这样的力量,而这样的情形庶几稀矣。这些故事都是直言不讳的:无论人类能拥有多么深厚的兄弟情谊,这一兄弟情谊都是来自兄弟仇杀;无论人类能够形成什么样的政治组织,这些政治组织都是起源于罪恶。开端是一场罪行,"自然状态"一词不过是对它进行理论净化的一种释义。千百年来,这一信念对人类事务状态而言,与圣约翰第一句话"太初有道"对于救赎事务而言一样,都具有一种不言而喻的说服力。

一

革命的意义

1

在此,我们不谈战争问题。我提到的隐喻,以及在理论上阐释这个隐喻的自然状态理论,与革命问题的关系更为重大,因为,革命是唯一让我们直接地、不可避免地面对开端问题的政治事件,尽管这个隐喻与自然状态理论,常常被用来为战争和战争暴力正名,理由就是人类事务固有的,并在人类历史的罪恶开端中揭示出来的原罪。无论我们企图如何去界定革命,革命都不是一种纯粹的变动。现代革命,与罗马历史上的mutatio rerum(动荡),与困扰希腊城邦的内乱 στάσις,都毫无共同之处,我们不能把它等同于柏拉图的 μεταβολαί (一种政府形式半自然的转型);也不能等同于波利比乌斯的 πολιτείων ἀνακύκλωσις (人类事务由于总是被推向极端而注定陷入其中的规定性循环)。[1] 政治变动以及

---

[1] 古典主义者知道,事实上,"我们的'革命'一词与στάσις或μεταβολὴ πολιτείων都不是完全对应的"(W. L. Newman, *The Politics of Aristotle*, Oxford, 1887—1902)。详见 Heinrich Ryffel, *Metabolé Politeion*, Bern, 1949。

随之而来的暴力，在古代司空见惯，不过对它来说，两者都不会带来什么全新的东西。变动没有打断被现代称之为历史的那个进程，它根本就不是一个新开端的起点，倒像是退回到历史循环的另一个阶段，描述了一个取决于人类事务本性，因而本身一成不变的进程。

不过，对现代革命来说还存在另一个方面，从中会更有把握在现代之前找到革命的先例。谁能否认社会问题在一切革命中所具有的举足轻重的作用，谁能不想起亚里士多德，在他开始翻译和解释柏拉图的μεταβολαί时，就已经发现了我们今天所谓经济动机的重要性——富人推翻政府就会建立寡头制，穷人推翻政府就会建立民主制？在古代同样尽人皆知的是，暴君依仗平民或穷人的支持上台，他们保持权力最大的胜算就在于人民对条件平等的渴望。将一国的财富与政府相联系，认为政府形式与财富分配密切相关，怀疑政治权力仅仅是经济权力的结果，并最后得出结论，利益是一切政治冲突的驱动力，所有这些当然不是马克思的发明，也不是哈林顿的发明："统治权就是财产、不动产或私有财产。"也并非勒翰的发明："国王统治人民，利益统治国王。"假如谁想指责某一个作者采用了所谓唯物主义的历史观点，谁就不得不追溯到亚里士多德，因为他是第一个声称利益（他称作συμφέρον）对个人、团体和人民都有用处，在政治事务中居于并且理当居于至高无上的统治地位的人。

然而，这些受利益驱动的颠覆和骚乱，虽然在新秩序确立之前，只会造成暴力频仍、血流成河，却都依赖于一种穷富差别，这一差别本身在政治体（body politic）内注定是自然而不可避免的，就像生命对于人体一样。只有当人们开始怀疑，不相信贫困是人类境况固有的现象，不相信那些靠环境、势力或欺诈摆脱了贫穷桎梏的少数人，和受贫困压迫的大多数劳动者之间的差别是永恒而不可避免的时候，也即只有在现代,而不是在现代之前,社会问题才开始扮演革命性的角色。这种怀疑,确切地说是一种信念,也就是相信地球上的生命会被赐以丰饶之福而不会被咒以匮乏之苦,就其本源来说,是前革命的和美国式的,它直接来源于美国殖民地的经验。现代意义上的革命,意味着社会的根本性变化,它标志性的一步就是,约翰·亚当斯在美国革命实际爆发之前十多年就宣称:"我一直认为拓居美洲是一个宏伟计划的开端和神意的安排,为的是令无知者启蒙,令全人类中的受奴役者解放。"[1] 它理论性的一步就是,先有洛克(也许是受了新世界殖民地繁荣景象的影响),继而是亚当·斯密,他们都坚持,劳动和辛劳根本不是贫穷所专有的,也根本不是贫穷对无财产者的惩戒,相反,劳动是一切财富的源泉。这样的话,穷人、"全人类中的受奴役者"的造反,确实就不仅仅以解放自己、奴役他人为目的了。

匮乏一直被认为是永恒而不可改变的。凭借独一无二的技术发展,近代以来确实发现了消除匮乏之苦的手段。远在此之前,美国就已经成为无贫困社会的象征。而只有在此之后,并且只有在欧洲人懂得了这一点之后,社会问题和穷人造反才开始真正扮演革命性的角色。古代的永恒轮回以一个据说是"天生"的贫富差别为基础。[2] 美国社会事实上先于革命爆发而存在,一劳永逸地打破了这个循环。关于美国革命对法国大革命的影响,学术上的探讨汗牛充栋(关于欧洲思想家对美国革命进程的决定性影响的学术探讨也不遑多让)。但不管这些研究多么雄辩、多么启人疑窦,那些对法国大革命的进程具有显著影响的事实,诸如法国大革命肇始于制宪会议,《人权宣言》仿效了弗吉尼亚

---

[1] 参见他的 *Dissertation on the Canon and the Feudal Law* (1765), *Works*, 1850—1856, vol.III, p.452。
[2] 基于这一理由,波利比乌斯称政府从一种形态向另一种形态发生转型,产生的 κατὰφύσιν 是自然的。参见《历史》,VI. 5.1。

的权利法案，等等，都无法与当时还是英国殖民地的北美大陆的，被雷奈神父称为"惊人的繁荣"的冲击力相提并论。[1]

我们还有充分的机会去探讨美国革命对现代革命进程的影响，确切地说是它的无影响。无论是这一革命的精神，还是国父们睿智闻达的政治理论，都没有对欧洲大陆产生太大影响，这是毋庸置疑的事实。美国革命者那些算得上是最伟大的新共和政府的创举，他们在政治体内对孟德斯鸠分权理论的应用和发挥，对各个时代欧洲革命者思想的影响都微乎其微。就在法国大革命爆发前夕，杜尔哥立即抛弃了它，因为他关注的是民族的主权，[2]民族的"最高权力"——majestas（最高权力）是让·布丹的原词，杜尔哥将它翻译成souveraineté（主权）——据说是要求不可分割的中央权力。民族的主权，一如在漫长的绝对君主制时代中所理解的那样，是公共领域本身的最高权力，这似乎与建立共和国互相矛盾。换言之，老资格的民族国家，甚至不等欧洲革命登台，看来就已经事先将它扼杀在摇篮之中。有些因素在另一方面给其他一切革命都提出了一个最迫切、政治上最棘手的问题，即表现为贫苦大众悲惨境况的社会问题，却在美国革命进程中几乎无迹可寻。尽管尚未爆发美国革命，但革命的条件在《独立宣言》很久以前就已经确立，并在欧洲广为人知，欧洲滋养了革命的热情。

新大陆变成了穷人的避难所、"庇护院"和聚集地；一种新的人产

---

[1] 关于美国革命对1789年法国大革命的影响，参见 Alphonse Aulard, "Révolution française et Révolution américaine", 载于 *Études et Leçons sur la Révolution Française*, vol. VIII, 1921; 有关雷奈神父对美国的描述，参见 *Tableau et Révolutions des Colonies anglaises dans l'Amérique du Nord*, 1781.

[2] 约翰·亚当斯的 *A Defense of the Constitutions of Government of the United States of America* 是为了回应杜尔哥在1778年致 Dr Price 的信中的攻击而写。决战一方是杜尔哥坚持中央集权之必要性，另一方是《联邦宪法》的分权。特别是在亚当斯的《初步考察》中，他大量引述杜尔哥的信。*Works*, vol.IV.

生了,他们"通过温和政府的丝般纽带联合起来",生活在"愉悦的统一"条件下,从中消除了"比死亡更糟糕的赤贫"。不过,说这些话的克雷夫科尔,却强烈反对美国革命。在他看来,这不过是"大人物"针对"平民百姓"的一种阴谋。[1]先是在欧洲继而遍及全世界的,使人们的精神普遍革命化的,并不是美国革命,也不是它对成立一个新政治体、新政府形式的专注,而是美国这个"新大陆",美国人这种"新人",以及那种"可爱的平等",按照杰斐逊的说法,就是"不问贫富,人皆共享"的平等。以致从法国大革命后期一直到当代的革命,对于革命者来说,更重要的是改变社会的结构,而不是政治领域的结构,美国可是在革命之前就完成了这一改变。如果说在现代革命中真的没有什么比社会条件的剧变更加生死攸关,那么就有人不免会说,这一切都归咎于美洲的发现和新大陆的殖民——在新世界,"可爱的平等"是自然而然,可以说是有机地生长起来的;而在旧世界,一旦给人类带来新希望的福音传来,"可爱的平等"似乎只能通过革命的暴力和流血来实现。持这一见解的版本数不胜数,每每鞭辟入里。这在当代历史学家眼中,早已经习惯成自然,他们顺理成章地推论说,美国未曾发生过革命。十分值得注意的是,这一观点在某种意义上也得到了卡尔·马克思的支持。他好像相信,自己对资本主义的未来和即将到来的无产阶级革命的预言,并不适用于美国的社会发展。无论马克思的论断有多少可取之处——这些论断对现实的理解,肯定是马克思的追随者们所无法企及的——这些理论本身在美国革命这一简单事实面前都不攻自破了。事实是牢不可破的,不会因历史学家和社会学家拒绝从中取经而消失,尽管它们也会湮

---

[1] 出自 J. 克雷夫科尔,*Letters from an American Farmer* (1782), Dutton 平装本,1957,尤其可参见信 III、信 XII。

灭，那只是因为它们被所有人遗忘了。在此，这种遗忘不是学究气的，它事实上宣告了美利坚共和国的终结。

一切现代革命本质上都源于基督教，哪怕它们打着信仰无神论的幌子，这种论调并不稀罕，对此尚需讲上几句。支持该论调的各种论点，通常都针对早期基督教派所具有的明显的造反天性：它强调上帝面前的灵魂平等，它公然蔑视一切公共权力以及它天国王朝的允诺。这些观念和希冀，据说已经渗入现代革命之中，尽管是通过宗教改革这一世俗化的形式。世俗化，即政教分离，和世俗王国兴起并获得自身的尊严，这肯定是革命现象中一个至关重要的因素。不错，我们所谓的革命，确切地说，就是造就一个新的世俗领域的短暂阶段。这一点终将得到证明。不过，如果当真如此，那么就是世俗化本身，而不是基督教教义的内容构成了革命的起源。这种世俗化的第一个阶段不是宗教改革，而是绝对主义的兴起；因为根据路德的观点，上帝之道挣脱教会的传统权威之日，就是"革命"摇撼世界之时。"革命"经久不息，并将适用于一切世俗政府形式；它并不建立新的世俗秩序，反倒持续不断地动摇着一切尘世建制的基础。[1] 路德固然因为最终成为一个新教会的奠基者，而跻身于历史上伟大奠基者之列，但他创立的东西，不是也绝不可能是一个 novus ordo saeclorum（新秩序的时代）；相反，无论它会是什么，都意味着将一种真正的基督教生活更彻底地从对世俗秩序的忧虑和考虑中解放出来。这并不否认，路德解除权威和传统之间的纽带，企图将权威建立在上帝之道的基础上，以取代从传统中获得的权威，这对

---

[1] 路德的 "Fortunam constantissimam verbi Dei, ut ob ipsum mundus tumultuetur. Sermo enim Dei venit mutaturus et innovaturus orbem, quotiens venit"，我将它诠释为："上帝之道最恒久的宿命，就是以它的名义，令世界陷入动荡不安。因为，上帝降言是为了改变和复兴整个地球，使之达到上帝之道。"

一　革命的意义

权威在现代的丧失,起到了推波助澜的作用。但是,如果光靠自己,而没有一个新教会的创立,这一点也将始终无法灵验,就像从菲奥雷的约阿希姆到西吉斯蒙德改革的中世纪晚期的末世论景象和预测一样。近人猜测,后者据认为可能无意中充当了现代意识形态的先驱,尽管我对此表示怀疑。[1]同样,人们也可以在中世纪的末世运动中看到现代大众式歇斯底里的先驱。可是,哪怕连一场造反也远不只是大众式歇斯底里,更何况革命呢。因此,造反精神在某种严格意义上的现代宗教运动中锋芒毕露,却总是在某种大复苏或复兴运动中画上句号。不管它在多大程度上使那些歇斯底里发作者"康复",却始终不会有什么政治结果和历史意义。而且,基督教义本身就是革命的这一理论,并不比美国革命不存在的理论,更能在事实面前站得住脚。事实上,在现代之前,不曾有任何革命是以基督教的名义发动的,以致支持这一理论最好的理由,无非就是需要现代性来解放基督信仰中的革命性因子。这显然是在回避问题。

不过还有另一种主张,更接近问题的实质。我们强调过创新性因素乃是一切革命所固有的。人们常常挂在嘴边的就是,我们整个历史意图都起源于基督徒,因为历史进程遵循直线式发展。显然,只有在直线式时间概念的条件下,诸如创新性、事件的独特性等现象,才是可以想象的。是的,基督教哲学打破了古代的时间概念,因为基督的降生,发生在人的世俗时间之中,既构成了一个新的开端,也构成了一个独一无二的、不可重复的事件。要想让奥古斯丁炮制的基督徒的历史概念设想出一个新的开端,唯一的办法就是依据一个突入的并打破了世俗

---

[1] 引自埃里克·沃格林,见 *A New Science of Politics*, Chicago, 1952; 以及 Norman Cohn, 见 *The Pursuit fo Millennium*, Fair Lawn, N.J., 1947。

历史常规进程的超验事件。这样的事件，就像奥古斯丁所强调的那样，只能发生一次，直至时间的尽头才会再有第二次。基督徒眼光中的世俗历史始终囿于古代的循环之中，帝国兴衰沉浮，一如既往，只有获得永生的基督徒们能摆脱这种在无休止动荡中的循环，冷眼旁观其中的风云变幻。

一切会死的事物都处于变化之中，这当然不是基督徒独有的观念，而是整个古代后期主流的情绪。可见，这一观念与古希腊哲学，甚至与人类事务的前哲学诠释之间颇有渊源，就连古罗马共和精神都不及它。与罗马人相反，希腊人相信，会死的事物因为终有一死而自成领域，这一领域所具有的易变性是不可改变的，因为它最终以这一事实为基础：νέοι，年轻人，同时也是"新一代"，不断地侵扰现状的稳定性。波利比乌斯也许是第一个意识到历史是代代相传而贯穿起来的这一决定性因素的作家。当波利比乌斯指出政治教育领域具有不可改变、持续不断的来回往返性质时，他是在用希腊人的眼光来打量罗马事务。尽管他知道，政治教育是罗马人有别于希腊人的事业，是将"新一代"维系在老一辈身上，让年轻人配得上祖先的光荣。[1]罗马人代代相传的延续感，希腊人是不知道的。在希腊，一切会死的事物固有的易变性，不需要任何缓冲或慰藉就可以体验。正是这种体验说服了希腊哲学家：他们不必过分执著于人类事务领域，人们也应避免赋予这一领域完全不应有的尊严。人类事务变幻不定，但从来没有产生全新的东西；如果说太阳底下有新东西，那就是人们自己，因为他们降生于世上。不过，无论νέοι新人和年轻人如何新，在整个时代，他们的降生，结果都构成了一幅根本就一直相同的自然或历史图景。

---

1 参见波利比乌斯 VI.9.5, XXXI.23—5.1。

一 革命的意义

2

革命这一现代概念与这样一种观念是息息相关的,这种观念认为,历史进程突然重新开始了,一个全新的故事,一个之前从不为人所知、为人所道的故事将要展开。十八世纪末两次伟大革命之前,革命这一现代概念并不为人所知。在加入到后来才证明是一场革命的事业之前,演员们丝毫也无法预知这场新戏剧的情节将如何发展。然而,一旦革命的战车驶入轨道,早在相关人等得知他们的事业以胜利还是以灾难告终之前,故事的新意和情节的深刻意义都已经向演员和观众一起展示出来了。就说情节吧,不错,情节就是自由的崛起:1793年,也就是法国大革命爆发后的第四年,罗伯斯庇尔把他的统治定义为"自由专制",丝毫也不怕别人指责他说话自相矛盾;孔多塞这样来概括那尽人皆知的事情,即"'革命的'一词仅适用于以自由为目的的革命"。[1]革命即将开创一个全新的时代,甚至在更早的时候,这一点就已经以设定革命历法的方式标示出来,其中,处死国王和宣告成立共和国的那一年被定为元年。

这样一来,对任何现代革命的理解,至关重要的就是,自由理念和一个新开端的体验应当是一致的。既然自由世界通常的观念是,判断政治实体(political body)宪法的最高标准既非正义,也非伟大,而是自由,那么,我们打算在何种程度上接受或拒绝这种一致性,就不仅取决于我们对革命的理解,而且取决于我们的自由概念。须知,自由本源上显然是革命性的。因此,虽然我们还是从历史角度来谈论这一问题,但

---

1 孔多塞, *Sur le Sens du Mot Révolutionnaire*, *Oeuvres*, 1847—1849, vol.XII。

即便如此,我们最好还是暂且打住,去反思一下自由接着要呈现出来的一个方面——这只不过是为了避免更多的流俗误解,以便第一眼就洞悉革命本身就具有的那种现代性。

解放与自由并非一回事;解放也许是自由的条件,但绝不会自动带来自由;包含在解放中的自由观念只能是消极的(negative),因此,即便是解放的动机也不能与对自由的渴望等而视之。这一切都是不言而喻的。倘若这些自明之理常常被人遗忘,那也是因为解放总是赫然夺目,而以自由立国纵使不是完全无用,也总是不那么确定的。而且,从古典时代衰落到现代世界诞生的若干世纪中,自由都在哲学和宗教思想史上扮演着重大而颇具争议的角色。当时,政治自由尚不存在,出于某些与本文无关的原因,人们对此也漠不关心。故而,按政治自由来理解的并不是一种政治现象,相反却是非政治性活动的自由度,而这是某一政治体恩准并保障它的创建者所持有的。这一点即便在政治理论中也几乎是天经地义的。

自由作为一种政治现象,伴随希腊城邦的兴起而来。从希罗多德开始,自由被理解成一种政治组织的形式。这里,公民在无统治的条件下生活在一起,并无统治与被统治之分。[1] 无统治的概念是由 isonomy(法律的平等,或法律面前人人平等)一词来表达的。在古人列举的其他政府形式之中,"法律面前人人平等"与众不同之处在于,它丝毫不含统治之意("archy"来自君主制和寡头制中的 ἄρχειν,"cracy"则来自民

---

[1] 我根据的是希罗多德的著名篇章,在那里,好像是第一次,希罗多德界定了三种主要的政府形式,一人统治,少数人统治和多数人统治的政府形式,并讨论它们的优点(Book III, 80—82)。在此,雅典民主制的代言人(然而,雅典民主制被称为法律面前人人平等),拒绝接受赐给他的王国,并给出了自己的理由:"我既不想统治,也不想被统治。"因此,希罗多德称他的房子是整个波斯帝国唯一自由的房子。

主制中的 κρατεῖν)。城邦据说是"法律面前人人平等",而不是一个民主政府形式。"民主"一词最初是由反对"法律面前人人平等"的人创造的,即便在当时就表示多数统治、多数人的统治,这些造词者想说的是:你所说的"无统治"事实上只不过是另一种统治方式而已;它是最坏的政府形式,是平民的统治。[1]

因此,平等在本源上差不多就是自由。我们信奉托克维尔的见解,常常将平等视为对自由的一种威胁。不过,"isonomy"一词指出,这种法律之内的平等,并不是条件的平等,而是那些结成一体的平等人之间的平等。尽管在某种意义上,条件的平等是古代世界一切政治活动的条件,政治领域本身只对那些拥有财产和奴隶的人开放。"法律面前人人平等"保证了平等(ἰσότης),但不是因为一切人都生而平等,相反是因为人天生(φύσει)是不平等的,需要一种人为的制度,即城邦,通过它的 νόμος(约定)使他们平等。平等仅仅存在于这样一个特定的政治领域之中,在那里,人们作为公民而不是私人与他人相遇。这一古典的平等概念与我们的平等观之间的差异,无论再怎么强调都不为过。我们的平等观是人生而平等,由于人造的社会和政治制度而变得不平等。希腊城邦的平等,城邦的"法律面前人人平等",是城邦而不是人的属性。人基于公民身份而不是基于出生来获得平等。无论平等还是自由,都没有被理解为人固有的特性,两者都不是 φύσει(自然),不是天赋的或自发的;它们是 νόμῳ(约定),也就是约定俗成的、人为的,是人力

---

[1] 有关 isonomy 的含义及其在政治思想中的作用,见 Victor Ehrenberg, "Isonomia", in Pauly-Wissowa, *Realenzyklopädie des klassischen Altertums*, Supplement, vol.VII. 修昔底德的评述特别令人叹服。他指出,在派别斗争中,党魁喜欢用"顺口的名字"来叫自己,有的喜欢用 isonomy,有的喜欢温和的贵族制,而在修昔底德看来,前者代表民主制,后者则代表寡头制。(这一点我要归功于芝加哥大学 David Grene 教授的热情帮助。)

的产物和人造世界的特性。

希腊人坚持,除非置身于平等人之中,否则就无自由可言。因此,暴君、专制者或家长都不是自由的,即使他们完全不受束缚,不受他人强制。希罗多德将自由等同于无统治,是指统治者本人不是自由的;统治他人就使自己一枝独秀,而只有与平等的人比肩而立,方可自由。换言之,他破坏了政治空间本身,结果无论是对他本人还是对被他统治的人来说一切自由都永远消失了。希腊政治思想之所以坚持平等和自由之间的相互联系,皆因自由被理解为在某些(绝非全部)人类活动中展现。而只有当他人见之、论之、忆之,这些活动才会出现,才是真实的。一个自由人的生活需要他人在场。是故自由本身需要一个使人们能走到一起的场所——集会、市场或城邦等相宜的政治空间。

如果我们根据现代术语来思考这种政治自由,试图去理解,当孔多塞和革命者宣称革命的目标是自由,自由的诞生意味着一个全新故事的开端时,他们到底意欲何为,那么,我们就必须首先注意到一个显而易见的事实,那就是在他们心目中,不可能仅仅只有那些今天被我们跟立宪政府联系在一起,还恰如其分地称之为公民权利的自由。所有这些权利,甚至包括因纳税而要求代议的参政权,无论在理论还是实践上,都不是革命的结果。[1]它们由生命、自由和财产这"三大基本权利"衍生而来。与这"三大基本权利"相比,其他所有权利都是"次级权利,是一种补充、一种手段,它们必须经常性地加以运用,为的是充分获得

---

[1] 正如 Edward Coke 先生在 1627 年所说的那样:"特许是个什么词?地主想向庄稼汉征多少税就征多少;但是向自由民征税与土地特许权是相悖的,除非在议院中得到他们的同意。'特许'是一个法语词,在拉丁语中它是指自由。"引自 Charles Howard McIlwain, *Constitutionalism Ancient and Modern*, Ithaca, 1940。

和享有真正的、实质的自由"(布莱克斯通)。¹革命的结果不是"生命、自由和财产"本身,而是它们成为人不可剥夺的权利。不过,即便在这些权利前所未有地、革命性地向一切人扩展的过程中,自由也只不过意味着免于不正当限制的自由,这样实质上就等同于活动的自由,是一种"动力,……非经正当法律程序不可加以束缚或限制"。布莱克斯通心仪古典政治思想,坚信这是一切公民权利中最重要者。甚至集会权,它已经逐渐成为最重要的积极政治自由,而在美国的《权利法案》中,却依然以"人民和平集会,向政府请愿申冤的权利"(《宪法第一修正案》)的方式出现。可见,"从历史上说,请愿权乃是基本权利"。符合历史的解读必须是这样的:集会权是为了请愿。²所有这些自由,加上我们自己免于匮乏和恐惧的诉求,从根本上说当然都是消极的;它们是解放的结果,但绝不是自由的实质内容。我们稍后将会看到,自由的实质内容是参与公共事务,获准进入公共领域。如果革命仅以保障公民权利作为唯一目标,那它的目的就不是自由,而是解放,也就是从滥用权力,对历史悠久且根深蒂固的权利肆意践踏的政府手中解放出来。

问题是,据我们所知,现代革命总是同时涉及自由和解放。解放的成果,是消除限制、拥有动力,它的确是自由的一个条件,如果不能无限制地移动,则无人能到达自由之地。这样一来,通常就很难界定,究竟是在哪一点上,单纯解放的意欲终结了,而自由的意欲开始了。解放是免于压制,自由则是一种政治生活方式。问题在于前者,也就是免于压制的意欲,可以在君主——尽管不能在暴政,更不用说专制——统治下实现,而后者则亟须形成一种新的,或毋宁说是重新发现的政府形式;

---

1 在此和在下文中,我根据的是 Charles E. Shattuck:"在联邦和州宪法中……'自由'一词的真正意义……",*Harvard Law Review*,1891。

2 参见 Edward S. Corwin,*The Constitution and What It Means Today*,Princeton,1958,p.203。

它要求构建共和制。其实,"当时的斗争,是共和政府倡导者和君主政府倡导者之间的原则斗争",[1]没有什么比这更真实、更实事求是的了。唉!这一点几乎全被革命史家抛到九霄云外去了。

  不过,解放和自由在任何历史情境下都难解难分,这并不意味着解放和自由是一样的,也不意味着作为解放的结果赢来的这些自由,就道出了自由的全部故事。尽管那些想在解放和以自由立国两方面都一试身手的人,比不这样做的人,会更经常性地不对这些问题清楚加以区分。十八世纪的革命者缺乏这样的明晰性无可厚非。他们在所肩负事业的性质中,发现了自身的能力,而唯有在解放的行动中,他们才发现了自己对"自由之魅"的意欲,约翰·杰伊一度这样来称呼它。解放要求他们有所作为,他们便投身于公共事业之中,在此,不管是有意地或更常常是不经意地,他们开始构建呈现的空间了,于是自由得以展现它的魅力,得以成为眼见为实的东西。既然他们对自由的魅力毫无准备,也就不能指望他们对这一个新现象无所不知了。他们所做的远远超过职责所系,而他们也乐此不疲。这是一个再清楚不过的事实了。他们之所以对此三缄其口,最大的障碍来自整个基督徒传统的重负。

  不论美国革命对公开性的吁求("不出代议则不纳税")有何优越性,凭它的魅力肯定无法打动人。演说和决策、修辞润色和实务工作、思考和劝说、实际的行动,这些都证明有必要从这一吁求中,推导出一个合乎逻辑的结论:独立政府和新政治体的建立。这是截然不同的东西。正是通过这些体验,用约翰·亚当斯的话来说,那些"心系天职,别无他求"的人,发现了"我们的愉悦来自行动,而非休息"。[2]

---

 1 如杰斐逊在 *The Anas* 中所云,引自 *Life and Selected Writings*, Modern Library edition, p.117。
 2 分别引自约翰·亚当斯,前引文章(*Works*, vol. IV, p.293),及其评论 "On Machiavelli"(*Works*, vol. V, p.40)。

一　革命的意义

革命带来的是对自由的这种体验,诚然,在西方人的历史中,这并不是什么新体验,古希腊和古罗马对此习以为常。对于从罗马帝国衰落到近代兴起之间的几百年而言,它才是一种新体验。这种相对而言的新体验,对于创造它的人来说,无论如何都是新的。它同时也是这样一种体验,即人有本领去开创新的事物。这两件事加在一起——一种揭示了人的创新能力的新体验——就成为一种巨大感召力的根本。我们在美国革命和法国大革命中都发现了这种感召力,这种对史无前例的伟大性、辉煌性的再三强调。如果我们不得不根据公民权利是否完璧归赵来评价它,那将是牛头不对马嘴。

只有在创新性激发出这种感召力,并且与自由之理念相联系之处,我们才有资格谈论革命。这当然就意味着,革命不只是成功的暴动。将每次政变都称为一场革命,甚或在每次内战中去寻找革命,皆不足取。被压迫人民常常揭竿而起,古代大量立法都可以理解为仅仅是为了防止奴隶起义,虽然奴隶起义很少爆发,却总是令人提心吊胆。而且,在古人看来,内战和派系冲突是一切政治体最大的危险。亚里士多德要求公民之间的关系成为一种 φιλία,即守望相助的友谊,视之为防止内战和派系冲突的最可靠力量。政变和宫廷革命只是权力易手,政府形式岿然不动,就没有那么可怕了,因为它们带来的变动都局限在政府的范围内,顶多给人民造成极小的不安。不过,政变也同样是尽人皆知的。

这一切现象与革命的共同之处就是,它们都是由暴力所引起的。这就是它们常常被等同于暴力的原因。但是对革命现象的描述,暴力不如变迁来得充分;只有发生了新开端意义上的变迁,并且暴力被用来构建一种全然不同的政府形式,缔造一个全新的政治体,从压迫中解放以构建自由为起码目标,那才称得上是革命。事实上,尽管名垂青史者，不乏为一己之私而贪恋权力者，如亚西比德，也不乏rerum novarum cupidi，渴求新事物者如咯提林，但是前几个世纪的革命精神，也就是渴望解放，渴望为自由建立一个新居所，却是史无前例的，之前的一切历史，都难以望其项背。

3

诸如革命这样普遍的历史现象——民族国家、帝国主义或极权主义统治等等也是如此——要确定它实际诞生的日期，一种办法当然就是，找到此后一直沿用于该现象的词，它第一次究竟是出现在什么时候。显然，人间出现的每一件新事物，都务求有一个新词，不管是杜撰一个新词，以涵盖新的体验，还是用一个旧词，赋予它新的意思。这一点对于生活中的政治领域尤为真实，在那里，言谈是至高无上的。

在我们满以为最有把握找到"革命"一词的地方，也就是在意大利早期文艺复兴的史料和政治理论中，却依然不见它的踪影。这不仅仅是古籍研究的事情。尤为令人惊讶的是，马基雅维里仍然是沿用西塞罗的mutatio rerum，也就是他的mutazioni del stato（动荡状态），来描述统治者如何被强行推翻，政府形式如何更迭。他乐此不疲，简直就像一个孩子。马基雅维里对这个最古老的政治理论问题的想法，不再囿于传统的解答，按照这个解答，一人统治导致了民主制，民主制导致了寡头制，寡头制导致了君主制，循环往复——著名的六种可能性，是柏拉图最早设想出来，亚里士多德最早加以系统化，甚至布丹依然几乎原封不动地照搬。马基雅维里的作品充斥着不计其数的mutazioni（动荡）、variazioni（变动）、alterazioni（更迭），以致诠释者们将他的教义误当作"政治变迁理论"，他的主要兴趣恰恰在于固定不变、不可变更的东西，一句话,就是永恒持久的东西。马基雅维里在革命史中只是一名先驱者,让他与革命史如此不谋而合的是,他是第一个思考建立一个持久不变的政治体之可能性的人。纵然他对现代革命的某些突出因素已经了如指掌,诸如阴谋和派系冲突,人民煽动暴力,最终令整个政治体失控的骚乱和无法无天,最后但并非最不重要的,是革命给新来者,西塞罗的 homines novi(新人)、马基雅维里的 condottieri(奠基者)开辟道路,使他们有机会摆脱底层的生活条件,享受公共领域的辉煌,从卑微小角色上升到以前只能俯首顺从的掌权地位。不过这些在本文中都是无关宏旨的。在本文中更重要的是,马基雅维里是第一个设想了一个纯粹世俗化领域兴起的人。这个领域的法律和行动准则,具体而言,独立于教会的教义;一般而言,独立于那些超验于人类事务范围的道德标准。正是基于此,马基雅维里坚持进入政治生活的人首先要学会"如何不为善",如何不按照基督徒戒律行事。[1] 使他区别于革命者的主要一点是,他将立国——成立一个统一的意大利,一个以法国和西班牙为榜样的意大利民族国家——理解为一场 rinovazione(重建),而革新对他来说只不过是 alterazione a salute(王权更替),是他想象得到的唯一有益的变更。换言之,全新事物,即一个开端(以革命之年来纪元,以开端而正名)特有的革命感召力,对于马基雅维里来说是完全陌生的。然而,即使是在这方面,他和他十八世纪的后继者们之间,也并不像看上去的那样,好像隔了一道万里长城。我们随后将会看到,革命始于革故鼎新,一个全新开端所具有的革命感召力,只有在事件本身的进程中才会诞生。当罗伯斯庇尔宣称"法国大革命的计划,在马基雅维里的书中就已

---

[1] 《君主论》,第15章。

经多有涉及"[1]时,他是对的,而且不止在一个方面。因为,他不妨加上:我们也同样"热爱我们的国家甚于我们灵魂的安宁"。[2]

其实,诱使我们罔顾"革命"一词的历史,并从文艺复兴时期意大利城市国家的动荡不安中来确定革命现象的日期,罪魁祸首就是马基雅维里的作品。他肯定不是政治科学或政治理论之父,但是很难否认,人们完全可以在他身上看到革命精神之父的影子。我们不仅在马基雅维里身上,发现了复兴古罗马精神和制度的一种自觉而热切的努力,后来,这些东西,对十八世纪政治思想产生了独特的影响。而在本书语境中更重要的是,众所周知,他坚持为暴力在政治领域中保留一席之地,其振聋发聩未始稍减;而且,我们还在法国大革命者的言行中发现了这些东西。在这两种情形中,崇尚暴力与自称膜拜罗马的一切事物,是那样的格格不入,令人百思不得其解。因为在罗马共和国,是权威,而不是暴力,支配着公民的行为。然而,两者的这些相似性虽可以解释十八和十九世纪对马基雅维里的尊崇,却不足以弥补两者之间那更为显著

---

[1] 参见 *Oeuvres*, ed. Laponneraye, 1840, vol.3, p. 540。

[2] 这句话可能最早出现在 Gino Capponi 1420年的 *Ricordi* 中:"Faites membres de la Balia des hommes expérimentés, et aimant leur commune plus que leur propre bien et plus que leur âme."("久经考验者要加入 Balia,就要爱组织甚于爱自己的财产,甚于爱自己的灵魂。")(参见马基雅维里,*Oeuvres Complètes*, ed. Pléiades, p. 1535。)马基雅维里在《佛罗伦萨史》第三卷,第7章中使用了一个类似的表达,在那里,他赞美佛罗伦萨的爱国者们敢于挑战教皇,以此显示"他们将他们的城市置于比自己的灵魂要高得多的地位"。后来,他在弥留之际,写信给他的朋友 Vettori,将一模一样的表达用在自己身上:"我热爱我土生土长的城市,甚于我的灵魂。"(引自 *The Letters of Machiavelli*, ed. Allan Gilbert, New York, 1961, no. 225。)

我们不再会想当然地接受灵魂不朽的说法,这样就很可能无视马基雅维里信条的尖锐性。在他写作的那个年代,这种表达一点也不迂腐,而是朴实无华地意味着,一个人为了自己的城市,准备捐弃永恒的生命,甘冒堕地狱惩罚的危险。如马基雅维里所见,问题不在于人是否爱上帝甚于爱世界,而在于人是否能够爱世界甚于爱自己。对于一切献身政治的人来说,这种决定其实向来都是生死攸关的。马基雅维里反宗教的大多数立论,都是针对那些爱自己,也就是爱自己的救赎多于爱世界的人,而并非针对那些真正爱上帝甚于爱世界或爱自己的人。

的差异。朝古典政治思想的革命性转向，目的并不在复兴古代本身，也没有导致古代复兴。在马基雅维里那儿，这只不过是文艺复兴文化整体的政治方面，艺术和文学使意大利城市国家的一切政治发展都相形见绌。相反，在革命者眼中，这些东西与时代的精神大大脱节了。自从现代发端，现代科学在十七世纪兴起以来，这一时代的精神就自称将一切古代的成就都远远地抛在了身后。无论革命者们多么仰慕罗马的光荣，他们谁也不会像马基雅维里那样，涵泳于古代，竟有宾至如归之感，他们也写不出："夜幕低垂，我返回家中，步入我的书房。在门口，我除下白天沾满灰尘的外衣，换上宫廷袍服。更衣整饬完毕，方步入古人的殿堂。他们虚席以待，盛情款款，为我专设珍馔，我甘之如饴，此生不枉。"[1] 谁要是读到这些或类似的句子，就会打心眼里赞同最近学术上的发现，从文艺复兴中看到的只是一波又一波复古浪潮的一个高潮。真正的黑暗时代一过去，这股浪潮立刻伴随着卡洛林王朝的复兴汹涌而来，直到十六世纪方告结束。同理，他也会相信，十五和十六世纪城市国家在政治上不可思议的混乱是一个终结而不是一个开端；中世纪市镇，伴随着它们的自治政府，它们政治生活的自由，一并走向了终结。[2]

另一方面，马基雅维里对暴力的强调，则更富有启发性。它是一个双重困境的直接后果：马基雅维里发现自己陷入了一个理论困境，后来这个理论困境成为困扰革命者的实践困境。困境存在于立国使命之中，它要确立一个新开端，这本身似乎就要求暴力和侵害，不妨说是要

---

[1] 参见 *Letters*，前引书，no.137。
[2] 我根据的是 Lewis Mumford 最近的著作，*The City in History*, New York, 1961。该书提出了一种极为有趣和极富启发性的理论，认为新英格兰的乡村实际上是中世纪城镇"一种幸福的变种"，"可以说是通过"在新世界"殖民，中世纪的秩序复兴了"，当旧世界的"城市逐渐停止繁衍"，"这种活动很大程度上在十六到十九世纪期间转到了新世界"。（参见 p.328 及以下，和 p.356。）

重演远古神话中处在一切历史开端时的罪行（罗慕路斯杀雷穆斯，该隐杀亚伯）。而且，这一立国任务，与立法的任务以及与设计一个新的权威并加之于人的任务，是结合在一起的。这个新权威不得不按照这样一种方式来规划，即它要与源于君权神授的旧绝对性的鞋子相配，步其后尘，由此取替一个以万能上帝的命令为终极指令，以道成肉身观念为正当性之终极源泉的世俗秩序。因此，马基雅维里，这个视宗教介入政治事务为大敌的人，不得不乞援甚至乞灵于立法者身上的神性。这些立法者，无非就像十八世纪的"启蒙"者，例如约翰·亚当斯和罗伯斯庇尔。固然只有"非常法律"才有必要如此"求助于上帝"，因为新的共同体须借此而立。我们在下文中将看到，革命任务的后一部分，是要寻找一种新的绝对性来取替神圣权力的绝对性，这是无法解决的。因为，在人的多样性条件下，权力绝不会达到无所不能的程度，属于人类权力的法律也不可能是绝对的。诚如洛克所云，马基雅维里"诉诸高高在上的天国"，并不是发自任何宗教情感，只不过是一心要"回避这一困难"。[1] 同理，他强调暴力在政治中的地位，与其说归因于他对人性的所谓现实主义洞察，倒不如说更多是归因于他抱有一种徒然的希望，以为可以在某种人身上找到某种品质，跟我们与神性联系起来的品质相媲美。

然而，这些仅仅是预感而已，马基雅维里的思想远远超越了他那个时代的一切现实经验。事实上，无论我们多想将自己的体验，来比附意大利城市国家内乱频仍所触发的体验，可后者的激进程度，却并不足以

---

[1] 参见 The Discourses, Book I, 11。关于马基雅维里在文艺复兴文化中的地位，我倾向于 J.H. Whitfield 的观点，在 Machiavelli (Oxford, 1947, p.18) 一书中，他指出，马基雅维里"并不代表政治和文化的双重衰落，相反他代表一种诞生于人文主义，因为政治问题处于危机之中，而逐渐对这种危机有所领悟的文化。正是因为这一点，他从人文主义赋予西方精神的元素中去寻求解决政治问题的办法"。然而，对于十八世纪的革命者而言，让他们返回古代去寻找其政治问题解决方法的，不再是"人文主义"了。有关这一问题的详细讨论，参见本书第五章。

启发行动者或目击者产生对新词,或者重新诠释旧词的需要。由马基雅维里引入到政治理论之中,甚至在他之前就已经付诸使用的新词,是"国家",lo stato(一统)[1]。虽然一贯诉诸罗马的光荣,一贯取道于罗马的历史,他却分明感觉到,一个统一的意大利将会组成一个与古代或十五世纪的城市国家判然有别的政治实体,它理当拥有一个新的名称。

"造反"和"叛乱"这两个词固然向已有之,自从中世纪晚期它们的意思就已经明确甚至固定下来了。但是,这些词绝不能表示革命所理解的解放,更不能表示建立了一种新的自由。因为,革命意义上的解放意味着,不仅当下的人,而且古往今来的所有人;不仅作为个人,而且作为人类最大多数者的一分子,包括贫贱者、在黑暗中长期煎熬者、一切权力的受压迫者,他们揭竿起义,成为这块土地至高无上的统治者。若要追根溯源,放到古代的条件下来看,那么,揭竿起义要求权利平等的,似乎不应是古罗马或雅典的人民,不是populus(古罗马平民)或古希腊平民这些底层公民,而是构成人口大多数,不曾属于人民的奴隶和外邦人。我们都知道,从未发生过这样的事情。我们所理解的那种平等观念,即基于生而为人这一事实,所有人生而平等,平等是一项与生俱来的权利,在现代以前,人们对此是一无所知的。

诚然,中世纪和中世纪之后的理论对正当化的造反,反抗既定权威的起义,公然的对抗和不服从,都略知一二。但是,这些造反的目的,并不是挑战权威或事物的既定秩序本身,它常常只是当权者的更替,一个

---

[1] 该词来自拉丁语status rei publicae(公共状态),与之对应的词是"政府形式",在政府形式这一意义上,我们仍然可以在布丹那里找到它。别具一格的是,stato不再意味着"形式",或政治领域可能的"状态"之一,相反逐渐意味着人民内在的政治联合,不因政府和政府形式的交替而灭亡。马基雅维里耿耿于怀的当然是民族国家,也就是说,意大利、俄国、中国和法国,在其各自的历史范围内,并没有随着某个政府形式的沦亡而灭亡,这个事实仅仅对于我们来说是理所当然的。

篡位者换成了合法的国王，或者一个滥用权力的暴君换成了一个守法的统治者。因此，尽管人民有权利决定谁不应该统治他们，他们却肯定不能决定谁应该统治他们。至于人民有权当家作主，或者有权任政府公职，更是闻所未闻。作为人民群众的一员，若真的从卑下境况荣升至公共领域，就像在意大利城市国家的奠基者那样，被准以公共事务，许以公共权力，那也是归功于他们卓尔不群的品质。这种品质来自一种 virtù（美德），它之所以备受赞誉和景仰，恰恰在于它无法按社会地位和出身来衡量。分享政府权力的权利，显然也不在人民所拥有的旧的特权和自由之列。这种自治政府的权利，即便在闻名于世的以纳税换来的代议权中，也未能充分地体现出来。为了统治，一个人不得不是一位天生的统治者，在古代他是一个生而自由的人，在封建欧洲则是贵族的一员。虽然在前现代的政治语言中，描述被统治者起义以反抗统治者的词，俯拾皆是，但却没有一个词，可以描述被统治者自己成为统治者这样一场如此翻天覆地的变化。

4

要说革命现象在前现代是史无前例的，这绝非必然之事。诚然，许多人都会同意，对新事物的渴望与相信创新性本身可欲的信念结合在一起，乃是我们所生活的世界的典型特征。将这种现代社会的情绪等同于所谓的革命精神，的确司空见惯。不过，如果我们通过革命精神来理解那种实际上是从革命中产生出来的精神，那么无论如何，这一现代的创新性渴求必须与革命精神仔细加以区分。从心理上说，立国的体验与相信一个新故事即将在历史中展开的信念结合在一起，将会使人们变得"保守"而不是"革命"，使人们热衷于维护既定事务和维持稳定,而不是为新事物、新发展和新观念开辟道路。而且,从历史上看,第一批革命者,即那些不仅缔造了一场革命而且将革命引上政治舞台的人,根本就不热衷于新事物,也根本不热衷于一种"新秩序的时代"。这种对创新性的无动于衷,仍然回荡在"革命"这个相对古老的术语中。这个词是慢慢地才获得了新意义的。事实上,这个词的用法最清楚不过地表明了,行动者这方不抱期望,也无企图,对于任何史无前例的事物,他们并不比同时代的旁观者更有准备。问题的关键在于,对一个新纪元的巨大感伤,只有在达到一种无路可退的境地之后,才会涌现出来。雅不欲陷入如此境地的美国革命的行动者,就如同之前法国大革命的行动者一样,不约而同地道出了几近一致的术语,道出了无休止的变动,而我们就从中发现了这种感伤。

"革命"一词本来是一个天文学术语,由于哥白尼的《天体运行论》(*De revolutionibus orbium coelestium*)[1]而在自然科学中日益受到重视。在这种科学用法中,这个词保留了它精确的拉丁文意思,是指有规律的天体旋转运动。众所周知,这并非人力影响所能及,故而是不可抗拒的,它肯定不以新,也不以暴力为特征。相反,这个词明确表示了一种循环往复的周期运动,它是波利比乌斯 ἀνακύκλωσις 完美的拉丁文翻译。ἀνακύκλωσις 也是一个起源于天文学的词,作为一种隐喻用于政治领域。如果用于地球上的人类事务,它就仅仅意味着,极少数为人所知的政府形式,以永恒轮回的方式,在有生有死的凡人中周而复始,具有

---

[1] 在整一章中我大量引用了德国历史学家 Karl Griewank 的著作,很可惜这些著作至今没有英译本。他早期的文章 "Staatsumwälzung und Revolution in der Auffassung der Renaissance und Barockzeit",载于 *Wissenschaftliche Zeitschrift der Friedrich-Schiller-Universität Jena*,1952—1953,Heft I,而后期著作 *Der neuzeitliche Revolutionsbegriff*(1955),使有关这一主题的其他一切文章都相形见绌。

一种不可抗拒的力量,就像使天体在宇宙中遵循预定轨道运动的力量一样。没有什么比一切革命的行动者拥有并为之着迷的观念,离"革命"一词的原义更远的了。换言之,他们以为,在宣告一个旧秩序必然死亡,迎接一个新世界诞生的过程中,自己是一名当局者*。

如果那些现代革命事件如教科书的定义一般轮廓分明,那么,选择"革命"这个词就比事实上的革命更加令人大惑不解了。当该词第一次自天上降落地球,被征引来描述凡人之事时,它显然是作为一个隐喻而出现的,其含义也从一种永恒的、不可抗拒的、周而复始的运动引申为随机运动,人类命运的沉浮,就像远古以来太阳、月亮和星辰的升起与降落一样。我们发现,"革命"一词第一次作为一个政治术语是在十七世纪,当时,该词的隐喻义更为接近其原义,因为它用在向某个预定点循环往复的运动身上,言外之意乃是绕回预先规定的秩序中。故而,"革命"第一次不是用于一场我们称之为革命的运动,即没用在爆发于英国克伦威尔兴建第一个革命独裁制之时,相反是用在1660年推翻残余国会之后恢复君主制之际。这个词原封不动地用于1688年,斯图亚特王室被驱逐,君权旁落到威廉和玛丽的时候。[1]"光荣革命"根本就不被认为是一场革命,而是君权复辟了前度的正当性和光荣。通过这一事件,"革命"这一术语似是而非地发现了自己在政治和历史语言中的定位。

事实上,"革命"一词的原义是复辟,因此,对我们而言为是的一些东西恰恰为非,这不仅仅是语义学上的啧啧怪事。十七和十八世纪的革命于我们而言,揭示了一种新精神、一种现代精神,其本意却是企图复辟。诚然,英格兰内战为十八世纪革命中本质上全新的事物埋下了

---

* agent,也可译为能动者、主体、推动力,这里考虑到与旁观者对应,故且译为"当局者"。——译者注

1 参见《牛津英语辞典》的"革命"条目。

大量伏笔：平等派（Levellers）的出现，一个全部由下层人民组成，其激进主义与革命领袖发生冲突的党派的形成，都清晰地勾画了法国大革命的进程。平等派吁求成文宪法作为"正义政府的立国之基"，而克伦威尔引进一个《政府章程》来确保护国公政体之时，则在一定程度上将之付诸实施。即便不是美国革命成就中最重要的，也至少是其中之一的那个成就，就这样被占了先。然而，事实上，这首次现代革命短命的胜利，被钦定为一场复辟，即铭于1651年之玺的"奉天承运，复吾自由"。

在本书中，更重要的是指出一个多世纪后所发生的事情。因为，这里我们并不关心革命本身的历史，它们的过去、起源和发展历程。如果我们想了解革命是什么——它对于作为政治存在的人的普遍意义，对于我们所生活的世界的政治意义，它在现代史中的角色——我们必须转向那些历史性的时刻，在这历史性的时刻中，革命展现出它的全貌，具备了一种确定形态，革命开始摄人心魄，与滥用权力、暴行和剥夺自由这一切促使人们造反的东西划清了界限。换言之，我们必须转向法国大革命和美国革命，同时也必须考虑到，在两者的最初阶段，参加者都坚信自己所做的一切，只不过是恢复被绝对君主专制或殖民政府的滥用权力所破坏和践踏的事物的旧秩序。他们由衷地吁求希望重返那种事物各安其分，各得其宜的旧时代。

这就产生了大量混淆，尤其是对美国革命来说，它并没有吞噬自己的孩子*。因此，"复辟"的始作俑者，就是发动和完成了革命的人，他们甚至活到在事物的新秩序中掌权和任职为止。他们本想来一场复辟，挽救古典自由，却演变为一场革命。他们关于英国宪法、英国人的权利、殖民政府形式的思想和理论，则随着《独立宣言》而告终。但是，除

---

* 这是指现代革命的一种特征，即革命者将被革命绞杀。——译者注

了一些无心之失以外，导向了革命的那些活动，本身并不是革命的。"本杰明·富兰克林比其他人拥有更多关于殖民地的第一手资料，他后来由衷地写道：'据我所闻，任何一个人，醉也罢，醒也罢，但逢高谈阔论之时，都从未流露过一丁点儿对独立的期盼，也从未暗示过独立对美国有什么好处。'"[1] 这些人究竟是"保守的"还是"革命的"，其实是无法确定的。如果罔顾这些词的历史语境，将其放之四海，忘记了保守主义作为一种政治信条、一种意识形态，它的存在要归功于对法国大革命的反动，只对十九和二十世纪的历史具有意义，那么就势必会陷入这一诘难之中。对于法国大革命而言，同样的问题也会产生，只是在某种程度上也许不那么明朗而已。在此，也可以用托克维尔的话来说："人们终将相信，即将到来的革命，目的不是推翻旧政权，而是旧政权的复辟。"[2] 行动者正是在这两次革命的进程中明白了，复辟是不可能的，他们需要从事一项全新的事业。于是，"革命"一词获得了新的意义。正在此时，托马斯·潘恩却依然恪守旧时代的精神，郑重其事地提议，将美国和法国大革命称为"反革命"。[3] 这一提议竟然出自一个当时最"革命"的人之口，这就一语道破了循环往复的复辟观念是如何地切中革命者的心思。潘恩只不过是想恢复"革命"一词的旧意，表达他坚信大势所趋，将使人返回"早期"，那时人们还拥有现已被暴君和征服者剥夺的权利和自由。他的"早期"绝非十七世纪所理解的，是假设的史前自然状态，而是一个确凿无疑的历史时期，尽管尚未加以界定。

别忘了，潘恩用"反革命"这个术语，来回应柏克对英国人权利的极力辩护；以古老的习俗和历史，来抵御人权这个新玩意儿。不过，问

---

[1] 罗西特，*The First American Revolution*，New York，1956，p.4。
[2] 《旧制度与大革命》，Paris，1953，vol.II，p.72。
[3] 《人的权利》第二部分导言。

题的关键是,潘恩感到,绝对的创新性,将是对这些权利的权威性和正当性的挑战,而不是辩护。这一点他并不比柏克逊色。毋庸赘言,从历史上看,柏克是对的,而潘恩错了。历史上没有哪个时期有《人权宣言》可资借鉴。以前应承认人在上帝或诸神面前的平等,因为这种承认并非源于基督徒而是源于罗马。罗马的奴隶可以成为宗教团体的合格成员,在神法的范围内,他们与自由人拥有同样的法律地位。[1]但是,一切人与生俱来的不可剥夺的政治权利,在我们之前的一切时代看来,如同在柏克看来那样,是自相矛盾的说法。有趣的是,拉丁词homo,相当于"人"的意思,原意是指除了是一个人之外就一无所有的某个人,一个没有任何权利的人,也就是说,是一个奴隶。

论述至此,对于我们当前的意图尤其是我们最终的努力而言——理解现代革命最难以捉摸然而又最令人刻骨铭心的方面,那就是革命精神——重要的是牢记,创新性、新颖性这一整套观念,在革命之前就已经存在,然而革命一开始这套观念就烟消云散了。犹如在其他方面一样,有人不禁要就此而争辩说,革命者落后于他们的时代,与十七世纪从事科学和哲学的人相比,他们肯定是落伍的。例如伽利略强调他们发现的"绝对创新性";霍布斯声称政治哲学"要数拙著《论公民》最陈旧";笛卡尔坚称此前没有一位哲学家在哲学上取得成功。诚然,对"新大陆"的念想比比皆是,由此涌现出一种"新人"。诸如我引述的克雷夫科尔和约翰·亚当斯,还有从不计其数的不那么出色的其他作家那里,均可找到这种念想。但是,与科学家和哲学家所主张的相反,新人与新大陆一样,人们感觉都是上天的礼物,而不是人的作品。换言之,创新性那奇特的感召力,虽是现代独有,却需要花上将近两百年的

---

[1] 参见Fritz Schulz, *Prinzipien des römischen Rechts*, Berlin, 1954, p.147。

时间,才摆脱了科学和哲学思想的相对孤立状态,而到达政治领域。[用罗伯斯庇尔的话来说就是:"Tout a changé dans l'ordre physique; et tout doit changer dans l'ordre moral et politique."("肉体已变,道德与政治亦须改变。")]但是,在政治领域中,事情都是关乎多数人而不是少数人的,创新性的感召力到达这一领域,就不仅要采取更激进的表达,而且还要具备一种政治领域特有的现实性。只有在十八世纪革命的进程中,人们才开始意识到,一个新开端可以是一种政治现象,可以是人业已为之或者有意为之的结果。从那时起,"新大陆"和从中涌现出来的"新人",就不再需要被灌输对事物新秩序的希望了。新秩序的时代不再是"上天注定"的恩赐,创新性也不再是少数人引以为豪同时又令人不寒而栗的独占品了。当"新颖性"进入集市,它就变成了一个新故事的开端。不知不觉地,新的故事,由行动着的人开始;被他们的子孙后代深化、扩展和延续。

5

创新性、开端和暴力这一切因素,与我们的革命概念都息息相关,但是在"革命"一词的原义中和它在政治语言中的第一个隐喻用法显然不存在这些因素。不过这个天文学术语还存在另一层意思,我略为提到过这层意思,我们自己对这个词的运用,自始至终都深受这层意思的影响。我所指的是不可抗拒性这一观念,是这样一个事实,即天体遵循预定轨道的旋转运动,不受任何人力的影响。大家知道或者说相信大家都知道,"革命"一词第一次使用的确切日期。那时它仅仅是用来强调一种不可抗拒性,而不具有任何循环往复运动之意。依我们自己对革命的理解来看,强调不可抗拒性重要之极,以致人们已经习以为常地认为,采取

一　革命的意义

这一新用法之日,就是旧天文学术语具有新政治意义之时。

时间是1789年7月14日晚,巴黎,当路易十六从拉罗什福科公爵利昂古尔那里得知巴士底狱陷落,一些囚犯被释放,御林军一遇平民进攻就阵前变节时,国王和他的使者之间的著名对话可称得上是微言大义。据说,国王惊呼:"C'est une révolte."("人民叛变了。")利昂古尔纠正道:"Non, Sire, c'est une révolution."("不,陛下,人民革命了。")在此,我们听到这个词,依然是以旧的隐喻义用于政治的,带有从天上降落人间之意,而这也是最后一次了。不过,在此,也许是第一次,重点从循环运动的规律性完全转向不可抗拒性。[1] 运动依然以天体运动的形象观之,但现在重点在于,这种运动是人力所不逮的,故而自有其规律。当路易十六宣布巴士底风暴是一场叛乱时,他坚持以手中权力和各种手段,来对付阴谋和逆乱。利昂古尔回应道,那儿发生的事情是无可挽回的,是君权所不能及的。利昂古尔究竟看到了什么,让他认为是不可抗拒、无可挽回的?而我们究竟必须看到什么,或者,从这场奇特的对话中听到什么,让我们知道这场风暴是不可抗拒、无可挽回的?

答案乍看似乎十分简单。从这些话的背后,我们依然可以耳闻目睹大众示威游行,他们如何争相冲上巴黎街头,这一座城市当时不仅是法兰西而且是整个文明世界的首都。大城市的平民暴动与追求自由的人民起义纠结在一起,难解难分。两者结合,单是人数上的力量就不可

---

[1] Griewank,见前引书。他指出,"这是一场革命"的说法,第一次是用在法国的亨利四世和他改宗天主教的行动身上。他引用Hardouin de Péréfixe的亨利四世传记(*Histoire du Roy Henri le Grand*, Amsterdam, 1661)作为证据,该书对1594年春天的事件有以下评价:普瓦提埃总督(Governor of Poitiers)voyant qu'il ne pouvait pas empêcher cette révolution, s'y laissa entrainer et composa avec le Roy(意识到自己不能阻挡这场革命,就随波逐流,任凭自己被革命卷走,与罗伊同流合污)。正如Griewank本人所指出的,不可抗拒性这一观念在此仍然与运动的天文学原义紧密结合在一起,也就是"旋转"回它的起点。因为"Hardouin将所有这些事件都看成是法国人向他们的prince naturel(自然王国)回归"。利昂古尔却并无此意。

抗拒。第一次出现在光天化日之下的群众，实际上是穷人和被踩蹦者的群众，自古以来都躲藏在黑暗中，羞于见人。从此以后，公共领域应当为最广大的多数人提供空间和光明便成为一种不可逆的趋势。革命的参与者和旁观者从中立刻意识到了这一点。就记忆所及的历史，公共领域都是留给自由人的，也就是那些随心所欲，不为生计所累的人。而最广大的多数人之所以不自由，乃是因为他们受困于日常需要。

　　一场不可抗拒的运动！这个看法自始至终回荡在法国大革命的史册中，十九世纪不久就将它概念化为历史必然性观念。突然之间，一个全新的意象开始笼罩了旧的隐喻，一个全新的词汇融入了政治语言之中。每当我们思索革命的时候，我们几乎是不由自主地，脑海里依然涌现出诞生于那段岁月中的意象——德慕兰的torrent révolutionnaire（革命洪流），在革命洪流的风口浪尖上，诞生了革命的行动者，他们忘乎所以，难以自制，直到回头浪将他们吞没，与他们的敌人——反革命者同归于尽。用罗伯斯庇尔的话来说，革命的巨流一方面被"暴政的罪行"，另一方面被"自由的进步"推波助澜，狂飙突进，两方面又不免相互激荡，以致运动和反运动既无法达到平衡，也无法相互掣肘和牵制，而是以一种神秘的方式汇聚成一股"进步的暴力"，不断加速奔涌向同一个方向。[1]这是"革命火山喷射出的壮丽熔岩，无物可以幸免，无人可以阻挡"，正如乔治·福斯特1793年所亲眼目睹的那样。[2]这一蔚然奇观，正好应了土星的征兆："革命吞噬自己的孩子"，吉伦特派的大演说

---

[1] 我诠释的罗伯斯庇尔在1793年11月17日国民公会上的发言，原文如下："Les crimes de la tyrannie accélérèrent les progès de la liberté, et les progrès de la liberté multiplièrent les crimes de la tyrannie...une réaction continuelle dont la violence progressive a opéré en peu d'années l'ouvrage de plusieurs siècles."（"暴政的罪行加速了自由的进步，自由的进步扩大了暴政的罪行……这是一种持续反应，不断进步的暴力，以数年之功成就百年大业。"）(*Oeuvres*, ed. Laponneraye, 1840, vol.III, p.446.)

[2] 引自Griewank，前引书，p.243。

一　革命的意义

家维尼奥如是说。推动革命前进的，正是"革命的暴风骤雨"。这是罗伯斯庇尔的tempête révolutionnaire（革命的暴风骤雨）和他的marche de la Révolution（革命的进军），汹涌的风暴席卷和淹没了一切无法忘却的东西，却从未彻底忘却开端，从未彻底忘却这一主张，在罗伯斯庇尔那里，它是"人的伟大对抗伟大的卑微"；[1] 在汉密尔顿那里，它是"人类尊严的证明"。[2] 当人开始坚守自己的伟大，维护自身的尊严时，一种比人更伟大的力量，已经介入了。

　　法国大革命之后的几十年间，一股巨大的潜流交汇在一起，席卷了一切人，先是将他们抛上风光无限的水面，然后又沉落于险象环生和声名狼藉的漩涡里，这股合流，逐渐支配了一切。在形形色色的隐喻中，革命不是被看作人的作品，而是被看作一个不可抗拒的过程。涌流、洪流、激流，这些隐喻还是革命行动者自己杜撰的呢，不管痛饮抽象意义上的自由之酒会有多醉，他们明明已经不再相信自己是自由的当局者了。姑且清醒地反思一下，他们怎么会相信自己是，或曾经是自身所作所为的始作俑者呢？除了暴风骤雨式的革命事件，还有什么在短短几年间改变了他们，改变了他们内心深处的信念？ 1793年那些群情激愤的人，不仅处决了一位特定的国王（他可能是也可能不是一个叛国者），而且将君权本身斥为"一种永远的罪行"（圣鞠斯特）的人，在1789年不都曾经是保皇党人吗？ 在1794年的风月法令中口口声声不仅要剥夺教会和流亡贵族的财产，而且要剥夺一切"可疑分子"的财产，转交给"不幸者"的人，不是都变成了私有财产权的狂热拥护者吗？他们不是充当了宪法制定的工具吗？这部宪法以高度分权为主要原则只是为了

---

[1] 1794年2月5日罗伯斯庇尔的发言，前引书，p.543。
[2] 《联邦党人文集》（1787），ed. Jacob E. Cooke, Meridian, 1961, no.11。

不得不弃之若敝屣，以便取而代之成立一个由委员会统治的革命政府，这个委员会的集权，是旧政权无法想象，也不敢妄为的。难道他们不是参加，甚至赢得了一场他们想都不敢想和从不相信会取得胜利的战争吗？除了一开始就莫名其妙地拥有了的知识，即"当前的革命短短几天就创造了比以往全部人类历史都更为伟大的事件"（按照罗伯斯庇尔在1789年写给他兄弟的话），还有什么能残留到最后？而到了最后，人们不禁会想：够啦，够啦。

　　法国大革命以来，对每次暴动的解释，不管是革命的还是反革命的，言必称滥觞于1789年的运动，是它的延续，这已经习以为常了，仿佛平静的、恢复秩序的时光只不过是一种短暂间歇，其间地下激流涌动，积攒力量，只等再度迸发冲上地面——1830年、1832年、1848年、1851年、1871年，只要提一下十九世纪这几个更为重要的年份就够了。每次，这些革命的支持者和反对者都将事件理解为1789年的直接结果。如果马克思所言非虚，法国大革命是穿着罗马服装的一场演出，那么同样真实的是，接下来的每一场革命，直至十月革命（也包括十月革命），都沿袭从7月14日到热月9日和雾月18日的事件和规则来出演。这些日期，在法国人民的记忆里刻骨铭心，以致时至今日，每个人都不假思索地将之与巴士底狱的陷落，罗伯斯庇尔之死和拿破仑·波拿巴的崛起等同起来。不是在我们的时代，而正是在十九世纪中叶，杜撰出了"不断革命"，甚或更加生动的révolution en permanence（永久革命）（蒲鲁东）。随之就是这样一种观念："从来就没有几次革命这回事儿，革命只有一次，一次相同的、永久的革命。"[1]

---

[1] 引自Theodor Schieder, "Das Problem der Revolution im 19. Jahrhundert", *Historische Zeitschrift*, vol.170, 1950。

一　革命的意义

如果说,"革命"一词新的隐喻义直接源于首先缔造了,接着亲自披挂上阵出演了在法国那场大革命的人的体验,那么,这一新的隐喻义对于那些旁观革命过程的人来说,显然具有更强的说服力,从外部看,革命似乎是一场奇观。在这一奇观中最为夺目的是,没有一个行动者可以控制事件的进程,在革命的匿名力量中,人的有意识的目的和目标,丝毫也左右不了这一进程的方向,哪怕也是微乎其微,如果他们想全身而退的话,其目的和意志必须屈从于这种革命的匿名力量。在我们今天听来,这不过是老生常谈而已。我们也许很难理解,革命竟然只会产生平庸。然而,我们只需回顾一下美国革命的进程,在那里所发生的一切正好相反。人是自己命运的主人,至少在政治统治权方面是如此,这种情感强烈地弥漫于一切行动者心中。借此我们便发现了,人无能为力于自身行动的进程这一景象,到底会产生多大的冲击。欧洲经历了从1789年到波旁王朝复辟的一系列不幸事件,那一代人承受了尽人皆知的幻灭的打击,它几乎瞬间就自我转变为对历史本身权力的一种既敬畏又迷惑的感觉。昨天,似乎只有君主的专制权力站在人和他的行动自由之间,而就在这个启蒙运动的幸福日子里,一个强大得多的力量突然崛起,随心所欲地支配了一切人,无一幸免,也无从反抗和逃避。这就是历史和历史必然性的力量。

从理论上说,法国大革命意义最为深远的后果,就是黑格尔哲学中现代历史概念的诞生。黑格尔真正具有革命性的理念是,哲学家旧的绝对性,自我展现于人类事务领域,确切地说是人类经验领域。哲学家把这一领域当作绝对标准的源泉和产地,无一例外地不予考虑。借助于历史进程来展现这一新理念,原型就是法国大革命。德国的后康德哲学之所以会对二十世纪的欧洲思想产生巨大影响,尤其是在那些处于革命动荡的国家——俄国、德国、法国而言,原因并不在于后康德哲学的所谓唯心主义，相反却在于这样一个事实：后康德哲学脱离了纯粹思辨的领域，试图提出一种与时代最新、最现实的经验相契合，并能从概念上对这种经验加以解释的哲学。然而，就"理论"一词旧的原义而言，这种解释本身是理论性的。黑格尔哲学尽管关注行动和人类事务领域，但仍然在于沉思。在思想的后摄性目光（the backward-directed glance of thought）面前，一切政治的东西，行动、言说和事件，都变成了历史的东西。结果，十八世纪革命迎来的新世界，并没有像托克维尔所孜孜以求的那样，收获一门"新的政治科学"，[1]而是一门历史哲学——除了哲学向历史哲学转型以外一无所获，这一转型也许意义更加重大，不过与本文无关。

在政治上，这种新的、典型的现代哲学的谬误，就相对简单了。它在于不是根据行动者和当局者，而是从袖手旁观的局外人立场出发来描述和理解整个人类行动的领域。但是这种谬误由于其内在的一些真理性而相对难以觉察。这一真理就是，由人所开创和出演的一切故事，由于只有在行将结束的时候才会揭示它们的真正意义，这样一来，从表面上看，似乎真的只有旁观者而不是当局者，才有望理解在以往一连串的行为和事件中实际发生了什么。旁观者比行动者更加深信不疑：法国大革命的教训似乎道出了历史必然性，或者拿破仑·波拿巴是一种"宿命"。[2]问题的关键在于，从整个十九世纪一直到二十世纪，所有追

---

[1] 参见《论美国的民主》之"作者导言"："一个新的世界需要一种新的政治科学。"

[2] Griewank在前引书中，注意到了旁观者在一个革命概念诞生的过程中所扮演的角色："Wollen wir dem Bewusstsein des revolutionären Wandels in seiner Entstehung nachgehen, so finden wir es nicht so sehr bei den Handelnden selbst wie bei ausserhalb der Bewegung stehenden Beobachtern zuerst klar erfasst."（"我们只有在不作为行动者，而是作为运动的旁观者时，才能认识到必须转变革命意识。"）他有此发现也许是受黑格尔和马克思的影响，尽管他将它用在佛罗伦萨史的编纂者身上。我想他这样做是错误的，因为这些历史是由佛罗伦萨的政治家和政客们编写的。从黑格尔和其他十九世纪历史学家是旁观者这一意义上，马基雅维里还有查士丁尼，都不是旁观者。

随法国大革命足迹的人，不仅将自己看成是法国革命者的继承人，而且是历史和历史必然性的当局者。结果显而易见却又自相矛盾，那就是，必然性取代自由成为政治和革命思想的中心范畴。

还有，让人怀疑的是，倘若没有法国大革命，也许哲学根本就不会试图关涉人类事务的领域，也就是企图在一个由人的相互联系和关系统治的，因而从定义上是相对的领域中，去发现绝对真理。尽管真理被认为是"历史的"，也就是说，被当作是在时间中揭示的，故而不一定非要对一切时间都有效，但却不得不对一切人都有效，不管他们出于偶然正好住在何方，为哪国公民。换言之，真理应与公民无关，也不应迎合他们，在他们当中存在的只是大量的意见；真理也与国民无关，他们对真理的感受囿于自身历史和国家的经验。真理一定与人之为人有关，当然，后者作为一种世间实在的现实是不存在的。因此，历史如果要作为真理展现的中介，它就不得不是世界历史，自我展现的真理也不得不是一种"世界精神"。不过历史观念只有假定它涵盖了整个世界和一切人的命运，才会获得哲学的尊严，而世界历史的理念本身就源于政治。它以法国大革命和美国革命为先导，两者都引以为豪的，乃是它们为全人类迎来了新纪元，并且泽及一切作为人的人，无论他们住在何方、处境如何、拥有什么国籍。世界历史的观念诞生于第一次世界政治的尝试中，尽管美国人和法国人对"人权"的热情，都很快就随着民族国家的诞生而消退了。民族国家这一政府形式业已被证明是短命的，但却是欧洲革命唯一比较持久的成果。事实上，从此以后，世界政治就以这种或那种形式成为了政治的附属品。

在本书的语境中更为重要的，是黑格尔教义的另一个方面（它也同样明显地来源于法国大革命的经验），因为它对十九世纪和二十世纪的革命家的影响更加立竿见影。所有这些革命家，尽管并没有向马克思（迄今为止他仍然是黑格尔最伟大的学生）取经，也从未费心去读过黑格尔，却都通过黑格尔的范畴来看待革命。这个方面涉及历史运动的特性。根据黑格尔及其所有追随者，历史运动既是辩证的，又受制于必然性：从7月14日到雾月18日和君主制复辟，从革命和反革命中分娩出辩证的历史运动和反动，它像一股强大的潜流，以不可抗拒之势向人们涌来。正当他们试图在地球上建立自由之际，却不得不缴械投降。自由和必然著名的辩证关系，意思就在于此。在这种辩证关系中，自由和必然终将统一起来。这也许是整个现代思想体系中最可怕、也最令人难以忍受的悖论。然而1789年曾见识过天地一统那一时刻的黑格尔，依然会按照"革命"一词本来的隐喻义来进行思考，似乎在法国大革命的过程中，天体不可抗拒的规律性运动降临在地球上和人类事务之中，赋予它们一种"必然性"和规律性，貌似摆脱了"可悲的偶然性"（康德）和悲哀的"暴力与无意义的交织"（歌德）。在此之前，这些似乎就是历史和世界进程的显著特性。因此，自由是必然性之果这一悖论，按照黑格尔本人的理解，并不比天地一统更反常。而且，黑格尔的理论并非无稽之谈，他的自由和必然的辩证法也无半分戏谑空言。相反，即便在当时，那些依然笼罩在政治现实阴影之下的人，就已经深深为之吸引。它们那经久不息的说服力，一直以来，与其说在于理论证据，倒不如说在于一种经验，这种经验在战争和革命的年代里一次又一次得到重演。现代的历史概念无比强调历史是一个过程。这一概念来源甚多，尤其是更早的将自然视为一个过程的现代自然概念。一旦人们得到自然科学的指点，认为这一过程本来就是一种循环，是永恒轮回的周期运动——甚至连维科都还沿用这些术语来思索历史运动——那么不可避免的是，必然性应当是历史运动所固有的，正如必然性是天体运动所固有的一样。每一种周期运动从定义上都是一种必然运动。但事实上,现代打破了永恒轮回的循环之后,必然性作为历史的一种固有特征却得以幸免于难,并重新出现在这样一场运动中,这场运动本质上是直线式的,故而并不回复到之前已知的那个样子,而是一往无前地延伸到不可预知的未来。之所以形成了这样的事实,并不是基于理论的沉思,而应归咎于政治经验和现实事件的进程。

正是法国大革命而不是美国革命,在整个世界点燃了燎原之火;因此,也正是从法国大革命的进程中,而不是从美国的事件进程或国父们的行动中,"革命"一词现在的用法,谱就了放之四海而皆准的涵义,美利坚合众国也不例外。北美殖民地和美国的共和政府,构成了也许是欧洲人最伟大,并且肯定是最勇敢的事业。然而美国获得真正独立,光荣或不那么光荣地脱离其祖国,才不到一百年的历史。从十九世纪末起,美国就接连遭受城市化、工业化以及大规模移民三重冲击,其中,大规模移民也许是最重要的。从那时起,一些理论和概念又一次从旧世界向新世界移植,不幸的是它们背后的经验却不常一并移植过来。"革命"一词及其相关因素概莫能外。二十世纪美国学术观点甚至比欧洲的有过之而无不及,经常要根据法国大革命来解释美国革命,或者因为美国革命如此明目张胆地不遵法国大革命的教导,而对它大加鞭挞。这一幕实在令人费解。令人悲哀的是这样一个千真万确的事实:法国大革命以灾难告终,却成就了世界历史;而美国革命如此功成名就,却始终不外乎是一个地方性的重大事件。

在本世纪,无论何时,只要革命出现在政治舞台上,人们就会根据来自法国大革命进程的那个形象来看待它,根据旁观者杜撰的概念来解释它,根据历史必然性来理解它。缔造革命的人也好,旁观并跃跃欲试的人也罢,在这些人的心目中,显然缺乏对政府形式的深度关切,而这正是美国革命的典型特征,在法国大革命的起步阶段也十分重要。正是那些被人山人海的奇观吓倒的法国革命者，跟着罗伯斯庇尔一起高呼："La République? La Monarchie? Je ne connais que la question sociale."（"共和乎？君主乎？我只知道社会问题。"）他们所丢掉的，与制度和宪法这一"共和国的灵魂"（圣鞠斯特）一道的，还有"革命"本身。[1] 从此，不管人们愿意与否，都被革命的风暴卷入了一个不确定的未来。他们取代了自负的建筑师，这些建筑师企图按照自己所理解的那样，集过去一切智慧之大成，来建造他们的新房子。与建筑师们一起消失的是那种饱满的信心，相信根据一个因经受住长时间考验而拥有了真理性的概念蓝图，"新秩序的时代"就能建立在理念基础之上。思想不会是新的，只有实践，只有思想的应用，才会是新的。用华盛顿的话来说，这个时代之所以"繁荣昌盛"，乃是因为它"为我们打开了……哲学家、圣贤和立法者经年累月辛苦劳作而获得的知识宝藏"。在他们的帮助下，美国革命者感到他们可以开始行动了。形势所迫加上英国的政策已经令他们别无选择，唯有建立一个全新的政治体。既然行动的机会已经来临，谁也不能再归咎于历史和形势了：如果美国公民"没有获得彻底的自由和幸福，那只能怪自己"。[2] 但令他们始料不及的是，仅仅过了几十年，对于他们的作为，一位最敏锐也最有思想的观察者，竟会得出这样的结论："我一代又一代地追溯，直至远古时代，却发现我眼前所发生的一切，乃是史无前例的；当过去不再照耀未来，人的心灵就会茫然地游荡。"[3]

1　关于圣鞠斯特，另外还有罗伯斯庇尔对这些事情的立场，参见 Albert Ollivier, *Saint-Just et la Force des Choses*, Paris, 1954。

2　引自 Edward S. Corwin, "The 'Higher Law' Background of American Constitutional Law", in *Harvard Law Review*, vol.42, 1928。

3　托克维尔，前引书，vol.II, Fourth Book, chapter 8。

一　革命的意义

　　从十九世纪伊始,历史必然性就在人们的心灵中投下魔咒,这一魔咒通过十月革命强化了它的威力。十月革命对于本世纪的深刻意义,与法国大革命对于其同时代人的意义一样,先是使人类最美好的希望转化为现实,然后又让他们彻底绝望。不过这一次并不是与前人不谋而合的意外经验,而是在刻意模仿一个已逝时代和事件经验的行动过程。诚然,意识形态和暴力的双重强制,一个从内部,另一个则从外部对人实施强制,才能充分解释在所有处于布尔什维克革命影响之下的国家中走上绝路的革命家所具有的那种软弱性。但是在这里,那些可能是从法国大革命中吸取的教训,时至今日已经成为意识形态思考这一自我强制压力的有机组成部分。问题总是一样的:那些进入革命学校的人,事先就已经知道革命必经的过程。他们模仿的是事件的过程,而不是革命者。如果他们以革命者为榜样,那他们至死也要捍卫革命者的清白。[1]但是他们不能这样做,因为他们知道一场革命必定会吞噬革命自己的孩子,正如他们知道每一次革命都会按部就班地发展;或者知道,明处的敌人之后,接着便是以"可疑分子"面目出现的隐蔽敌人;又或者知道,革命将分裂为两个极端的派别——indulgents（宽容派）和 enragés（激进派）——他们实际上或"客观上"是一丘之貉,同心协力来削弱革命政府。革命由中间派来"拯救",这绝不是更温和的一派,他们除掉右派和左派,就像罗伯斯庇尔除掉丹东和埃贝尔一样。俄国革命者从法国大革命中学到的是历史而不是行动。他们为革命所做的一切准备,几乎就是这种学习。他们掌握了演技,来扮演历史这一幕伟大

---

[1] 这种态度与1848年革命者的举动形成鲜明对比。米什莱写道:"On s'identifiait à ces lugubres ombres. L'un était Mirabeau, Vergniaud, Danton, un autre Robespierre."（"人们将自己当成了那些悲伤的幽灵,一边是米拉波、维尼奥和丹东,另一边是罗伯斯庇尔。"）载于 Histoire de la révolution française, 1868, vol.I, p.5。

戏剧将给他们安排的任何角色。如果只有反派角色可演，他们也宁可接受这个角色而不愿站在戏外。

这些人敢于藐视一切现存权力，敢于挑战一切世俗权威，他们的勇气毋庸置疑，但他们常常日复一日奴颜婢膝地屈服于历史必然性的召唤，不发出半点义愤填膺的呼喊，不管对他们而言必然性的外表看起来是多么的愚蠢和不合时宜。此情此景，有点荒唐透顶。他们被愚弄了，不是因为丹东和维尼奥、罗伯斯庇尔和圣鞠斯特以及其他一切人的话仍然回荡在他们耳边，他们是被历史愚弄了，变成了历史的傻瓜。

二
社会问题

Les malheureux sont la puissance de la terre.（不幸的人是强大的自然力。）

圣鞠斯特

1

二十世纪初期的职业革命家也许是历史的傻瓜，但他们本人肯定不是傻瓜。作为革命思想的一个范畴，历史必然性观念本身要比纯粹的法国大革命场景更为可取；哪怕以沉思默想的方式来追忆法国大革命的事件过程，然后将事件简化为概念，较之历史必然性观念也不免相形见绌。隐藏在现象背后的是一种现实，这种现实是生物的而非历史的，虽然现在，也许是第一次，它完全是一副历史的样子。我们在自我反省中领略到的最强大的必然性，就是生命过程。它渗透到我们的身体器官，使之处于持续变化的状态之中。这种持续变化的运动是自发的，独立于我们的活动和不可抗拒的，那是一种势不可当的迫切性。我们自己做得越少，我们就越不活跃，这种生物过程就越发不可收拾，并且把内在的必然性强加于我们，用纯粹事件*那咄咄逼人的自发作用来震慑我们，而这种自发作用，乃是一切人类历史的基础。历史过程的必然性，本来的形象是沿轨道旋转的、必然的天体运动，它在支配一切人类生活的日复一日的必然性中，找到了有力的对应物。当这一幕发生，当穷人迫于肉体需求而冲上法国大革命的舞台时，那个与人类命运起伏这一永恒变化如此贴切的天文学隐喻，就丧失了旧的涵义而获得了生物形象，这个形象无孔不入地侵入了历史有机体理论和历史社会理论之中，并构成了这些理论的基础。所有这些理论都有一个共同之处，那就是将群众，也就是一个民族、人民或一个社会中的实际多数，看成是一个超自然躯体的形象，它受制于一个超人，也就是不可抗拒的"公意"。

  与这一现代形象相对应的实际情况，是十八世纪以来我们逐渐称之为社会问题的现实，我们可以更恰当、更简单地称之为贫困的存在。贫困不只是被剥夺，而且是一种处于持续匮乏和极度苦难中的状态。它的卑污，在于它非人化的力量；它的可鄙，是因为它把人置于肉体的绝对支配之下。这就是必然性的绝对支配，每个人都能从他们最切身的体验中，不假思索地了解到。正是在必然性的统治之下，群众投奔了法国大革命，发动它，驱使它前行，最终葬送了它，因为这是穷人构成的群众。当他们出现在政治舞台上的时候，必然性也随之出现。结果就是，旧政权的权力失效，而新共和国也流产了。自由不得不屈从于必然性，屈从于生命过程本身的迫切性。当罗伯斯庇尔宣布"维持生命所必

---

 * 指不受外力干扰的事变过程。——译者注

需的一切，都必须是公有物品，只有剩余物品才被承认是私有财产"时，他不仅颠倒了前现代的政治理论，那种理论认为必须充公和共享的，正是公民的剩余时间和物品，而且，还是用他本人的话来说，他最终使革命政府屈从于"最神圣的法律、人民的福利、最不可剥夺的资格，它就是必然性"。[1]换言之，他抛弃了自己的"自由专制"，也就是在以自由立国名义下的专政，来争取"无套裤汉（法国大革命时期贵族对贫苦的共和主义者的蔑称）的权利"，这一权利就是"衣食温饱和种族繁衍"。[2]正是必然性，也就是人民的迫切需要释放了恐怖，并将大革命引向毁灭。最后，罗伯斯庇尔总算明白发生了什么，尽管他只是以预言的形式来表述的（在他最后的演说中）："我们将会逝去，不留下一抹烟痕，因为，在人类的历史长河中，我们错过了以自由立国的时刻。"不是国王和暴君的阴谋，而是必然性和贫困那更有力量的阴谋，长期困扰着他们，使之错过了"历史性时刻"。与此同时，革命掉转了方向，它不再以自由为目的，革命的目标变成了人民的幸福。[3]

人权转化为无套裤汉的权利，不仅是法国大革命的转折点，而且是接下来所有革命的转折点。这在不小的程度上要归因于下述事实：卡尔·马克思，这位革命有史以来最伟大的理论家，他更感兴趣的是历史而不是政治。因此，他几乎完全忽略了革命者的本来意图，也就是以自由立国，而将注意力几乎完全集中在革命事件貌似客观的进程上了。换言之，人权转化为无套裤汉的权利之前，自由就已经逊位于必然

1　*Oeuvres*, ed. Laponneraye, 1840, vol.3, p.514.

2　《无套裤汉的权利宣言》是罗伯斯庇尔的一个朋友Boisset提出来的，参见J. M. Thompson, *Robespierre*, Oxford, 1939, p.365。

3　*Le But de la Révolution est le Bonheur du Peuple* 作为无套裤党的宣言，在1793年11月宣告了这一点。参见no.52 in *Die Sanskulotten von Paris. Dokumente zur Geschichte der Volksbewegung 1793—1794*, ed. Walter Markov and Albert Soboul, Berlin (East), 1957。

性，只是过了半个多世纪之后，才找到了自己的理论家。当这一点在马克思的著作中出现时，现代革命的历史似乎已经到了不可逆转的地步。由于产生于美国革命进程的思想一骑绝尘，令人难以望其项背，一般而言，革命总是笼罩在法国大革命的阴影之下，具体而言，革命总是处于社会问题的主导之下。（哪怕托克维尔也是如此，他的主要精力就在于研究那场漫长而不可避免的革命在美国造成的后果，而1789年事件只不过是这场革命的第一阶段。奇怪的是，美国革命本身和立国者的理论，始终提不起他的兴趣。）马克思的表述和概念对革命进程的巨大影响是毋庸置疑的。鉴于荒谬的二十世纪马克思主义经院哲学，人们不免会将这一影响归咎于马克思著作中的意识形态因素，然而更恰当的做法是反过来，把马克思主义的有害影响归咎于马克思大量的真实而富于创见的发现。无论如何，年轻的马克思无疑相信，法国大革命不能以自由立国的原因，就在于它没能解决社会问题。从这一点他得出了自由与贫困互不相容的结论。马克思对革命事业最具爆炸性同时也确实最富创见的贡献就是，他运用政治术语将贫苦大众那势不可挡的生存需要解释为一场起义，一场不是以面包或财富之名，而是以自由之名发动的起义。马克思从法国大革命中学到的是，贫困是第一位的政治力量。他的教义中的意识形态因素，他对"科学"社会主义、历史必然性、上层建筑和"唯物主义"的信念等等，相比之下都是次要的和派生的。这些东西都是他和整个现代所共有的，今天我们不仅在形形色色的社会主义和共产主义中，而且在整个社会科学的体系中都找得到它们。

马克思将社会问题转化为政治力量，这一转化包含在"剥削"一词中，也就是认为贫困是一个掌握暴力手段的"统治阶级"剥削带来的结果。其实，这一假设对于历史科学而言，价值并不大。它从奴隶经济中得到启发,在那里,主人"阶级"确实统治着下层劳动者。但这仅仅适合资本主义的早期阶段,当时规模空前的贫困正是武力掠夺的结果。倘若不是凭着革命性而单凭科学性,这个假设肯定挨不过一个多世纪历史研究的风雨。马克思正是假革命之名,将一种政治因素引入新的经济科学之中,进而使之成为它自命的东西——政治经济,也就是一种依赖于政治权力,因而能被政治组织和革命手段推翻的经济。通过将财产关系贬抑为由暴力而不是必然性所确立的旧人际关系,马克思唤起了一种反叛精神,这种反叛精神只有在遭到侵犯时才会产生,而并非源于必然性的统治。如果马克思有助于解放穷人,那也不是通过告诉他们,说他们是某种历史的或其他的必然性的活化身,而是通过劝说他们,使之相信贫困本身是一个政治现象,而非自然现象,是暴力和侵犯的结果而不是匮乏的结果。从定义上,苦难的条件绝对无法产生"心灵自由的人民",因为这种条件受制于必然性。如果苦难的条件将带来革命而不是葬送革命,那必然要将经济条件转换成政治因素,用政治术语来加以解释。

马克思的解释模型是古代奴隶制,那里的确存在一个他所谓的"统治阶级",占有强制手段,迫使被统治阶级为其承受苦役。马克思的希望,用"阶级意识"这一黑格尔式术语来表述,来自一个事实,那就是现代已经释放了被统治阶级,使之恢复了行动能力,而这种释放复又将工人阶级置于必然性的统治之下,被统治阶级的行动同时又恰恰由于必然性而变得不可抗拒。在工业革命的起步阶段,劳动者的解放其实在某种程度上是自相矛盾的:从主人手中解放,只不过是将他们置于更强大的工头,即日常需要的统治之下。日常需要,换句话说,是一种力量。必然性就是借助这一力量,去驱使、强迫人,它比暴力更加具有强迫性。马克思深知这一点,他的视野依然牢牢扎根于古典制度和理论之中,放之四海而又常常模糊不清。这也许就是他如此热衷于黑格尔,相信自由直接从必然性中产生这一辩证过程的深层原因。

马克思在人类自由史上的地位一直很模糊。诚然,他在早期著作中运用政治术语来谈论社会问题,用压迫和剥削的范畴来解释贫困的绝境。然而也正是马克思,在《共产党宣言》之后的几乎所有著作中,运用经济术语来重新定义他年轻时赤诚的革命激情。其他人相信某种必然性是人的条件所固有的,马克思先是从这里看到了人为的暴力以及人对人的压迫,但他后来又在每种暴力、罪行和侵犯的背后,看到了潜伏着的、历史必然性的铁的规律。马克思将必然性等同于生命过程所具有的强迫性冲动,这一点跟他的现代先驱不一样,倒是很像他的古代老师。如此说来,马克思最终比其他任何人,都更强化了现代在政治上最有害的信条,即生命是最高的善,社会的生命过程正是人力所能及的中心。因此,革命的角色不再是将人从其同胞的压迫下解放出来,更不用说以自由立国了,而是使社会的生命过程摆脱匮乏的锁链,从而可以不断高涨,达到极大丰富,取之不尽,用之不竭。不是自由,而是富足,现在成为了革命的目标。

然而,把马克思前期和后期著作之间众所周知的区别归咎于心理或生理的原因,看成是一种现实的内心波动,这是有失公允的。1871年,即便已到垂暮之年,马克思仍然非常革命般地热情欢迎巴黎公社,尽管它的爆发与他的一切理论、一切预言相抵触。问题更像是理论性的。在以政治术语来谴责经济和社会条件之后,用不了多久,马克思就会恍然大悟,他的范畴可以相互颠倒,在理论上反过来运用经济术语解释政治,完全是可能的(概念可以颠来倒去,这是一切严格意义上的黑格尔式思想范畴所固有的)。暴力和必然性之间的现存关系一旦成立,马克思就没有任何理由不根据必然性来思考暴力,把压迫归因于经济因素，尽管本来这一关系是通过相反的方式，也就是通过揭发必然性是人为的暴力而得以发现的。这一解释想必极大地触动了他的理论感，因为，将暴力归结为必然性，提供了无可否认的理论优势：它巧妙得多了。它把事情化约到这种程度，在这里，暴力和必然性之间的实质区别变得多余。暴力其实一不小心就会被理解为一种基础性、支配性的必然性的一项功能或一个表面现象，但是，只要存在肉体及其需要，我们就无法摆脱必然性，这种必然性绝不能简单地归结为暴力和侵犯，也不能完全被它们所吸纳。正是马克思的科学主义，以及将他的"科学"提升到自然科学（其主要范畴当时还是必然性）水平的抱负，引诱他颠倒了自己的范畴。在政治上，这一发展导致马克思让自由事实上屈从于必然性。马克思重蹈了他的革命导师罗伯斯庇尔之覆辙；而他最伟大的学生列宁，则在一场马克思的教义激发的最重大革命中，步了他的后尘。

人们已经习惯将所有这些屈从，尤其是列宁经手的最后一次，都视为意料中的事，主要是因为我们感到，要看清他们中任何一个人的本来面目，而不仅仅以先驱者视之，殊非易事。其中最为甚者还是列宁。（值得指出的是，与斯大林不一样，列宁还没有为他的传记找到指定作者，尽管他不仅是一位"更好"的人，而且也是一位无比简单的人。这也许是由于他在二十世纪历史中的角色暧昧得多，也难以理解得多之故吧。）然而甚至是列宁，撇开他教条式的马克思主义不谈，也许能够避免这种屈从；毕竟，正是同一个人，在被要求用一句话概括十月革命的本质和目的时，曾给出了一个古怪的、长期被人遗忘的公式："电气化加苏维埃。"这个答案之所以引人注目，首先是因为它所忽略的东西：一方面是党的作用，另一方面是社会主义建设。取而代之交给我们的，是一种完全非马克思主义的政治与经济的分离，一种作为俄国社会问题解决方案的电气化，与一种作为俄国新政治体和革命期间从一切党派中脱颖而出的苏维埃制度*之间的分野。对于一位马克思主义者来说，也许更令人吃惊的是，指出贫困问题不是通过社会化和社会主义来解决，而是通过技术手段来解决的。相对于社会化而言，技术在政治上当然是中立的，既不囿于也不排斥任何特定的政府形式。换言之，摆脱贫困的魔咒要通过电气化，但自由的兴起要通过一种新的政府形式：苏维埃。列宁身为一名政治家的天才压倒了他的马克思主义素养和意识形态信念。类似的情形屡见不鲜，这不过是其中之一而已。

好景固然不长。当列宁决定，布尔什维克党是电气化和苏维埃两者唯一的推动力时，他就放弃了理性的、非意识形态的国家经济发展的可能性以及新制度的自由潜质。布尔什维克党及其机关后来发展到简直是无所不能的地步，始作俑者就是列宁自己。然而，他放弃早期立场，也许是基于经济而非政治原因，更多是为电气化之故而非为党的权力之故。他深信，落后国家的人民尚未适应过来，无法在政治自由的条件下征服贫困，无论如何也不可能在战胜贫困的同时建立起自由。列宁是法国大革命最后一位继承人，他对自由毫无理论概念，但是，当在现实中碰到它时，列宁就理解了什么才是生死攸关的；当他为了党而牺牲掉新的自由制度苏维埃，以为党将会解放穷人时，他的动机、他的推理，还是与法国大革命传统的悲剧性失败不谋而合。

---

* system，通常是指"体系"，考虑到"政党制度"一词约定俗成的译法，在此，涉及system的政党体系、委员会体系、苏维埃体系以及街区体系，都一概以"制度"代替之。在本文中，所谓政党制度、委员会制度和苏维埃制度，都不是institution意义上而是system意义上的。——译者注

二　社会问题

2

贫困将帮助人们打破压迫的镣铐，因为穷人失去的只有锁链，这种理念经由马克思的教义而令人耳熟能详，以致我们很容易忘掉，它在法国大革命实际进程之前是鲜为人知的。确实存在一种共同的偏见，为热爱自由的人士所心仪。这种偏见告诉十八世纪的人们"过去十二个多世纪以来，欧洲上演了一出人民为摆脱统治者的压迫而奋斗不息的动人戏剧。"[1] 但是这些被称为人民的人并不是指穷人，认为一切革命都根源于社会这一十九世纪的偏见，尚未见诸十八世纪的理论和经验中。事实上，当美国革命者踏上法国的土地，真正面对这块大陆的社会条件，面对穷人还有富人的社会条件时，他们就再也不相信华盛顿的话了。华盛顿称："美国革命……似乎让差不多所有欧洲国家都大开眼界，一种平等自由的精神，正以迅雷不及掩耳之势到处蔓延。"甚至在此之前，其中一些人就警告过那些在"独立战争"中与他们并肩作战的法国官员，以免他们的"希望被我们在这块处女地上的胜利所影响。你们将感染我们的心绪，但若你们试图将它们移植到一个已经腐化了几百年的国家，就会遇到比我们更难以克服的障碍。我们的自由是用鲜血换来的；对你们来说，要想自由能在旧世界生根，不得不先付出血流成河的代价"。[2] 不过他们的主要理由具体得多，那就是（杰斐逊写于法国大革命爆发前两年）"2 000万人民中……有1 900万人，无论讲起哪一

---

[1] James Monroe in J. Elliot, *Debates in the Several State Conventions on the Adoption of the Federal Constitution* ..., vol.3, 1861.

[2] 两处引文均来自阿克顿勋爵，*Lectures on the French Revolution*(1910), Noonday paperback edition, 1959。

种人类生存境况,都比整个美国最悲惨的人更加悲惨、更加不幸"。(因此,在杰斐逊之前,富兰克林就已经发现,自己在巴黎会"常常想起新英格兰的幸福,那里每个人都是业主,享有公共事务的投票权,居住在窗明几净、温暖舒适的大房子里,衣食无忧……")杰斐逊也不指望社会中的另一部分人,也就是那些生活奢侈安逸的人,会有什么伟大作为。在杰斐逊眼里,他们的一举一动都拘泥于"礼节",无论在哪里,这种讲究都将是"极端苦难的一个步骤"。[1]杰斐逊从来就没有想过,"满载苦难"的人民,承受着贫困和腐化的双重苦难,能够完成在美国所成就的大业。相反,他警告说,这些人"并不像我们在美国时所以为的那样,他们绝不是心灵自由的人民"。约翰·亚当斯则深信,一个自由的共和政府"统治的是大象、狮子、老虎、豹子、狼和熊,就像在凡尔赛皇家动物园中那样,那也一样是不自然、非理性和不切实际的"。[2]约莫二十五年后的一件事,在一定程度上证明约翰·亚当斯是对的。杰斐逊想起了"欧洲城市的暴民",任何程度的自由一到他们手中,"都会瞬间扭曲为对一切私人的和公共事物的破坏和毁灭",[3]此际,他同时考虑到了富人和穷人,腐化和苦难。

视美国革命之成功为理所当然,而对法国革命者之失败指手画脚,没有什么比这更不公平的了。成功,不仅仅归功于共和国立国者的智慧,尽管这一智慧确实非同凡响。值得汲取的一点是,美国革命成功了,然而尚未迎来新秩序的时代;联邦宪法作为"一种实物形式的……现实存在","事实上"可以成立,然而联邦宪法"对于自由的意义"尚

---

[1] 致Trist先生的巴黎来信,1785年8月18日。
[2] 杰斐逊,致Wythe先生的巴黎来信,1786年8月13日;约翰·亚当斯致杰斐逊,1813年7月13日。
[3] 致约翰·亚当斯,1813年10月28日。

未形成"语法对于语言那样的意义"。[1] 成败的原因在于,贫困的绝境在美国场景中是没有的,而在世界其他地方则无处不在。这是一个笼统的说法,是否站得住脚,还需要两个方面的考量。

美国场景中没有苦难和匮乏,而不是没有贫困。因为"贫富之间、勤劳者和懒惰者之间、有教养者和无知者之间的对立"在美国场景中仍随处可见,令立国者们忧心忡忡。不管国家是多么繁荣,他们都深信这些差别是永恒的,"始于创世而遍及全球"。[2] 然而在美国,辛勤劳动者贫穷但并不悲惨。英国和欧洲大陆旅行者的见闻众口一词,无不惊叹:"1 200英里的行程我看不到一样能够唤起悲悯之心的东西。"(安德鲁·伯纳比)因此,他们不为匮乏所动,革命也不会被他们淹没。他们提出的是政治问题而非社会问题,关乎政府形式而非社会秩序。关键之处在于,"夜以继日的劳作"和缺少闲暇,让大多数人自动放弃了对政府的积极参与。当然,他们还能被代表和选举他们的代表。但是,代表只不过是一个"自我保存"和自利的问题,它之所以必要,乃是为了保护劳动者的生命,防止他们遭到政府侵犯。这些本质上消极的保障绝不会向多数人开启政治领域,也不会在他们当中激起"追求独特性的激情"——"不仅渴望平等或相似,而且渴望超越"。按照约翰·亚当斯的说法,它"仅次于自我保存,永远是人类行动的伟大源泉"。[3] 因此,在确保了自我保存之后,穷人的困境就在于他们的生活毫无影响力。超越性之光照耀着公共领域,而穷人始终被排除在公共领域的光明之外。无论他们走到哪里,都置身于黑暗之中。正如约翰·亚当斯所看到的:"穷人心地纯良,却自惭形秽……他备感受到他人冷落,恍如在黑暗中

---

1 托马斯·潘恩,《人的权利》(1791),Everyman's Library edition, pp. 48, 77。
2 约翰·亚当斯,*Discourses on Davila*, *Works*, Boston, 1851, vol. VI, p. 280。
3 同上,pp. 267, 279。

摸索。人类从未留意过他，他踟蹰独行，默默游荡。在人群中、在教堂里、在市场上……他默默无闻，跟躲在阁楼或洞穴里没有两样。他不会遭到反驳、惩戒或责备；他只是被视而不见……完全被人忽视，并且知道自己完全被人忽视，这是无法忍受的。如果在鲁滨孙·克鲁索的荒岛上有亚历山大图书馆，而他肯定再也无法跟任何人见面，他还会破卷读书吗？"[1]

我之所以不厌其烦地大段引述这些话，是因为它们表达了一种对非正义的感受。贫困的魔咒是黑暗而不是匮乏，这种信念在现代文献中极其罕见，尽管有人怀疑马克思依据阶级斗争重写历史的努力，在一定意义上至少是出于渴望为先人平反的冲动，历史给他们那被损害的生活又加上了被忘却的侮辱。显然，恰恰是苦难的不存在，使约翰·亚当斯发现了穷人的政治困境，但是他对默默无闻之弊的洞悉，却鲜为穷人自身所认同，因为匮乏给人的生活带来的损害要更为显著。由于它始终曲高和寡，也就难以对革命史或革命传统产生任何影响。在美国和其他地方，穷人致富以后不会变成闲暇者。闲暇者的行动出于对超越的渴望，相反他们却耽于闲愁，无从打发，任凭时光荒疏。他们也会发展到"沽名钓誉"（"a taste for consideration and congratulation"）这一步，但他们满足于尽可能便宜地得到这些"商品"，也就是说，他们杜绝了追求独特性和超越性的激情，这种激情只有在众目睽睽、光天化日之下才能充分发挥出来。政府的目的，对他们来说始终是自我保存。约翰·亚当斯相信"政府的根本目的是管制（追求独特性的激情）"，[2] 这一信念甚至从未引起争议，它只是被忘却了。与其走进超越性之光照

---

[1] 约翰·亚当斯，*Discourses on Davila*, *Works*, Boston, 1851, vol. VI, pp.239—240。
[2] 同上，p.234。

耀的集市，倒不如说，他们更喜欢在"挥霍消费"时敞开私人的房子，以炫耀他们的财富，卖弄那些本身不宜外传的隐私。

然而，如何防止昨天的穷人一旦暴富，就发展出自己的行为规则，将它们强加于政治体之上，这些忧虑来自今天，它们在十八世纪是不存在的。即便是在今天，这些美国式的忧虑，虽然在富足的条件下是十分现实的，但与世界其他地方的操心和忧虑相比，似乎太奢侈了。而且，现代情感不会为默默无闻所动。哪怕"天赋异禀"却怀才不遇，"追求卓越"却郁郁不得志，它都不为所动。约翰·亚当斯则为之深深触动，彻底的苦难给他或其他任何一位国父造成的触动，都没有这般深切。当我们提醒自己，美国不存在社会问题毕竟是掩耳盗铃的想法，凄惨而卑微的苦难以奴隶制和黑人劳动的形式遍及各地时，这一事实就无法不让我们啧啧称奇了。

历史告诉我们，说是苦难景象打动了人，引起了他们的怜悯，这绝不是一个事实，甚至在基督教这一仁慈的宗教决定西方文明道德标准的漫长世纪中，同情也是在政治领域之外，通常是在某种教会等级制度之外发挥作用的。不过我们这里讲的是十八世纪的人，当时这种由来已久的冷漠即将烟消云散；当时，用卢梭的话来说，一种"与生俱来的物伤其类之情"，是欧洲社会某些阶层所共有的，尤其是法国大革命的缔造者。从那以后，同情的激情到处蔓延，使一切革命中的仁人志士蠢蠢欲动。同情对行动者的动机不起作用的革命仅有一次，那就是美国革命。如果美国不是存在黑奴制，人们难免会单凭美国的繁荣、杰斐逊"可爱的平等"，或者用威廉·佩恩的话来说，美国其实是"一个贫穷人的好国度"这个事实，来解释这一令人瞩目的方面。事实上，我们不由得问自己，这个贫穷白人国家的善良是否在很大程度上并不依赖于黑人的劳动和黑人的苦难？十八世纪中期的美国约有40万黑人和185万白人混居，尽管缺乏可靠的统计资料，我们也可以确信，在旧世界的国土上，完全赤贫和苦难的百分比是相当低的。从中我们只能得出结论，奴隶制度带来的默默无闻，比贫困带来的默默无闻更加黑暗；"完全被忽视"的是奴隶，而不是穷人。如果杰斐逊意识到美国社会结构赖以生存的这种基本罪行，如果他"一想到上帝是正义的就战栗不已"（杰斐逊），那么这也只是因为他深信奴隶制度和以自由立国两者格格不入，而不是因为他被怜悯或血浓于水的同胞之情所打动。其他不如杰斐逊这般义愤的人，也是如此。这种冷漠对我们来说是难以理解的，对美国人来说则不足为奇，因而必须归咎于奴隶制，而不应该归咎于心灵的败坏或者自私自利。十八世纪欧洲的目击者有感于欧洲社会条件的景象，心中充满同情，对此不会熟视无睹。他们也认为，美国和欧洲相比，其独特性在于"不存在这样一种凄惨状况，去判定（人类的某部分）是无知和贫困的"。[1]对于欧洲人来说，奴隶制不属于社会问题，对美国人来说亦是如此，因此，社会问题不管是真的消失了，还是仅仅被掩盖起来，实际上都是非存在。驱使着革命者的最强大，也许是最具破坏力的激情，即同情的激情，随之也就不存在了。

  为了避免误解，要申明的一点是：因其在革命中的作用而引起本书关注的社会问题，一定不要将其等同于机会平等的缺乏，或者等同于过去几十年来逐渐成为社会科学中心议题的社会地位问题。在我们社会的某些阶层中，钻营游戏司空见惯，但在十八和十九世纪的社会中却是完全没有的，没有一位革命者会认为他的任务是向人类推广这种游戏，或者教会下层人民游戏规则。现今的这些范畴与共和国立国者们的心

---

[1] 引自 D. Echeverria, *Mirage in the West: A History of the French Image of American Society to 1815*, Princeton, 1957, p.152。

二　社会问题

灵究竟有多么格格不入，从他们对待教育问题的态度中，也许最能体现出来。对他们而言，教育问题极其重要，然而，这并不是为了让每个公民能提升其社会地位，而是因为国家的福利和政治制度的运作有赖于全民教育。他们要求"每个公民应当接受与其生活条件和生活追求相应的教育"。这就不难理解了，公民"被分为两个阶层——体力劳动阶层和脑力劳动阶层"，是为了教育。因为这样"有利于促进公共幸福，使那些生来德才兼备的人……能够守护同胞公民们，不论财富、出身或者其他附加条件和境况，都拥有同样的神圣的权利和自由"。[1] 凡此种种思虑之中，看不到人尽其才这一十九世纪自由主义者所关心的个人权利；同样也看不到他们那种对天才怀才不遇固有的非正义特有的敏感，这种敏感和他们崇智是密不可分的；更看不到今天的这个观念：每个人都拥有在社会中发展并因此而受教育的权利，不是因为他的天赋，而是因为社会理应让他发展技能以提高社会地位。

国父们关于人性弱点的现实主义观点天下闻名，但是社会科学家们的新假设，想必还是会令他们大吃一惊：它假设，社会下层人士拥有发泄怨恨、贪婪和嫉妒的权利——姑且称之为权利吧。其中原因不仅仅在于，国父们坚持认为嫉妒和贪婪无论何时何地都是丑恶，而且，也许正是他们的现实主义告诉他们，这些丑恶在社会上层更为常见。[2] 即便在十八世纪的美国，社会流动性当然也是相当的高，但这并不是革命

---

[1] 参见杰斐逊，"A Bill for the More General Diffusion of Knowledge" of 1779，及其 "Plan for an Educational System" of 1814, in *The Complete Jefferson*, edited by Saul K. Padover, 1943, pp. 1048, 1065。
[2] 关于工人阶级对平等这一主题的意见，参见 Robert E.Lane 最近的一项研究，"The Fear of Equality" in *American Political Science Review*, vol. 53, March 1959。例如，对工人角色毫无怨恨，谓之"对平等的恐惧"；深信富人并不比其他人快乐，谓之企图"对付那种备感煎熬而又不正当的嫉妒"；一旦发财也不会不顾朋友死活，谓之缺乏"安全感"，等等。这篇短文设法将每一种美德都转换成一种深藏不露的邪恶，即寻找不存在的隐秘动机，可谓 a tour de force（神乎其技）。

所促成的。如果说法国大革命为天才提供了用武之地，那也确实是督政府和拿破仑·波拿巴之后的事情了。那时候，生死攸关的大事，不再是自由和建立共和国，而是大革命的平息和资产阶级的兴起。就本书而言，问题的关键在于，能唤起同情的，唯有贫困的绝境，既非个人的怀才不遇，也不是个人的社会抱负。现在，我们要关心的，是同情在除美国革命之外的一切革命中所扮演的角色。

3

在十八世纪的巴黎或十九世纪的伦敦，就像今天在一些欧洲国家、拉丁美洲大部分国家和几乎所有亚非国家中那样，对人类大众的苦难和不幸视而不见是不可能的。马克思和恩格斯就是在伦敦沉思法国大革命的教训的。诚然，法国大革命的革命者乃是出于对暴政的仇恨，起而反抗压迫，与丹尼尔·韦伯斯特所赞美的那些"为一篇序言而战""为一份宣言战斗了七年"的人们相比，他们丝毫也不逊色。他们维护人民的权利，是为了反暴政和反压迫，而不是为了反剥削和反贫困。根据化育了革命精神的古罗马记录，人民的同意是一切权力的正当性的来源。由于他们自身在政治上显然处于无权地位而置身被压迫者之中，他们感到自己属于人民，而无需号召与人民团结一致；如果他们成为人民的代言人，那也不是说，他们为人民办事，是基于一种凌驾于人民之上的权力，或者出于对人民的爱；他们在一项共同的事业中代表人民发言和行动。可是，十三年美国革命原本一直都是对的东西，在法国大革命的进程中迅即化为一场春梦。

在法国，君主制的垮台并未改变统治者和被统治者、政府和民族之间的关系，而且政府的任何变革都不能弥补它们之间的裂痕。革命政

二 社会问题

府在这方面不同于前政府,革命政府既非民有亦非民治政府,最好的革命政府充其量只能是民享政府,而最糟的革命政府则是由自封为代表的人"篡夺最高统治权力",这些人"在民族中处于绝对独立地位"。[1] 问题在于,民族和它在各派别中的代表之间的主要分歧很少像罗伯斯庇尔和其他人所巴望的那样,跟"美德和才智"有关,而仅仅在于社会条件的悬殊,这一点只有在革命成功之后才暴露出来。无可回避的事实是,从暴政中解放仅仅给少数人带来了自由,多数人则始终背负苦难,难以感受到它。必须再来一次解放,与挣脱必然性枷锁的解放相比,最初摆脱暴政的解放,就像是小儿科。而且,在这一次解放中,革命者和他们所代表的人民不再由共同事业的客观纽带联合在一起,这就要求代表们做出特别的努力,也就是努力实现团结。罗伯斯庇尔称之为美德。这种美德不是罗马的,它不以共和国为目的,也与自由丝毫无关。美德意味着心怀人民的福利,使本人意志与人民意志相一致——il faut une volonté UNE(有且仅有一个意志)——这种努力以多数人的幸福为首要依归。吉伦特派垮台之后,幸福,而不再是自由,成为了"欧洲新理念"(圣鞠斯特)。

对于各种对法国大革命的理解而言,le peuple(人民)都是关键词。它的涵义,是由那些对人民的遭遇感同而无身受的人来决定的。破天荒第一次,这个词涵括了参与政府事务人员以外的人,不是指公民而是指下层人民。[2] 这一定义产生于同情,这个术语也就成为不幸和悲苦

---

[1] 罗伯斯庇尔,*Oeuvres Complètes*, ed. G. Laurent, 1939, vol. IV; *Le Défenseur de la Constitution* (1792), no. 11, p.328。

[2] le peuple 等同于 menu(蚁民)或 petit peuple(小民),它由"小商人、杂货店老板、手艺人、工人、雇员、推销员、侍应生、散工、lumpenproletariern(流氓无产者),而且由穷困潦倒的艺术家、演员和不名一文的作家"所组成。参见 Walter Markov, "Über das Ende der Pariser Sansculottenbewegung", in *Beiträge zum neuen Geschichtsbild, zum 60. Geburtstag von Alfred Meusel*, Berlin, 1956。

的代名词，正如罗伯斯庇尔时常挂在嘴边的，le peuple, les malheureux m'applaudissent（人民，不幸的人，为我欢呼）；甚至法国大革命中最冷静、头脑最清醒的人物之一西耶士也说，le peuple toujours malheureux（人民总是不幸的人）。同理，那些代表人民，相信一切正当权力必须来源于人民的人，他们个人的正当性，仅仅在于ce zèle compatissant（同情的热情），在于"吸引我们走向les hommes faibles（弱者）的强烈冲动"。[1] 简言之，在于跟"广大穷人阶级"一起受苦的能力，伴随这一正当性的是那种把同情升华为无上的政治激情和最高政治美德的意志。

从历史上说，只有在吉伦特派制定宪法和成立共和政府失败之后，同情才成为革命者的驱动力。在罗伯斯庇尔的领导下，雅各宾派攫取了权力，那时是大革命的一个转折点，并非因为雅各宾派更激进，而是因为他们对吉伦特派那样关注政府形式，显得不屑一顾，因为他们宁愿信任人民而不是共和国，"将信念寄托于一个阶级天然的善良"而不是寄托于制度和宪法："在新宪法之下"，罗伯斯庇尔坚称，"法律应'以法兰西人民的名义'而不是'以法兰西共和国的名义'来颁布"[2]。

重心的转移并非基于某种理论，而是由大革命进程所决定的。然而，在这些形势下，强调民众的同意是法治政府之前提的古典理论，显然已经不合时宜。事后看来，卢梭以volonté générale（公意）取代同意这一古典观念，似乎无可厚非。按照卢梭的理论，同意原来是volonté de tous（众意）。[3] 后者，众意或同意，不仅缺乏足够的动力和革命性来构建一个新政治体或成立政府，而且，它显然以政府的存在为前提，故而会被认为只适于具体决策，解决在一个既定政治体内产生的问题。然而，

---

1 罗伯斯庇尔"Adresse aux Français"（1791年7月），引自J.M. Thompson, 前引书, 1939, p.176。
2 同上，pp.365, 339。
3 参见 *Du contrat Social* (1762), G.D.H.Cole, New York, 1950, Book II, chapter 3。

二 社会问题

这些形式主义的推敲是次要的。更重要的是,"同意"一词,连同它的审慎选择和意见斟酌之意,都一并被"意志"一词置换掉了,而意志根本就是排斥意见交换并最终达成一致的全部过程。意志要想完全运作起来,就必须是单一而不可分割的,"一个分割的意志是不可想象的";意见之间存在中介,意志之间却不可能有中介。从共和国转变为人民就意味着未来政治实体持久统一的保障,不在于人人有份的实际制度,而在于人民自身的意志。作为公意的民众意志,其显著特点就是它的一致性。当罗伯斯庇尔不厌其烦地提到"公共意见"时,他指的是公意的一致性,他并不考虑多数人公共地达成的一个意见。

绝不可误将产生于单一意志的人民持久统一视为稳定。卢梭绞尽脑汁,恰如其分地运用他的公意隐喻,将民族构想成一个由单一意志推动的身体,就像一个人一样,不需丢掉身份,就可以随时改变方向。正是在此意义上,罗伯斯庇尔疾呼:"Il faut une volonté UNE ... Il faut qu'elle soit républicaine ou royaliste."("有且仅有一个意志……遑论是共和派的,还是保皇派的。")进而,卢梭坚持"意志为了未来而束缚自己是荒谬的",[1] 可见,革命政府致命的不稳定性和背信弃义,正中他的下怀;同样,他也为民族国家致命的旧信念进行了辩解:条约只有在服从于所谓民族利益时才具有约束力,raison d'état(国家理由)这一观念比法国大革命还要古老,原因很简单,操纵命运、代表民族整体利益这个单一意志概念,是当时对一位开明君主所扮演的民族角色的诠释,这位君主被革命废除了。问题其实是,如约翰·亚当斯曾指出的那样,如何"使2 500万除了国王的意志之外,对法律一无所知、一无所思的法国人全都团结在自由宪法周围"。因此,卢梭的理论对于法国大革命的吸引力

---

1 参见 *Du contrat Social* (1762), G.D.H. Cole, New York, 1950, Book II, chapter 1。

就在于,他似乎发现了一个十分高明的手段,将群众变成一个人,因为,公意只不过是将多数人结合为一个人。

为了他的这个民众同一体(many-headed one)的建构,卢梭求助于一个貌似简单有理的例子。他从日常经验中获得灵感,两种相互冲突的利益在遭遇与他们均为敌的第三方时就会团结起来。从政治上说,他假定存在共同的民族敌人,并依靠这一力量而形成统一。只有在敌人出现时,才会产生 la nation une et indivisible(不可分割的统一民族)这样的东西,它是法兰西和其他一切民族主义的理想。因此,民族统一只有在外交事务中才是不容置疑的,至少也要形成潜在的敌人。这一结论是十九和二十世纪民族间政治心照不宣的惯用伎俩。显然这是公意理论的一个后果,以致圣鞠斯特对此已经了然于胸,他坚称:只有外交事务才可以恰如其分地称作是"政治的",而人际关系本身只是"社会的"。("Seules les affaires étrangères relevaient de la 'politique', tandis que les rapports humains formaient 'le social'。""只有外交事务才跟'政治'有关,人际关系只是形成了'社会'。")[1]

不过,卢梭本人走得更远。他希望在民族内部发现一条同样适用于国内政治的统一原则。因此,他的问题是如何在外交事务的范围之外找到一个共同的敌人,而他的解决方法就是,这个敌人就存在于每个公民的内心,即特殊意志和利益。问题的关键在于,只要将所有特殊意志和利益加起来,这个隐藏起来的特殊敌人就可以上升至共同敌人的层次,从内部实现民族统一就有了着落。这个民族内部的共同敌人就是所有公民特殊利益的总和。卢梭引用德·阿冉松侯爵的话说道:"'两个特殊利益,通过与第三方的对抗而达成一致。'(阿冉松)也许还

---

[1] Albert Ollivier, *Saint-Just et la Force des Choses*, Paris, 1954, p.203.

应加上一句,**所有利益达成一致是通过与每个特殊利益的对抗而实现的**。如果没有利益分歧,就很难感觉到共同利益,因为它畅行无阻。如果所有人都我行我素,政治就不再是一门艺术了。"(黑体作者附加)[1]

读者也许会注意到,卢梭的全部政治理论,都依赖于将意志令人费解地等同于利益。在《社会契约论》中,卢梭通篇都把它们当成同义词使用。他悄然假定,意志是利益某种自发的表述。因此,公意就是普遍利益的表述,是人民或民族整体利益的表述。由于这种利益或意志是普遍的,它的存在取决于与每个特殊利益或意志的对抗。在卢梭的理论建构中,为了"像一个人一样"并形成 union sacrée(神圣的一致)之目的,国家无需坐等一个敌人威胁它的边境。只要每个公民内心都装着共同的敌人,以及由这一共同的敌人所产生的普遍利益,就足以保证国家的同一性。这一共同的敌人,就是每个人的特殊利益或特殊意志。只要每个特殊的人起而反抗他那特殊的自我,就可以将他自己的对手,也就是公意,在自我中唤醒,这样他就将成为民族政治体的真正公民。"如果从(所有特殊)意志中拿掉那些因相互磨损而增损的部分,公意始终等于不同意志的总和。"为了参与民族的政治体,每位国民必须始终坚持不懈地奋起与自我做斗争。

诚然,没有哪个民族的政治家追随卢梭走到这个逻辑的极点。公民身份这个通用的民族主义概念在很大程度上依赖于外部敌人的存在,而共同敌人居于每个人的内心这一假定,则无迹可寻。然而,革命者及革命传统则不然。正是在法国大革命乃至一切革命中,共同利益

---

[1] 这句话包含了卢梭公意的关键。它仅仅出现在一个脚注之中,这一事实无非表明,作为卢梭理论来源的具体经验,对卢梭来说是这样的自然而然,以致他认为毋庸赘述。复杂的公意概念,其背景既具有实证性,又十分简单,这让理论著作的诠释普遍犯难。这种困难颇有教益,因为很少有政治理论概念会笼罩在如此寻常的胡言乱语所造成的神秘气氛之中。

伪装成共同敌人，垂范于世。从罗伯斯庇尔到列宁和斯大林的专政理论都假定，整体利益必定会自发地，甚至持久地与公民的特殊利益相敌对。[1] 人们常常被革命者异乎寻常的无私所打动，这种无私不能混同于"理想主义"或者英雄主义。自从罗伯斯庇尔鼓吹一种借自卢梭的美德以来，美德实际上就与无私画上了等号。正是这种等同，可以说为革命者烙上了抹不去的印记，也使他们由衷地相信，衡量一项政策的价值标准是它与一切特殊利益相对抗的程度，判断一个人的价值的标准则在于他的举动在多大程度上违背了他自己的利益和意志。

无论卢梭的教义在理论上有何解释，会造成什么样的后果，问题的关键在于，如果没有考虑到"同情"在法国大革命进程的筹划者和行动者心目中起的关键作用，就无法理解潜在于卢梭之无私、罗伯斯庇尔之"美德的恐怖"中的实际经验。对于罗伯斯庇尔而言，能够而且必须将社会不同阶级联合成一个民族的那个单一力量，显然就是同情，是不受苦的人对不幸的人、上层对下层人民所怀有的那种同情。人在自然状态中的善良，在卢梭那里变成了不言自明的真理，因为他发现，同情是对他人痛苦最自然不过的人性反应，因而也正是一切真正"自然的"人类交往的基础。并不是说，卢梭或者罗伯斯庇尔为此曾经在社会之外体验过自然人那与生俱来的善良；他们从社会腐败中推导出自然人的

---

[1] 对这种革命版共和国美德的经典表述，可以在罗伯斯庇尔关于地方法官和民间代议制的理论中找到，他自己将此归结为："Pour aimer la justice et l'égalité le peuple n'a pas besoin d'une grande vertue; il lui suffit de s'aimer lui-même. Mais le magistrat est obligé d'immoler son intérêt à l'intérêt du peuple, et l'orgueil du pouvoir à l'égalité...Il faut donc que le corps représentatif commence par soumettre dans son sein toutes les passions privées à la passion générale du bien public ..."（"人们并不需要伟大的美德，来热爱正义和平等；他们只需要爱自己。但是行政官员必须为人民的利益、为平等而牺牲他自己的利益……因此代表必须将私人的激情置于普遍的激情之下……"）1794年2月5日国民公会讲话。参见 *Oeuvres*, ed. Laponneraye, 1840, vol. III, p. 548。

存在状态,就像一个对烂苹果了如指掌的人,可以通过假定一个好苹果的原初存在状态来解释它的腐烂。他们从内心体验中所了解的,一方面是理性和激情永恒的较量;另一方面则是内心的思想对话,在这里人与自我进行交谈。由于他们将思想等同于理性,于是断言理性侵蚀了激情,还有同情。理性"使人的心灵返归自我,远离一切叨扰和苦恼"。理性令人变得自私,它不让自然天性"与不幸的受苦者感同身受"。或者,用圣鞠斯特的话来说便是:"Il faut ramener toutes les définitions à la conscience; l'esprit est un sophiste qui conduit toutes les vertus à l'échafaud."("必须把一切定义都归结于人的意识。理性是一位智者,它将一切美德都推上了断头台。")[1]

我们习惯于将反理性归因于十九世纪的早期浪漫主义,与此形成鲜明对照的是根据"启蒙"的理性主义来理解十八世纪,赋予它"理性的殿堂"这一带有某种哥特色彩的象征,以致早期对激情、心灵和灵魂的这些祈求,尤其是对那个一分为二的灵魂、对卢梭的âme déchirée(分裂的灵魂)的祈求所具有的力量,很容易被我们忽略或低估。似乎卢梭在他对理性的反叛中,将一个一分为二的灵魂,置于合二为一的地步,这样,灵魂就在心灵与自己的无声对话之中自我揭示,我们称之为思考。由于灵魂的合二为一是一种冲突而不是对话,它就产生了具有双重意义的激情:一是极度痛苦,一是极度热烈。正是这种痛苦的能力,使卢梭一面跟社会的自私斗争,一面跟心灵与世隔绝而沉湎于自我对话的孤立状态斗争。那些即将发动大革命的人,那些历史上第一次为穷人敞开了公共领域的大门,使之感受到公共领域透出的光芒,却发觉

---

[1] 关于卢梭,参见 *Discours sur l'Origine de l'inégalité parmi les Hommes* (1755), G.D.H. Cole英译,New York,1950,p. 226。圣鞠斯特引自Albert Ollivier,前引书,p.19。

自己面对的,是穷人势不可当之痛苦的人,他们的心灵都受到卢梭巨大的、支配性的影响。它更多要归功于卢梭对痛苦的这种强调,卢梭其他一切教义都相形见绌。这里,在这种让人类休戚与共的伟大努力中,值得一提的是无私,即一种将自我投身于他人痛苦之中的能力,而不是积极的善良;最可憎也最危险的是自私,而不是邪恶。而且,相对于恶,这些人更为熟悉的是丑恶。他们已经见识过富人的丑恶及其不可思议的自私,断言美德应是穷人的"遗产和不幸者的天性"。他们目睹"快乐的魔力总与罪恶相伴",辩称苦难的磨砺应当会产生善良。[1] 同情的魔法是使受苦者的心灵向他人的痛苦敞开,于是它就在人与人之间建立了"自然"的纽带并使之根深蒂固,只有富人才抓不住它。激情,乃是受苦之能力;同情,乃是与他人共患难之能力,激情与同情终结之处,便是丑恶开端之地。自私是一种"自然"的堕落。如果说卢梭将同情引入了政治理论之中,那么,罗伯斯庇尔就是以他伟大的革命演说,振聋发聩地把同情带到了集市上。

一旦人们不必诉诸任何制度化的宗教,就一而再、再而三地坚持人的尊严,那么,善与恶以及它们对人类命运的影响这一问题就直接凸显出来,挥之不去。这也许是不可避免的。不过,那些将"人天生不愿见其同胞受苦"(卢梭)的天性误当作善良的人,那些认为自私和虚伪乃邪恶之缩影的人,并未领会这一问题的深刻性。更为重要的是,西方人怀着对善良的积极的爱,以之作为一切行动的激励原则,而在这方面,曾经拥有的那种唯一绝对有根有据的经验,如果不加以考虑,也就是说,

---

[1] R.R.Palmer, *Twelve Who Ruled: The Year of the Terror in the French Revolution*, Princeton, 1941,罗伯斯庇尔的话引自这里。该书与前面提到的 Thompson 的传记一道,都是近年文学作品中对罗伯斯庇尔及其身边的人最公正、最力求客观的研究。关于恐怖之性质的论战,Palmer 的书尤其是一个杰出的贡献。

二 社会问题

如果不考虑拿撒勒的耶稣这个人,那就无法提出善与恶这样可怕的问题,至少在西方传统的框架内是不可能的。之所以考虑到拿撒勒的耶稣,那是大革命的后果所致。事实上,卢梭和罗伯斯庇尔都未能提出这些问题,而他们中一个人的教义和另一个人的举动,则将这个问题提上了后面几代人的议事日程。同样,事实上,如果没有他们,没有法国大革命,梅尔维尔和陀思妥耶夫斯基,一个在《毕利·伯德》中,另一个在"大法官"中,万万不敢将拿撒勒的耶稣转变为基督一事的光环摘掉,使他重返人的世界;也万万不敢明目张胆、淋漓尽致地揭发,法国革命者几乎在不知情的条件下所从事的,到底是一项什么样的事与愿违的悲剧性事业。当然,他们是以诗的、隐喻的方式来揭发的。如果我们想知道绝对的善对人类事务的进程(区别于神圣事务的进程)究竟意味着什么,我们最好转向诗。这样做保管没问题,只要我们记得,"诗人岂止寄情于诗句,耽于这种尼尔森般的天性,他们一有机会就化为行动"(梅尔维尔)。至少,我们可以从诗中领教到,绝对的善良之危险性丝毫不亚于绝对的恶,绝对的善良也不存在于无私,因为,说真的大法官已经够无私的了。绝对的善良超越了美德,甚至维热上校的美德。卢梭和罗伯斯庇尔都无法梦想一种超越美德的善良,如同他们无法想象那种"不带半点肮脏或肉欲"(梅尔维尔)的基本恶一样,那是一种超越丑恶的邪恶。

法国革命者无法根据这些术语来思考,故而,对于自身行动所带来的问题,他们从来就没有真正触及其实质。实际上,这一点近乎理所当然。显然,对于那些促使其行动的原则,他们充其量只是一知半解,至于最终带来的故事究竟有何意义,则几乎一无所知。无论如何,梅尔维尔和陀思妥耶夫斯基事实上都是伟大的作家和思想家,哪怕他们不是,他们也肯定处在一个更佳的位置上来探知一切,尤其是梅尔维尔。与陀思妥耶夫斯基相比，梅尔维尔由于可以从更丰富的政治经验中汲取灵感，遂懂得如何一针见血地反驳法国革命者，反驳他们人在自然状态下是善的，而在社会中则变得邪恶这一主张。这就是他在《毕利·伯德》中所做的事情。他好像在书中说：让我们假设你是正确的，是出生在社会等级之外的一个"自然人"，一个除了被赋予野蛮人的天真和善良之外就一无所有的"弃儿"。你将又一次在大地上行走，毫无疑问这是一次重返，是再度莅临；你一定觉得似曾相识；你忘不了那业已成为基督教文明奠基传说的故事。万一你不幸忘却，就让我设身处地，为你重述一遍。

  同情与善良也许是相关现象，但并不相同。同情在《毕利·伯德》中扮演了十分重要的角色，但该书的主题是超越美德的善良和超越丑恶的恶，故事情节围绕这两者展开。超越美德的善良是自然的善良，超越丑恶的邪恶则是"相对于自然的堕落"，这种堕落"不带半点肮脏或肉欲"。两者都处于社会之外，从社会的角度来说，作为两者化身的两个人是凭空而来的。不仅毕利·伯德是一个弃儿，克拉加特，他的对手，同样是一个来历不明的人。对抗本身毫无悲剧性可言，自然的善良尽管"结结巴巴"，让人无法听懂和理解，但它比邪恶强大，因为邪恶是自然的堕落，"自然"的自然要比堕落和扭曲的自然强大。这部分故事的伟大之处在于，善良因其是"自然"的一部分，所以它并不温和，而是以暴烈的方式表现自己，或更确切地说是以暴力的方式，以致我们相信：毕利·伯德只有通过暴力举动，将作伪证诬陷他的人打死，才是恰到好处的，它消除了自然的"堕落"。然而，这并非故事的结尾，而仅仅是开头而已。"自然"而然之后，故事展开了，结果是恶有恶报，善有善报。现在的问题是，好人因为遇上了恶，也变成了坏蛋。即使我们假设毕利·伯德并没有丧失他的天真，自始至终是"上帝的天使"，亦

二 社会问题

无济于事。正在此时，化身维热上校的"美德"，介入了绝对善和绝对恶之间的冲突，悲剧由此开始。美德也许不如善良强大，但却唯有它能够"化为持久的制度"。美德的胜利同样必须以好人为代价；绝对的、自然的天真因其只能以暴力方式行事，就"与世界和平和人类的真正福祉为敌"，以致美德的最后干预不是为了制止恶的罪行而是为了惩罚绝对天真的暴力。克拉加特"被上帝的天使痛打！可是天使必须被绞死"！可悲的是，法律是为人制定的，而不是为天使和魔鬼制定的。法律和一切"持久的制度"不仅会在根本恶的践踏之下瓦解，同样也会在绝对天真的冲击之下崩溃。法律徘徊于罪行与美德之间，它不能判定超越其上的东西。当法律无法对根本恶予以严惩时，就只能惩罚根本善良，尽管有德之人维热上校也承认，唯有这种善良的暴力才足以抗衡恶的堕落力量。对梅尔维尔来说，人权融入了一种绝对性，而绝对性一旦被引入政治领域，每个人都难逃厄运。

之前我们指出，唯有在美国革命的缔造者心目中，找不到一丝同情的激情。当约翰·亚当斯写道，"群众对富人的嫉妒和怨恨随处可见，且仅仅停留于恐惧或必然性层次。一个乞丐根本不能理解为什么另一个人能乘马车而他却连面包都没有"，[1] 有谁会怀疑他的正确性？深谙苦难的人也难免为他的判断所独有的冷酷和漠然的"客观性"而震动。由于梅尔维尔是美国人，他更懂得如何反驳法国革命者人性善的理论主张，却不知如何对付埋藏在理论背后满怀激情的关怀，即对受苦群众的关怀，而这才是至关重要的。与众不同的是，在《毕利·伯德》中，嫉妒不是穷人对富人的嫉妒，而是"堕落的自然"对自然之整体的嫉妒，恰恰是克拉加特嫉妒毕利·伯德。同情不是幸免于难者与切肤之痛者

---

[1] 引自 Zoltán Haraszti, *John Adams and the Prophets of Progress*, Harvard, 1952, p.205。

一起受苦；相反，恰恰是毕利·伯德这位受害者，对维热上校这位将他送上了绝路的人抱有同情。

另一面的经典故事，即关于法国大革命非理论性的一面关于它的主角言行背后之动机的故事，就是"大法官"了。在这个故事中，陀思妥耶夫斯基将耶稣缄默不语的同情与大法官滔滔雄辩的怜悯进行了比较。同情是因别人的痛苦而痛苦，似乎痛苦是会传染的；怜悯则是毫无切肤之痛下的悲痛。两者不仅不一样，甚至是毫无联系的。同情就其性质而言，无法被整个阶级或人民的痛苦所激发，人类整体的痛苦最不可能激起同情。同情无法超出一个人所承受之负荷，它始终只应是共苦。同情的力量取决于激情本身的力量，相对于理性，激情只能投向具体事物，对于普遍事物则毫无概念，也缺乏普遍化之能力。大法官的罪愆是，跟罗伯斯庇尔一样，他被"弱者吸引"，不仅是因为这种诱惑与权力欲难以分辨，而且，他将受苦者非个体化，把他们打包成一个人民、不幸的人、受苦大众等的集合体。对陀思妥耶夫斯基来说，耶稣神性的标志显然在于耶稣具有一种能力，能够个别地同情一切人，也就是说，他毋需将人乌合在一起形成痛苦的人类这样一个实体。撇去其神学意味不谈，故事的伟大之处在于令我们感到，即使是最深切的怜悯那天花乱坠的花言巧语，一旦遇到同情，就暴露出了它的虚妄性。

与这种无力于普遍化紧密相连的，是奇特的缄默不语，至少也是拙于言辞。相对于美德之雄辩，缄默不语乃是善良之标志，就像相对于怜悯之喋喋不休，缄默不语乃是同情之标志一样。激情和同情并不是无言的，只不过它们的语言在于手势和表情而不在于言辞。耶稣之所以保持沉默，正因为他是怀着同情之心去倾听大法官的演说，而不是因为拙于论辩。可以说，对手的独白高屋建瓴，口若悬河，打动耶稣的却是隐藏在背后的痛苦。专注地倾听，就将独白转化为一场对话，不过，它只能通过手势,亲吻的手势来打断,而不能被言辞所打断。毕利·伯德之死,为同情做了相同的注脚。这一次是负罪者的同情,伴随着降罪者为他感到的同情之苦。同理,对上校判决的申辩,他的"上帝保佑维热上校!"一定更接近于手势而非言说。在这一方面,同情与爱并无二致,它消除了距离,消除了人类交往中一直存在的中间物。如果说,美德一向动辄标榜宁可承受错误也不要犯错误,那么同情就将超越这一点,它十分真诚,甚至是天真地宣称,自己受苦要比看到别人受苦更易于忍受。

由于同情取消了距离,也就是取消了人与人之间世界性的空间,而政治问题,整个人类事务领域都居于此空间之中,因此,从政治上说,同情始终是无意义和无结果的。用梅尔维尔的话来说,它无法建立"持久的制度"。耶稣在"大法官"中的沉默以及毕利·伯德的结巴都表明了同样的意思,即他们不能(或不愿)诉诸各种非此即彼的演说。在这种演说中,某人告诉某人某件彼此都感兴趣的事情,因为它"有趣",而"有趣"乃"最具有中间性"之意,也就是说,它就居于他们之间。这种处在世界之中对交谈和论辩的兴趣,与同情是格格不入的。同情是以高度的激情全身心地投向受苦者本人。痛苦借助纯然自我流露的声音和手势,得以在世界中呈现和被聆听,只有在不得不对之做出回应的时候,同情才会发言。一般说来,同情并非要改变现世的条件以减轻人类的痛苦。不过,如果让同情来做,它就会尽量避免那冗长乏味的劝说、谈判和妥协的过程,即法律和政治的过程,而是为痛苦本身发言,这就要求快捷的行动,这不外乎付诸暴力手段。

在此,善良与同情现象的关联性再度显现出来。人通过论辩式的推理来抵制诱惑,并在此过程中逐渐认识到邪恶之方法。善良超越美德进而超越诱惑,对论辩式的推理则置若罔闻,也就无法学会劝说和辩论的艺术。举证的责任必须始终由原告自行终止,是一切文明的法律体系的伟大准则,它来自这一见解,即唯有有罪才会铁证如山。相反,天真岂止是"无罪",它不能被证明,而只能当作信仰来接受。因此,这一信仰无法得到既有言辞的支持,它可以是一个谎言。毕利·伯德可以用天使的声音说话,却无力反驳"根本恶"的指控;他只能动手将原告打死。

该隐杀亚伯,在我们的政治思想传统中扮演了极其重要的角色。显然,梅尔维尔颠倒了原始神话的罪行。不过,这种颠倒并不是随意的,而是继承了法国革命者颠倒原罪假设,以人性善取而代之的做法。梅尔维尔自己在序言中,对在他的故事中穿针引线的问题是这样阐述的:"旧世界的遗毒清除"之后,"革命本身摇身变成一个坏蛋,其压迫性比起国王有过之而无不及",这一切究竟是怎么回事?他找到了答案,因为善良是强大的,甚或比邪恶还要强大,但它与"根本恶"一样具有一切力量所固有的暴力本质,而对一切政治组织形式构成危害。谁要是抱庸常之见,将善良等同于温顺和软弱,势必对此大吃一惊。梅尔维尔似乎还说道:让我们假设一下,从现在起,我们的政治生命的基石就是亚伯杀该隐。难道君不见由这一暴力行径始,随之就是一模一样的一长串坏事,只是现在,就连将暴力称为犯罪,是恶人之专利这一丝慰藉,人类都将丢失殆尽?

4

说卢梭是从分担他人的痛苦中发现了同情,这岂止可疑;要是说,在这里,跟在所有其他方面一样,指引他的是对上流社会的反抗,尤其是它对周围人的痛苦熟视无睹,倒是千真万确。卢梭由衷地反对名流社交集合的冷漠和理性的"无情","一见到他人的不幸",两者都会说,"去死吧,别害我"。[1]然而,他人的苦境唤醒他的心灵之时,他专注的却是自己的内心,而非他人的痛苦。卢梭沉浸在心灵的喜怒无常和浮思翩想之中,它们发自亲密关系的甜蜜快乐。卢梭是最早发现这种快乐的人之一,从此,它开始在现代感觉的形成中扮演重要角色。在亲密关系的氛围下,同情变得健谈,可以说,这是由于它与激情、痛苦一道,充当了这种新型情感的活力催化剂。换言之,同情是作为一种情感,或一种感情而被发现并加以理解的。与同情的激情相应的感情,当然非怜悯莫属。

怜悯也许是同情的扭曲,但它的替代选择却是团结。出于怜悯人们会被"弱者吸引",但出于团结他们却深思熟虑,可以说是平心静气地与被压迫者、被剥削者一道,成立一个利益共同体。这样一来,共同利益将是"人的伟大"、"人类的光荣"或人的尊严。团结因具有理性成分而具有了普遍性,在概念上能涵盖群众,这不仅是一个阶级、一个民族或一国人民,而且最终是全人类。不过,这种团结尽管生于痛苦,却不受痛苦指引,而是一视同仁地涵盖贫弱者和富强者;与怜悯之情相比,团结会显得冷漠而抽象,因为它始终致力于一些"理念"——伟大、光荣或者尊严——而不是人的某种"爱"。怜悯因其缺乏切肤之痛并保持着产生感情的距离,它可以在同情经常一败涂地之处大获成功;它可以深入群众,因而像团结一样进入集市。但是,相对于团结,怜悯并不能对幸与不幸、强者和弱者一视同仁;不幸不在场,怜悯就无法存在,故怜悯从不快乐者的存在中所得的,与权力欲从弱者的存在中所得的相比,是在伯仲之间。而且,由于是一种感情,怜悯可以自娱自乐,这将

---

[1] 卢梭,《论不平等的起源》,p.226。

近乎自发地导致对其起因的尊崇,那就是他人的痛苦。从术语学上讲,团结是一种激发和指导行动的原则,同情是激情之一,怜悯则是一种感情。无论如何,罗伯斯庇尔对穷人的尊崇,把痛苦誉为美德的源泉,在严格意义上都是滥情,本身也是十分危险的,哪怕它们并非权力欲的托词,就像我们不免要怀疑的那样。

怜悯,被奉为美德之源,业已证明比残酷本身更残酷。"Par pitié, par amour pour l'humanité, soyez inhumains!"("以怜悯和爱人类之名义,你要变得冷酷无情!")这些话,从巴黎公社某区的一份陈情书到国民公会,几乎俯拾皆是,既非随意,也不极端。它们是地道的怜悯之言。随之而来的,是对怜悯的残酷进行合理化,这种合理化相当拙劣,然而却一针见血、通俗易懂:"因此,医术高明的外科医生,会用他残酷而仁慈的手术刀将腐烂的肢体切除,以挽救病人的整个身体。"[1] 而且,感情与激情和原则不同,它是无限的。尽管罗伯斯庇尔受同情的激情驱使,然而,当他将同情引入集市,同情就将变成怜悯,而不再针对特定的痛苦,不再关注个别的、具体的人。那些也许是发自内心的激情,转化为一种情感的无限性,它看起来正好对应群众的无限痛苦。群众之多不计其数,故而他们的痛苦也是无限的。同理,罗伯斯庇尔丧失了与作为唯一性的人确立和保持和谐关系的能力。身外是重重苦海,内里则心潮起伏,彼此正好遥相呼应,淹没了一切精打细算,什么治国术、原则都不在话下了,连友谊也无法幸免。正是在这些问题上,而不是在任何个性缺陷中,我们会找到罗伯斯庇尔背信弃义的根源。罗伯斯庇尔这一令人始料不及的行径,预示着一场更大的变节,后者在革命传统中扮演了举

---

[1] 巴黎各区的文件,现在首次在第49页注2所引书中以双语(法语——德语)发表。这些文件充斥着诸如此类的公式。我所援引的来自第五十七条。一般而言,有人会说,说话者越是嗜血成性,他就越可能强调 ces tendres affections de l'âme——他的灵魂的脆弱。

二 社会问题

足轻重的角色。从法国大革命之日起,正是革命者们感情的无限性,使他们对现实一般而言都麻木不仁,具体而言是对个人麻木不仁。这一切都是那样令人难以置信。为了他们的"原则",为了历史进程,为了革命事业本身,他们将个人牺牲掉而毫无悔意。这种对现实充满感情的麻木不仁,在卢梭本人的行为中,在他极度的不负责任和反复无常中,已然相当明显,但只有当罗伯斯庇尔将它引入法国大革命的派别冲突之中,[1]它才成为一个举足轻重的政治因素。

从政治意义上,人们也许会说,罗伯斯庇尔美德的恶在于它不接受任何限制。孟德斯鸠认为即便美德亦有其限度,罗伯斯庇尔在这一伟大见解中所看到的,只不过是一颗冷酷心灵的喃喃自语。事后聪明固然不足信,我们却正是借此而见识孟德斯鸠更为伟大的先见之明,回忆起罗伯斯庇尔统治伊始,他那源于怜悯的美德,是如何践踏法律,给正义带来浩劫的。[2]对照绝大多数人民的无限痛苦,正义和法律的公正性,即睡在宫殿里的人和蜷缩在巴黎桥下的人适用于同样规定,无异于嘲讽。自从革命向穷人打开了政治领域的大门,这个领域实际上就变成"社会的"了。它被实际上属于家政管理领域的操心和烦忧淹没了,即便这些问题被允许进入公共领域,也不能通过政治手段加以解决,因为它们是交托给专家来处理的行政问题,而不是以决定和劝说这种双重

---

[1] Thompson(前引书,p.108)追忆,德慕兰早在1790年就告诉罗伯斯庇尔:"你恪守你的原则,不必理会你的朋友怎么做。"

[2] 举个例子,罗伯斯庇尔就革命政府这一主题发表讲话时坚称:"Il ne s'agit point d'entraver la justice du peuple par des formes nouvelles; la loi pénale doit nécessairement avoir quelque chose de vague, parce que le caractère actuel des conspirateurs étant la dissimulation et l'hypocrisie, il faut que la justice puisse les saisir sous toutes les formes." ("这压根儿不是要用各种新形式来束缚人民的正义。刑法必须要有一些模糊的东西,现在阴谋集团有一个特点,他们善于伪装和伪善,正义必须想方设法将其揪出来。")参见1794年7月26日国民公会发言。*Oeuvres*, ed. Laponneraye, vol.III, p.723。罗伯斯庇尔以伪善来为民间司法的无法无天正名。关于伪善问题,参见下文。

进程来解决的争端。当然，在十八世纪末期的革命之前，社会和经济问题就已经侵入了公共领域，政府转化为行政部门；官僚规制取代了个人统治；随之甚至法律也蜕变为政令，这些都是绝对主义的显著特征之一。但是，随着政治和法律权威的衰落以及革命的兴起，岌岌可危的是人民，而不是一般的经济和财政问题。人民不仅仅是侵入而且是突然闯入了政治领域。他们的需要具有暴力性，可以说是前政治的；似乎只有暴力的强大和迅猛才足以帮助他们。

同样的道理，政治的全部问题，包括当时最重大的政府形式问题，都演变为外交事务问题。正如路易十六是作为一个叛国者而不是一个暴君被送上断头台的一样，君主制与共和国的全部争端也演变为外国武装侵略法兰西民族的事件。同样具有决定性的转变发生于大革命的转折关头，这就是我们此前指出的，从政府形式转向"一个阶级天然的善良"，或者说是从共和国转向人民。从历史上看，正是在这一刻，大革命蜕变为战争，蜕变为内部的内战和外部的对外战争，刚刚取得胜利但还没来得及正式构建的人民权力也随之蜕变为暴力骚乱。如果政府新形式的问题要在战场上见分晓，那么扭转局面的就不是权力，而是暴力了。如果从贫困中解放出来和人民的幸福是大革命真正的、唯一的目的，那么圣鞠斯特年少轻狂的俏皮话，"美德之罪，罪莫大焉"，就不过是一种常理，因为，接下来其实就是"允许为革命而行动的人"为所欲为。[1]

在全部的革命演说中，很难找到一句话，可以精确地指出立国者和解放者、美国革命者和法国革命者之所以分道扬镳的关键所在。美国

---

[1] 这一说法在"Instruction to the Constituted Authorities"中作为一条原则出现。该文由在里昂负责执行革命法律的临时委员会起草。与众不同的是，大革命在此完全是为"广大贫苦阶级"而缔造的。参见Palmer，前引书，p.167。

革命的方向始终是致力于以自由立国和建立持久制度,对于为此而行动的人来说,民法范围以外的任何事情都是不允许的。由于痛苦的即时性,法国大革命的方向几乎从一开始就偏离了立国进程;它取决于从必然性而不是从暴政中解放的迫切要求,它被人民的无边痛苦,以及由痛苦激发的无休无止的同情所推动。在此,"允许为所欲为"的无法无天依然源自心灵的感情,感情的那种无限性推波助澜,将一连串无限制的暴力释放出来。

暴力,就是故意违反市民社会的一切法律,并不是说美国革命者对它所能释放的力量一无所知。相反,法国恐怖统治的消息在美国引起的恐惧和反感,显然比在欧洲更为强烈和一致。对于这一事实,最好的解释是,在殖民地国家中,暴力和无法无天更为司空见惯。穿越这块大陆的"洪荒之地"的第一条道路就是这样被开辟出来的,正如一百多年来,道路"总是由最丑恶的因素"来开辟,似乎没有"骇人听闻的侵犯"和"突如其来的毁灭","第一步就(无法)迈出,……第一棵树就(不会)倒下"。[1]不过,尽管那些出于各种各样的原因逃离社会、进入荒原的人,行动起来好像无法无天、为所欲为,但无论是他们自己,还是那些旁观者甚至称羡者,都未曾料到,一种新的法律,一个新的世界会从这种行径中产生。不论助长美洲大陆殖民的行为多么罪恶滔天,甚至是禽兽不如,也始终是单个人的举动。如果有理由加以普遍化和反思的话,这些反思所涉及的,也许就是人性中固有的兽性潜质,很少会涉及组织化群体的政治行为,更遑论只靠罪行与罪犯而进步的历史必然性了。

新政治体乃是为人民而设计和构建的,生活在美利坚边远地区的人,诚然也属于人民的一部分,但是在立国者眼里,无论是他们还是聚

---

[1] 克雷夫科尔,*Letters from an American Farmer* (1782), Dutton paperback edition, 1957, Letter 3。

居在定居区的人,都不曾变成唯一者。对他们来说,"人民"一词有多数人之意,即无穷无尽、数不胜数的群众,它的崇高就在于它的多样性。反对公共意见,也就是反对潜在的全体一致性,便成为美国革命者们取得高度一致的众多事情之一。他们知道,共和国的公共领域是由平等者之间的意见交流所构建的,一旦所有平等者都正好持相同的意见,从而使意见交流变得多余,公共领域就将彻底消失。在论战中,美国革命者从不打出公共意见的旗号,而罗伯斯庇尔和法国革命者则乐此不疲,为自己的意见加码。在美国革命者看来,公共意见的统治是暴政的一种形式。至此,美国式的人民概念其实就等同于各种声音和利益的大杂烩,以致杰斐逊可以将"让我们对外作为一个民族,对内保持各自的独特性"立为原则,[1] 正如麦迪逊断言,他们的规定"完成了立法的首要任务,……在政府运作中融汇了党派精神"。这里对派别的乐观语气颇值得注意,因为它一反常态地公然与国父们青眼有加的古典传统相抵牾。麦迪逊想必意识到自己在此节骨眼上有所差池,他毫不讳言,他之所以如此,个中缘由是他对人类理性之本质的洞悉,而非对社会中冲突利益之分歧的反思。根据麦迪逊的观点,"只要人的理性继续犯错,只要他有权运用理性",[2] 多种声音和意见分歧就一定继续存在,相应地,政府中就会存在党派。

当然,事实上,美利坚共和国的立国者最初代表的、继而又在政治上塑造的那种民众,要是存在于欧洲,那么只要一靠近下层百姓,就一定会烟消云散。被法国大革命从苦难的黑暗中解救出来的不幸的人,是纯粹数量意义上的群众。卢梭"联成一体"并被单一意志所驱使的

---

[1] 致麦迪逊的巴黎来信,1786年12月16日。
[2] 《联邦党人文集》(1787), ed. Jacob E. Cooke, Meridian, 1961, no. 10。

"群众"意象,是他们真实一面的准确写照,驱动他们的是对面包的需求,而吵着要面包的声音总是一样的。就所有人都需要面包而言,我们其实是完全一样的,同样可以联成一体。法国式的人民概念从一开始就有多头怪物的意味,一个一体的、似乎在一个意志支配下行动的大众。这绝不仅仅是一个误导性理论的问题。如果这一观念业已向地球四方蔓延,那并不是因为抽象理念的影响,而是由于它在赤贫条件下显然具有说服力。人民的苦难势必带来一个政治问题,那就是多数人实际上可以伪装成一个人;那就是痛苦其实孕育着情绪、情感和态度,鱼龙混杂但貌似团结;最后但并非最不重要的是,当"同情的热情"系于一个目标,这个目标的单一性似乎满足了同情的前提条件,而它的无限性同时又与纯粹情感的无限性遥相呼应时,对多数人的怜悯就容易与对一个人的同情相混淆。罗伯斯庇尔曾经将民族比作大海,其实正是无边苦海与从中产生的海一般的深情,同心协力地淹没了以自由立国的目标。

美国立国者在理论和实践上的超人智慧够引人瞩目和叹为观止的了,然而这种智慧要想主导革命传统,却从来都难以让人信服。似乎美国革命是在某种象牙塔里取得成功的,人类苦难的历历惨状、赤贫生活的遍野哀号,从未穿透这一象牙塔。这些惨状、这些哀号,长期以来始终是关乎人类而不是关乎人性的。由于周围没有什么痛苦可以唤起他们的激情;没有极其迫切的需要诱使他们屈从于必然性;没有怜悯导致他们偏离理性,因此从《独立宣言》一直到制定《联邦宪法》,自始至终美国革命者都是行动的人。他们合乎情理的现实主义从未经受过同情之考验,他们的常识从未遭遇那种荒诞不经的希望,以为人仍可受启发而成天使,尽管基督教坚持人在本性上是罪恶和堕落的。由于激情从未以最高贵的形式,即同情来诱惑他们,因此,根据欲望来思考激情,抛弃它本来的内涵即παθεῖν,去受苦和忍耐,对他们来说简直易如反掌。他们的理论虽然合乎情理,却缺乏经验的支撑,一种若无其事的气氛,某种举重若轻,很可能会破坏它们的持久性。因为,从人的角度来说,正是忍耐力使人创造出持久性和延续性。他们的思想充其量只能让他们止于根据个人理性的形象来理解政府;根据由来已久的理性统治激情的模式来解释政府对被统治者的统治。将欲望和情感的"非理性"置于理性的控制之下,当然是启蒙运动青睐的思想,它本身很快就暴露出诸多不足,尤其是简单草率地将思想等同于理性,将理性等同于合理性。

然而,这个问题还有另一面。不管激情与情感会是什么,也不管它们与思想、理性有什么真实联系,它们都一定存在于人的内心。不仅人的心灵是一片黑暗之地,可以肯定,那是肉眼所无法穿透的黑暗;心灵的特性需要黑暗,需要抵挡公共性的光芒,来获得成长并始终保持它们的本意,那是不宜公之于众的深层动机。无论一个动机有多么真诚,一旦拿到大庭广众之中,众目睽睽之下,就会变成怀疑而不是真知的对象。当公共性的光芒投射在它身上时,它呈现出来甚至光芒四射,但它与行为和语言不同,后者的本意就是呈现,它们的存在也依赖于呈现,而这些行为和语言背后的动机,就其本质而言,正是通过呈现而遭到破坏。当动机呈现时,就会变成"纯粹表象","纯粹表象"背后其他不可告人的动机就会再度隐藏起来,诸如伪善和欺骗。人类心灵的逻辑同样悲哀,它几乎是不自觉地促使现代的"动机研究"发展为一种可怕的收录人性丑恶的文件柜;发展为厌恶人类的、名副其实的科学。罗伯斯庇尔及其信徒一旦把美德等同于心灵的特性,这个逻辑就会令他们目之所及处无不充斥着阴谋和诽谤、背叛和伪善。同样明显的是,这种致命的多疑情绪,甚至在《嫌疑法》露出狰狞面目之前,就在法国大革命中无处不在；而即便在美国革命者之间分歧最为严重的时候，它也根本没有出现过。多疑情绪直接产生于本末倒置地强调心灵是政治美德的源泉，强调 le cœur, une âme droite, un caractère moral（心灵，是正直的灵魂，高尚的品德）。

而且，心灵通过不断斗争，才有永不枯竭的源泉，这种斗争处于并源于心灵的黑暗，甚至在十九世纪伟大的心理学家克尔凯郭尔、陀思妥耶夫斯基和尼采之前，伟大的法国道德主义者，从蒙田到帕斯卡尔，就已经深知这一点。当我们说，除了上帝，无人能看见（或者说，能忍心看着）人的心灵袒露，"无人"也包括这个人自己，只因为我们对尽管是昭然现实的感觉却仍十分依赖于他人的在场，对于那些只有我们自己知道而他人不知道的事情，我们从来就无法确信。这种隐匿性的后果就是，我们全部的心理活动、我们灵魂中的情绪变化，都苦于备受怀疑，我们时常对自己和内心的动机感到怀疑。罗伯斯庇尔对他人甚至他最亲密的朋友，都存在一种神经质的不信任感，这归根结底源自对自我的怀疑。怀疑自我，并没有那么神经质，而是十分正常的。既然他的信条迫使他每天都要公然表演他的"不可腐蚀性"，每周至少一次展示他的美德，尽自己所知地敞开心扉，他如何才能确信自己不是一名伪君子呢？而伪君子也许是他生平最害怕的一样东西。心灵知道许多诸如此类的内心冲突，也知道隐时直者显时曲；它知道如何按照自身的"逻辑"去处理这些与黑暗有关的问题，尽管它无法解决这些问题。因为一旦去解决就需要光明，而正是世界之光扭曲了心灵的生命。卢梭的分裂的灵魂在公意的形成中发挥了作用，撇开这一点不谈，它的真相就是，只有当肝肠寸断或者挣扎欲裂之时，心脏才开始正常跳动。但是，在灵魂的生命之外，在人类事务领域之内，这一真相无法奏效。

罗伯斯庇尔将灵魂的冲突，即卢梭的分裂的灵魂带入政治之中，在那里，它们因无法调和而变得充满杀伤力。"对伪君子的追查无休无止，除了败坏道德以外一无所获。"[1]如果，用罗伯斯庇尔的话来说，"爱国主义乃心灵之事"，那么美德的统治在最坏的情况下一定就是伪善的统治，而在最好的情况下则是无休止地搜查伪君子的斗争，一场只能以失败告终的斗争，理由就在于一个简单的事实：不可能区分爱国者之真假。当他衷心的爱国主义和他总是令人怀疑的美德公之于众之际，它们就不再是行动之原则或激发行动之动机，而是堕落为纯粹表象，成为戏中角色，在这出戏中，答尔丢夫一定是主演。似乎笛卡尔的怀疑——je doute donc je suis（我怀疑故我在）——业已成为政治领域的原则，原因就是，同样的内省功夫，笛卡尔运用于思想表达，罗伯斯庇尔则运用于行动。诚然，每个行为皆有其动机，如同每个行为皆有其目标和原则一样。但是，尽管将目标和原则大事张扬，举动本身却不披露当局者内在的动机。他的动机始终是一片黑暗，见不得光的，不仅瞒着他人，而且大多数时候同样瞒着自己、瞒着自我检审。因此，追查动机，要求每个人将他内在的动机公之于众，实际上就是要求不可能之事，于是就使一切行动者都变成了伪君子。动机一展示出来，伪善就开始玷污一切人际关系。而且，企图将黑暗和隐匿拽于光天化日之下，只能导致那些本质上要寻求黑暗保护的举动，明目张胆地暴露出来。不幸的是，正是基于这些事物的本质，将善公之于众的每一种努力，都以罪恶和罪行现身于政治场景中而告终。相比其他地方，在政治中我们更无法区分存在与表象。在人类事务的领域，存在和表象其实是同一的。

---

1 R.R.Palmer, 前引书, p.163.

二 社会问题

5

伪善以及揭露其真面目的激情，在法国大革命后期，扮演了举足轻重的角色，这是一个已尘埃落定的历史事实，尽管它从未让历史学家们释然。革命，在它马不停蹄地将自己的孩子吞噬之前，先撕下他们的假面具。到处揭发，直至已经没有哪个主要人物不成为被告，或者这些人至少存在腐化堕落、口是心非和谎话连篇的嫌疑。一百五十多年法国史的编纂工作，再现了这一切，并为之提供了文件证明。无论我们多么感谢历史学家们的高谈阔论和激扬文字，从米什莱和路易·勃朗，到奥拉德和马迪厄，当他们不执迷于历史必然性之时，下笔就犹如依然在追查伪君子。用米什莱的话说，"在（他们的）笔触下，虚有其表的偶像被扯下面具，脑满肠肥的国王一丝不挂"。[1]他们依然投入到罗伯斯庇尔的美德向伪善宣布的战争中，正如法国人民对那些一度统治过他们的人的大阴谋，至今仍记忆犹新，以至于他们每次都是以nous sommes trahis（我们被别人出卖了）来回应战争或和平的失败。但是这些经验绝非只关乎法国人民的民族历史。我们只需回忆一下，一直以来深受查尔斯·比尔德《美国宪法的经济解释》（1913年）影响的美国革命史编纂工作，是如何热衷于揭发国父，热衷于追查别有用心的立宪动机的。当预料中的事缺乏事实的支持，这一努力就愈显得非同小可。[2]它是一个纯粹"思想史"的问题。本世纪初无人问津的"思想史"兴起，

---

1 阿克顿勋爵，见前引书，附录。
2 比尔德的著名理论缺乏事实证据，这一点最近被揭示出来，参见R.E.Brown, *Charles Beard and the Constitution*, Princeton, 1956, and Forrest McDonald, *We the People: The Economic Origins of the Constitution*, Chicago, 1958。

美国的学者和知识分子似乎都感到，在其他国家用鲜血谱写的东西，他们至少必须用墨水和打字机来重复一次。

　　对伪善开战，使罗伯斯庇尔的独裁演变为恐怖统治，这一时期的显著特征就是统治者的自我清洗。不可腐蚀者用来实施打击的恐怖，绝不可误认为是大恐惧——在法语中两者都被称为terreur（恐怖）——后者乃是始于巴士底狱陷落和妇女进逼凡尔赛，终于三年之后的九月大屠杀这一场人民起义的结果。恐怖统治和群众起义在统治阶级中引起的恐惧并不是一回事。恐怖也不能只斥为革命专政，那是一国与几乎所有邻国交战时必然要采取的一种紧急措施。

　　恐怖作为一种制度化手段，被有意识地用来为革命推波助澜，而它在俄国革命之前还是不为人知的。毋庸置疑，布尔什维克党的清洗，本来是模仿那个决定了法国大革命进程的事件，并以此来为自己正名的。缺少了执政党的自我清洗，革命就不完整，对于十月革命的革命者来说，似乎也是如此。甚至用来指导这骇人听闻之过程的语言，也证明了这种相似性；它一直都是一个暴露隐匿者、揭露伪装者、戳穿欺骗和谎言的问题。不过两者的区别也是明摆着的。十八世纪的恐怖仍然被忠实地执行着，如果它变得无休无止，那也仅仅是因为对伪君子的追查在性质上就是无休无止的。上台之前，布尔什维克党的清洗主要是由意识形态分歧所推动的。在这一方面，专政和意识形态的内在联系一开始就表露无遗。上台之后，依然是在列宁的领导下，党就将清洗制度转化为制约统治官僚内部腐败无能的手段了。两种清洗是不同的，然而有一点是共同的，即都受到历史必然性概念的指导，而历史必然性的进程取决于运动和反运动、革命和反革命，是故某种反革命"罪"必须加以查处，即便还不知道是否有犯此罪的罪犯。对于布尔什维克世界里的清洗和公审至关重要的"客观敌人"概念，在法国大革命中根本就不存在。历史必然性概念亦是如此。据我们所知,历史必然性的概念与其说来自大革命缔造者的经验和思想,倒不如说来自那些从外部旁观、渴望理解和融入这一系列事件的人的努力。罗伯斯庇尔"美德的恐怖"够恐怖的了,但它始终是针对潜在的敌人和潜在的丑恶,并不针对无辜的人民。即便从革命统帅的立场来看,人民也是无辜的。问题在于撕下伪装的叛国者的面具,而不是为了在一场辩证运动的血腥化装舞会上,创造出所要求的乔装者,将叛国者的面具扣在任意选定的人的头上。

我们总以为,伪善是微不足道的丑恶之一,孰料人们恨之入骨,即便其他一切丑恶加起来犹恐不及。既然伪善对美德大唱颂歌,那它岂非几近祛恶之恶,至少使之因耻于见人而深藏不露?为什么隐恶之恶会成为万恶之首?伪善果真是如此万恶不赦吗?(正如梅尔维尔问道:"嫉妒果真如此万恶不赦吗?")理论上,这些问题的答案归根结底要在存在与表象的关系问题中去找,这是我们传统中最古老的形而上学问题了,它对政治领域的意义及其带来的困惑都是明摆着的,并且发人深省,至少从苏格拉底到马基雅维里都是如此。基于本书考虑,我们将两种截然对立的立场与这两位思想家联系起来,做一下回顾,问题的核心就会一目了然。

苏格拉底置身于古希腊思想传统中,相信表象的真理性是不容置疑的,并以之为出发点,谆谆教导:"像你所希望呈现给别人的样子存在。"他的意思是:"像你所希望呈现给别人的样子呈现给自己。"相反,马基雅维里置身于基督教思想传统中,将表象世界背后超越表象世界的超验存在视作理所当然,故而教导说:"像你所希望存在的那样呈现。"他的意思是:"不必在乎你是什么样子,在世界中,在政治中的样子都无关宏旨,那里只关心表象,而不是'真实'的存在;如果你能设法像你所希望存在的那样呈现给别人,那你在此世就功德圆满了。"他的建议听起来就像是对伪善的劝告。罗伯斯庇尔向伪善宣战,徒劳无功且后患无穷,这种伪善其实包含了马基雅维里教义提出的问题。尽管罗伯斯庇尔从不像他的追随者那样,相信自己能伪造真理,但他为了真理而大加搜查,也是够现代的了。他也从不像马基雅维里那样,想过真理会主动呈现出来,要么在此世,要么就是在后世。对真理的启示力量缺乏信念,使得形形色色的撒谎和造假都变了质。而在古代,撒谎和造假并不被人当作罪行,除非它们牵涉故意欺骗和作伪证。

在政治上,使苏格拉底和马基雅维里都备受困扰的,不是撒谎,而是暗中犯罪的问题,也就是一名罪犯在无人目击的条件下实施犯罪,除当事人之外无人知晓的可能性。在柏拉图的早期苏格拉底对话中,这一问题构成了一个反复出现的讨论主题,总是要小心翼翼地加上一句:问题在于一件"神不知人不觉"的行动。这一加很关键,因为以这种方式,问题对马基雅维里来说就不存在了,他整个所谓道德教义的前提,就是无所不知、最终对每一个人进行审判的上帝的存在。相反,对苏格拉底来说,"只'呈现'给当事人的事情"究竟是否存在这个问题,是一个真问题。苏格拉底的解决办法在于一个重大发现:当局者和旁观者,一个是行动的人,一个是行动要变为现实就必须向其呈现的人(根据希腊语,后者是可以说 δοκεῖ μοι,"它向我呈现出来",继而能相应地形成他的 δόξα 意见的人),两者集于一身。相对于现代个人的身份,此人的身份不是由单个人所构成,而是由二合为一的持续不断的交互作用形成的。这种运动在思想的对话中找到了它的最高形式和最纯粹的现实性。苏格拉底并不将这种思想的对话等同于诸如归纳、演绎、判断这样的逻辑运思,而是等同于在我和自己之间进行的言谈形式,因为逻辑运思只需一名"运思者"就足矣。在此,与本书有关的是,苏格拉底的

二 社会问题

当事人因为能思考,自身就带着一位甩不掉的目击者。无论他走到哪里,无论他做了什么,他都有自己的观众。这位观众跟其他观众一样,自己会自发地组成一个正义法庭。那个法庭,被后人称之为良知。对于暗中犯罪的问题,苏格拉底的解决方法是,若要"神人不知",除非己莫为。

不过,在继续讨论下去之前,我们必须指出,在苏格拉底的参照系中,知道伪善现象的可能性微乎其微。诚然,城邦以及整个政治领域,是一个人造的表象空间,在此,人的行为和言谈都公之于众,以检验它们的现实性,判断它们的价值。在这一领域中,阴谋、欺骗和撒谎都是可能的,人们似乎是创造幻觉和怪影来愚弄他人,而不是"呈现"和暴露自己。这些自制的假象只是遮蔽了真实的现象(真的表象或 φαινόμενα),就像一种幻影可以扩散到对象上,可以说是使之无法呈现。然而,伪善并不是欺骗,伪君子的口是心非不同于说谎者和骗子的口是心非。伪君子,正如该词所表明的(在希腊语中为"表演者"之意),当他假装有美德时,他就要不断地扮演一个角色,就像戏剧中的演员为了表演,必须不断将自己投入到角色之中一样。这里不存在他可以以真面目呈现的另一个自我,至少,只要他一天还在演戏,这个自我就一天也不会存在。可见,他的口是心非并不返回自身,他和他打算欺骗的人一样,都是他的假话的受害者。从心理学上,不妨说伪君子过于野心勃勃,不仅想在别人面前显得有美德,还要证明给自己看。同理,他将不可腐蚀的自我从他塞满了假象和骗人幻觉的世界中清除出去了,而世界是正直唯一的核心,真实的表象可以在此再度产生。也许没有一个活着、有能力成为当事人的人,敢于宣称自己不仅未被腐蚀而且是不可腐蚀的,而对于那另一个旁观和见证的自我,就不是这么回事了,呈现在他眼前的,不是我们的动机,也不是我们心灵的黑暗,至少得是我们的言行。作为本身行为而不是本身动机的目击者,我们可以是真的,也可以是假的。伪君子之罪在于做了不利于自己的伪证。伪善被定为万恶之首,之所以令人信服,乃是因为,在一切其他的恶的掩盖下,正直其实是可以存在的,只有伪善是唯一的例外。确实,只有罪行和罪犯,才让我们面临基本恶的难题,但只有伪君子才是真正腐烂透顶,病入膏肓的。

现在我们理解了,为什么连马基雅维里的忠告,"像你所希望存在的那样呈现",与伪善的问题也没有一点点关系。马基雅维里对腐败了如指掌,尤其是教会的腐败,他试图将意大利人民的腐败归罪于教会。不过,马基雅维里看到的这种腐败,来自教会在世界的、世俗的事务,也就是表象领域中所承担的角色,而表象领域的规则与基督教的教义是格格不入的。对于马基雅维里来说,"存在者"和"呈现者"始终是两码事,尽管这并非基于苏格拉底的良知与意识合二为一的意义之上,而是基于"存在者"只在上帝面前才能呈现其真实存在的意义之上;在世界的表象领域中,如果他试图呈现在人们面前,那他就已经腐蚀了他的存在。在世界这个场景中,如果他以美德的伪装呈现,那他根本就不是一个伪君子,他也没有腐蚀世界,因为在遍在的上帝的注视之下,他的正直始终毫发未损,而他展示的美德要想有意义,只能公之于众,隐匿是行不通的。不管上帝如何审判他,他的美德都将促进这个世界,而他的丑恶始终没有露面。他也将知道如何隐恶,不是因为要假装有美德,而是因为他感到丑恶不宜示诸人。

伪善就是使腐败得以呈现的丑恶。法兰西的国王们为了拉拢、讨好和腐蚀王国的贵族,决定将他们召集在宫廷中,上演了一幕最工于心计并充斥着愚蠢和狡诈、虚荣、羞辱和下作的丑剧。从此,伪善固有的口是心非,那不发光的东西发光了,它刺眼的强光投射在法国社会。无论我们希望了解的,是现代社会的起源,还是十八、十九世纪上流社会的起源,甚至是本世纪大众社会的起源,这些东西,都在带着"尊贵的伪善"(阿克顿勋爵)的法兰西宫廷史中被极力渲染;在圣西门的《回忆录》中有原原本本的描述;而"永恒的"、典型的处世之道,则保留在拉罗什福科的箴言中,迄今无人可望其项背。在那里,是的,感激之情"就像商业信用",承诺"视乎(人)期望之程度而立,视乎他们惧怕之程度而守",[1]每个故事都是一个奸计,每个目标都成为一场阴谋。当声称"为富者不仁",或者依然以我们称之为道德主义者的那些早期法国社会风尚的转述者的口吻,宣称"La reine du monde c'est l'intrigue"("阴谋诡计主宰世界")之时,罗伯斯庇尔知道自己在说什么。

别忘了,当一切政治发展都被路易十六倒霉的阴谋诡计所笼罩之后,专制统治才接踵而来。专制的暴力,至少在一定程度上是对一系列背信弃义行为的反动。路易十四尚且知道如何将这些恣意堕落的行为与他指导国家事务的方式划清界限,而现在这些行为却已经蔓延到君主身上了,除此之外,这一系列背信弃义的行为可以称得上是宫廷社会习以为常的阴谋之完美的政治对应物了。承诺和誓愿只不过是一道不怎么可靠的屏障,用来瞒天过海并且用作缓兵之计,以图设计一个更为拙劣的阴谋来背弃和撕毁一切承诺和誓愿。在此情境下,国王视乎其惧怕的程度而立约,视乎其期望的程度而毁约,尽管如此,人们还是不免为拉罗什福科箴言的一针见血惊叹不已。这些经验带来了一种流传甚广的观点认为:最成功的政治行动方式,如果不是赤裸裸的暴力,那就是阴谋、欺骗和诡计了。所以,今天我们主要是从那些在革命传统中练就政治才能的人身上,找到这一种现实政治的。这绝非偶然。在

---

[1] 引自拉罗什福科的《箴言录》,参见 Louis Kronenberger 新近的译本,New York,1959。

社会允许侵犯、攀附并最终吞噬政治领域的地方，社会将自己的道德和"道德"标准强加于人，这就是上流社会的阴谋诡计和背信弃义，下层则报之以暴力和残忍。

对伪善开战，也就是对十八世纪所了解的那个社会宣战，这首先意味着与作为法国社会中心的凡尔赛宫廷作战。从外部来看，从苦难和悲惨的立场来看，凡尔赛宫廷以冷酷无情为特征；但是从内部来看，根据它自身的标准来判断，凡尔赛宫廷就是腐败和伪善之地。穷人的悲惨生活与富人的腐朽生活针锋相对，这对于理解卢梭和罗伯斯庇尔的言外之意十分关键。他们坚持人"本性"是善的，是社会的生活方式使之腐化；下层人民单凭不从属于社会这一点，就必然一直是"正义与善"的。从这一立场来看，大革命貌似一场内核大爆炸，这是一个未受腐蚀也不可腐蚀的内核，但它的外壳已经腐烂并散发出腐臭气味。正是在这种语境中，将革命专制的暴力比作伴随着旧有机体死亡、新有机体即将诞生这一过程的阵痛，这一通行的隐喻一时令人膺服。然而这还不是法国革命者使用的隐喻呢。他们钟爱的隐喻是，大革命提供了一个机会，撕下法国社会脸上伪善的面具、暴露它的腐朽性，最终，撕破腐败堕落的外衣，露出下面人民纯朴、诚实的面庞。

对于两个通常用于描述和解释革命的隐喻来说十分奇怪的是，有机体的比喻既为历史学家也为革命理论家所青睐（其实马克思十分喜欢"革命的阵痛"），而法国大革命的演出者则偏爱从剧场语言中刻画自己的形象。[1]拉丁词persona（人物）的历史，也许最能说明起源于剧场的许多政治隐喻固有的深刻意义。该词原意是指古代演员在戏中

---

[1] J. M. Thompson曾经把恐怖统治时期的国民公会叫作"政治演员的一个集会"（前引书，p.334），这一评价也许不仅仅受到发言者的花言巧语，而且也受到大量剧场隐喻的启发。

经常戴的面具。[dramatis personae（戴面具的演员）对应于希腊语 τὰ τοῦ δράματος πρόσωπα]面具本身显然具有两种功能：它不得不遮蔽，或毋宁说是置换演员本人的脸庞和面容，然而这种方式又能使声音穿透。[1] 无论如何，在一个透声面具的这种双重理解中，"人物"一词变成了一个隐喻，从剧场语言中被带到了法律语汇中。罗马的私人个体和罗马公民之间的区别在于，后者拥有一个"人物"，就像我们所说的法律人格；似乎是法律将他期待在公共场合中表演的角色粘贴在他身上，不过还得让他本人的声音能够穿透出去。关键在于："自然的自我不入法庭。呈现在法律面前的，是一个由法律创造的，承担权利和义务的人。"[2] 没有他的"人物"，就只剩下一个不具备任何权利和义务的个体了，或许这就是一个"自然人"，也就是人的类存在或者 homo（人），这是该词的本义，指的是在公民的法律和政治体范围之外的某个人，例如一名奴隶。然而，这样的人一定是与政治无关的存在。

法国大革命戳穿了宫廷的阴谋，接着就撕下自己孩子的假面具，当然，它针对的是伪善的面具。在语义学上，希腊语 ὑποκριτής 无论是原意还是隐喻意上都是指演员本人，而不是他所戴的面具 πρόσωπον。相形之下，"人物"在其本源的剧场意义上，是指根据剧情需要粘贴在演员脸上的面具，故喻指"法人"，是国内法加之于个人以及群体和公司身上的东西，甚至也可加之于"一个共同而持久的目标"，就比如"拥有牛津或剑桥学院财产的'法人'，既非已故的创办者，也不是健在的继承人

1　尽管 persona 的词根似乎来源于 per-zonare，来源于希腊语的 ζωνη，故而本义是指"伪装"，人们还是难免会相信，在拉丁语的耳朵听来，这个词带有 per-sonare 的意思，也就是"透声"；这样一来，在罗马，穿透面具而听到的声音，那一定是祖先的声音，而不是个体行动者的声音。

2　参见 Ernest Barker 鞭辟入里的讨论，见 Otto Gierke 的 *Natural Law and the Theory of Society 1500 to 1800* 英译本导言，Cambridge，1950，p.lxx 及以下。

机构"。[1]这个隐喻的独到之处在于，摘下"法人"的面具，剥夺他的法律人格，将剩下"自然的"人的类存在；而摘下伪君子的面具，则后面空空如也，因为伪君子不用戴任何面具，他本身就是一个演员。他假装是他扮演的角色，当他进入社会游戏时就一点都不用演戏了。换言之，伪君子之所以令人厌恶，在于他不仅要真诚还要自然；伪君子代表了，也可以说演出了社会领域的腐败，他之所以在社会领域之外是危险的，在于他在政治剧场中，可以本能地信手戴上各种各样的面具，也就是说，他可以扮演政治剧场中任何一个戴面具的演员的角色，但他不会遵照政治游戏规则的要求，将这个面具用作真理的传声板，相反是用作骗人的玩意儿。

然而，法国革命者对"人物"毫无概念，对于由政治体赋予和保障的法律人格，也缺乏起码的尊重。第三等级的吁求是进入，甚至是统治政治领域，他们的反叛在严格意义上是政治反叛，大众贫困的两难困境从此置身于法国大革命的道路上，此时法国革命者不再关心公民的解放，也不再关心基于下述意义的平等了，即每个人都应同等地被赋予法律人格并受它保护，同时一本正经地"通过"它来行动。他们相信他们解放了自然本身，可以说是将所有人身上的自然人解放出来，赋予其人权，这些权利人皆有之，不是基于他所属之政治体，而是与生俱来的。换言之，通过无休无止地追查伪君子，通过激情澎湃地揭露社会，纵使革命者对"人物"尚一无所知，也同样撕掉了"人物"的面具，以至于恐怖统治最终招致了真正自由和真正平等的对立面。恐怖统治让一切居民都平等地丧失了一个法律人格的保护面具，从而达到了平等化。

---

1 参见Ernest Barker，见Otto Gierke的 *Natural Law and the Theory of Society 1500 to 1800* 英译本导言，Cambridge, 1950, p.lxxiv。

二　社会问题

人权的难题是多方面的。柏克反对人权的著名论辩,既没有过时也不"反动"。《人权宣言》以美国的《权利法案》为蓝本,但与《权利法案》不同的是,法国革命者的用意是逐一解释基本的消极权利,是人的自然天性所固有的,有别于人的政治地位。可以说他们其实是想把政治化为自然。相反,《权利法案》的良苦用心是设立一套持久的机制,对一切政治权力加以制约和控制,因此预设了政治体的存在和政治权力的运作。法国的《人权宣言》,正如大革命对它的理解那样,意在成为一切政治权力的源泉,为政治体奠定基石,而不是加以控制。新的政治体应当建立在人的自然权利的基础上;建立在他仅仅作为一个自然存在的权利的基础上;建立在他"吃、穿和种族繁衍"的权利的基础上;也就是说,建立在他满足生活必需性的权利的基础上。这些权利并没有被理解为前政治的权利,任何政府和任何政治权力都无权干涉和侵犯,却被理解为政府和权力的内容以及终极目的。人们指责ancien régime(旧政体)剥夺了其臣民的权利,那是指生命和自然的权利,而不是指自由和公民身份的权利。

6

当不幸的人出现在巴黎街头时,似乎卢梭的"自然人"突然现形了,还带着"原始状态"下的"真实需要";似乎大革命事实上只不过是"不得不采取的实验以发现"这种"自然人"。[1]人民现在出现了,他们并没有被"人为地"隐藏在面具后,因为他们既置身政治体之外,也置身社会之外。没有伪善来扭曲他们的脸,也没有法律人格来保护他

---

1 《论不平等的起源》,序言。

们。从他们的立场来看,社会领域和政治领域同样是"人为的"花招,以掩藏从不掩饰其自私自利或忍无可忍之苦难的"原始人"。从那以后,"真实需要"就决定了大革命的进程,结果不出阿克顿勋爵所料,"一切能决定法兰西未来的事务,(制宪)会议都没份儿了",权力"从他们手中旁落于纪律严明的巴黎人民,再越过人民及其指挥官,落入群众的管理者手中"。[1]而群众一旦发现宪法不是医治贫穷的万灵药,他们就会像反对路易十六的宫廷那样反对制宪会议;他们从委托人的协商中所领教的矫饰、伪善和欺诈的表演,丝毫不亚于君主的阴谋。革命者当中,只有那些幸免于难和上台执政的人,才成为了群众的代言人,他们使一个尚未建立的政治体"人为的"、人定的法律,屈从于群众遵奉的"自然的"法律,屈从于那驱使着他们的力量,这其实是自然本身的力量,是根本的必然性的力量。

当这种力量被释放出来时,当每个人都相信只有赤裸裸的需要和利益不带伪善时,不幸的人就转化为enragés(激进派),愤怒其实就是化不幸为积极的唯一方式。于是,在伪善被戳穿、痛苦暴露无遗之后,呈现出来的就是愤怒而不是美德了:一方面是对揭露出来的腐败的愤怒;另一方面是对不幸的愤怒。是阴谋,法兰西宫廷的阴谋,促使欧洲君主结成反法同盟;与其说是政策,倒不如说是恐惧和愤怒,发动了反法战争。甚至连柏克也为之鼓噪:"若是哪位外国君主曾到过法国,那他无异于进入了一个暗杀者的国度。文明战争的模式无以施行,当前体制下的法国人亦不配拥有它。"有人会辩解道,正是革命战争固有的恐怖所带来的威胁"建议在革命中动用恐怖"。[2]无论如何,对于这一

---

1 阿克顿勋爵,见前引书,第9章。
2 同上,第14章。

点,那些自称激进派的人,那些公然宣称复仇是促其行动之原则的人,做了极其精辟的回答,"复仇是自由的唯一源泉,是我们唯一应该为之献身的女神",埃贝尔派的一名成员,亚历山大·鲁斯兰如是说。这也许并不是人民的真实声音,但肯定是那些被当作是人民的人的真实声音,甚至连罗伯斯庇尔也将他们当作了人民。这里既混杂着被革命撕掉了伪善面具的大人物的声音,也掺杂着"原始人"(卢梭)"自然的声音",体现在愤怒的巴黎群众之中。同时听到这两种声音的人,想必已经无法再让自己去相信,不加掩饰的人性是善良的,也不会相信人民永远都是对的。

赤裸裸的不幸引起的愤怒,与腐败被揭穿而引起的愤怒针锋相对,正是这些愤怒之间不平衡的对抗,产生了罗伯斯庇尔所说的"进步的暴力"这一"持续反应"。它们不是合力"以数年之功成就百年大业",[1]而是将其一举肃清。愤怒不仅就其定义而言是无能的,而且是无能在最后的绝望时刻孤注一掷的方式。在巴黎公社各区内外,激进派就是那些拒绝再承担和忍耐痛苦的人,然而他们也无法消除痛苦,哪怕是稍微减轻一下痛苦也好。在这场充满破坏性的对抗中,他们被证明是强大的一方,因为他们的愤怒与他们的痛苦相联系,而且直接来源于他们的痛苦。痛苦的力量和美德在于忍耐,忍无可忍之时就爆发了愤怒。诚然,这种愤怒无力实现什么,但它包含着真正痛苦之要素。后者的破坏力无可匹敌,比起单单由挫折所引起的暴怒可以说更为持久。确实,受苦的人民大众走上街头,完全是自发的,与那些后来成为组织者和代言人的人无关。但是,只有当革命人士"同情的热情"——也许尤以罗伯斯庇尔为甚——开始赞美这种痛苦,将暴露无遗的苦难吹捧为美德最

---

[1] 罗伯斯庇尔1793年11月17日国民公会发言,*Oeuvers*, ed. Laponneraye, 1840, vol. III, P.336。

好的甚至是唯一的保证时,人民大众暴露出来的痛苦,才将不幸的人转化为激进派,以致革命者不自觉地开始将人民当作不幸的人而不是当作未来的公民来解放了。然而,如果这是一个解放受苦大众的问题而不是解放人民的问题,那么毫无疑问,大革命的进程依赖于释放内在痛苦的力量,依赖于狂怒所具有的力量。尽管无能的愤怒最终将大革命送上了绝路,但是痛苦一旦转化为愤怒,便能释放出势不可当的力量,这却是千真万确之事。当大革命从以自由立国这个目标转化为将人们从痛苦中解放出来的时候,它就打破了忍耐这道屏障,释放出来的,事实上是不幸和苦难的破坏性力量。

从蒙昧时代起人类的生活就为贫困所苦。在西半球之外的所有国家,人类都苦于贫困而劳作不息。从来就没有一场革命一劳永逸地解决了"社会问题",将人们从匮乏的困境中解放出来。但是,一切革命都以法国大革命为榜样,在反对暴政或压迫的斗争中,动用和误用了苦难和赤贫巨大的力量,唯一的例外是1956年的匈牙利革命。[1]尽管以往革命的全部记录都毋庸置疑地证明了:运用政治手段解决社会问题的每一次尝试都会导致恐怖,而且正是恐怖把革命送上了绝路。然而几乎无可否认的是,当一场革命在大众贫困的条件下爆发时,要避免这种致命的错误几乎是不可能的。跟着法国大革命走上这条注定要失败的道路,之所以一直都充满如此可怕的诱惑力,不仅在于要从必然性中解放出来其迫切性总是优先于建立起自由,而且在于一个更重要也更危险的事实,那就是穷人反抗富人的起义与被压迫者反抗压迫者的造反相比,具有一种截然不同而且势力更大的力量。愤怒带来的这种力量

---

1 叛乱期间葛底斯堡演说在人民中广为传播,就此而言,匈牙利革命也是独一无二的。参见Janko Musulin 在 *Proklamationen der Freiheit, von der Magna Charta bis zur ungarischen Volkserhebung* 一书中的导言, Frankfurt, 1959。

近乎不可抗拒,因为它是由生命本身的必然性所孕育和滋养的("胃的造反是最糟糕的",弗兰西斯·培根在讨论作为暴动根源的"不满"和"贫困"时如是说)。毋庸置疑,向凡尔赛进军的妇女"扮演着真正的母亲角色,她们的孩子在脏乱的家中嗷嗷待哺,就这样,她们为她们既不具备也无法理解的动机,提供了一把无坚不摧的金刚钻"。[1]当圣鞠斯特根据这些经验高呼"Les malheureux sont la puissance de la terre"(不幸的人是强大的世俗力量)时,这些气吞山河、未卜先知之语,字里行间,言犹在耳,恍如亲临其境。其实,它就像是世俗的力量在仁慈的阴谋中与这场起义结成了同盟。这场起义,它的结果是无能;它的原则是愤怒;它有意识的目的不是自由,而是生命和幸福。在传统权威崩溃,令世间穷人啸聚街头之处;在穷人离开不幸所带来的默默无闻,纷纷涌入集市之处,他们的狂热似乎就像星辰运动一样不可抗拒,带着自然力的一股洪流向前奔涌,吞没了整个世界。

  托克维尔(在一段著名的话中,写于马克思之前几十年,那时他可能也不知道黑格尔的历史哲学)率先质疑,为什么"必然性学说……对于那些在民主时代书写历史的人如此具有吸引力"?他相信,原因就在于平均主义社会的匿名性,在那里,"个人行动在国家中就如羚羊挂角,无迹可寻",以致"人们因之而相信,……某种高高在上的力量统治(着)他们"。表面上这一理论颇有见地,仔细一想便会发现其中的缺陷。个人在平均主义社会里的无权,固然可以解释对决定其命运的高高在上的力量的体验,但是难以说明必然性学说固有的运动因素,而缺乏这种运动因素,必然性学说对历史学家就毫无用处。运动中的必然性,这条"将人类禁锢和束缚起来的牢固的巨型锁链",可以向后追溯

---

[1] 阿克顿勋爵,见前引书,第9章。

到"世界起源",[1]而在美国革命或者美国平均主义社会的经验范围内,则根本就不存在。在这里,托克维尔是将他从法国大革命中了解到的某些东西,强加于美国社会。在法国大革命中,罗伯斯庇尔已然以一股匿名且不可抗拒的暴力洪流取代了人的自由和协商的行动,尽管他依然相信——不妨对照黑格尔对法国大革命的解释——这股自由奔腾的洪流可以由人的美德的力量来引导。但是,罗伯斯庇尔相信暴力的不可抗拒性,而黑格尔相信必然性的不可抗拒性,无论是暴力还是必然性都在运动之中,将一切事物,一切人都卷入到滚滚洪流之中,两者背后的共同意象,就是大革命期间巴黎街头的熟悉景象:穷人源源不断涌上街头。

113   我们发现,与"革命"一词的原意如此密不可分的不可抗拒性要素,在穷人汇成的洪流中得到了体现。当不可抗拒性又与我们归因于自然过程的必然性联系起来时,隐喻义上的"革命"就变得愈发令人信服。将必然性归因于自然过程,不是因为自然科学常常根据必然的规律来描述这个过程,而是因为我们体验着必然性,作为有机体,我们发现自己被必然的和不可抗拒的过程所支配。一切统治都源于人们从生活必然性中解放的希望,并从中获得最正当的源泉。而人们是通过暴力手段,通过强迫他人为自己承担生活之重负来实现这种解放的。这是奴隶制的核心。仅仅是技术的兴起,而不是现代政治理念本身的兴起,反驳了那古老而可怕的真理,这种真理认为只有暴力和统治他人才可以使人自由。今天我们可以说,没有什么比企图通过政治手段将人类从贫困中解放出来更老掉牙的了,也没有什么比这更徒劳和更危险的了。摆脱了必然性的人之间的暴力,与人用来对抗必然性的原始暴

---

[1] 《论美国的民主》, vol.II, chapter 20。

二 社会问题

力是不同的,尽管残酷性不相伯仲,但前者却不如后者那样可怕。在现代,这种原始暴力第一次公然出现在政治的、历史记载的事件中。结果就是,必然性侵入了政治领域,这一人们得以真正自由的唯一领域。

穷人大众,是具有压倒性的多数,法国大革命称之为不幸的人,并将其转化为激进派,这只不过是为了遗弃他们,让他们陷入les misérables(悲惨世界),一如十九世纪对他们的称呼那样。他们背负着人类自有记忆以来就一直支配着自己的必然性,还背负着一直用来征服必然性的暴力。必然性和暴力,两者的结合使它们显得不可抗拒——la puissance de la terre(世俗力量)。 114

三
追求幸福

必然性和暴力结合在一起，暴力因必然性之故而正其名并受到称颂，必然性不再在至高无上的解放事业中遭到抗拒，也不再奴颜婢膝地被人接受。相反，它作为一种高度强制性的伟大力量受到顶礼膜拜，用卢梭的话来说，它确实会"强迫人们自由"——我们知道这两者及其交互作用是怎样成为二十世纪成功革命的特征。而且已经发展到这个地步，无论是对鸿儒还是白丁来说，现在它们就是一切革命事件的典型特征。令人悲哀的是，我们也知道，在未曾爆发革命的国家中，自由维护得更好，无论那儿权力环境有多么残暴不仁，而且革命失败的国家甚至比革命胜利的国家还存在更多的公民自由。

在这里，我们无须对此多加强调，尽管后面我们还是不得不回到这一点上来。然而，在继续探讨下去之前，必须提醒大家留意那些我们称之为革命者，以区别于下文的职业革命家的人，以便先领略一下激发他们行动并使他们为即将扮演的角色做好准备的那些原则。无论革命给穷苦大众打开的大门有多么宽敞，但是没有一场革命是由革命者所发动的，正如在某个确定的国家无论怎样遍布不满和阴谋，都没有一场革命是煽动的结果。一般而言，我们会说，在政治体的权威真正完好无损的地方——在现代条件下，这是指军事力量可靠地服从于国内权威的地方——革命根本就不可能发生。革命在最初阶段，看来总是能轻而易举地取得成功，原因在于，一个四分五裂的政体权力唾手可得，率先发动革命的人只不过是顺手捡了个大便宜。它们是政治权威崩溃的结果而绝非原因。

然而，从这一点我们并不能得出结论，认为革命总是发生在政府无法掌握权威和获得相应尊重的地方。相反，令人费解甚至是不可思议的是，老朽的政治体十分长命，且有史为证，其实这也是第一次世界大战之前西方政治史的突出现象。即使在权威已经丧失殆尽的地方，也只有在下述条件下革命才会爆发并成功：存在足够数量的人对它的崩溃做好了准备，同时他们愿意攫取权力，渴望为一个共同的目标组织起来一起行动。这种人不需要很多，就像米拉波说过的那样，十个人一起行动，能使十万个一盘散沙的人为之战栗。

出人意表的是，法国大革命期间，穷人出现在政治舞台之上。相形之下，自十七世纪以来，政治体权威的丧失在欧洲和殖民地已经是一个众所周知的现象。孟德斯鸠在大革命爆发四十多年前，就已经洞若观火：毁灭正慢慢地侵蚀着西方政治结构的根基，他害怕专制主义会卷土重来，因为，欧洲人民尽管依然处于习惯和风俗的统治之下，但在政治上不再具有归属感，不再信任统驭他们生活的法律，不再相信统治者的权威。孟德斯鸠并不指望一个自由的新时代，相反，他唯恐自由在它唯一找到的堡垒中逐渐死去，因为，他相信风俗、习惯和礼仪（简言之就是习俗和道德对社会生活至关重要，却与政治体毫不相干）一碰到紧急状

116 况就会马上让路。[1]这种估计绝不仅仅限于法国,在那里,旧政体的腐败构成了社会乃至政治实体的基本结构。大约在同一时候,休谟在英国也观察到,"单凭英王的名号引不起什么尊重,谁要是说国王是上帝在地球上的副手,或者给他冠以从前十分迷人的各种尊贵头衔,只会成为大家的笑柄"。他对国家安定失去了信心,但他相信,"失去了人们的既定原则和意见的支持,君权经不起任何风吹草动,顷刻之间就会解体"。此话与孟德斯鸠几乎如出一辙。跟他们当时一样,从根本上说,正是由于对欧洲的事情深感不安和踌躇,柏克才如此热情洋溢地赞美美国革命:"一场地动山摇的动乱,也无法让欧洲国家恢复那曾经令之卓尔不群的自由。西方世界乃是自由之所,直到另一个比西方更西方的世界被发现。当其他地方都在苦苦寻觅自由之时,它将可能成为自由的避难所。"[2]

可见,不费吹灰之力就推翻政府虽不可思议,却在意料之中。孟德斯鸠只不过是第一个清楚地预见到这一点的人罢了。令他耿耿于怀的,是一切世袭的政治结构的权威逐渐流失,而这对于整个十八世纪世界各地越来越多的人民来说,已经成为家常便饭。这种政治发展是更普遍的现代发展的重要组成部分,这一点甚至在当时就已经广为人们接受了。在最宽泛的意义上,可以将这一过程描述为古罗马宗教、传统

---

[1] 我诠释的是《论法的精神》(Book VIII, chapter 8)中的下述段落:"La plupart des peuples d'Europe sont encore gouvernés par les mœurs. Mais si par un long abus du pouvoir, si, par une grande conquête, le despotisme s'établissait à un certain point, il n'y aurait pas de mœurs ni de climat qui tinssent; et, dans cette belle partie du monde, la nature humaine souffrirait, au moins pour un temps, les insultes qu'on lui fait dans les trois autres."(大部分欧洲人民还受道德所支配。但是如果经过长久的滥用权力或者大规模的征服,专制主义就有可能在一定程度上建立起来,而使道德沦丧。在世界上这个美丽的地方,人类的本性至少在一定时间内被玷污,就像在世界其他三个部分一样。)

[2] 休谟,转引自Wolfgang H. Kraus, "Democratic Community and Publicity", in *Nomos* (Community), vol.II, 1959;柏克,转引自阿克顿勋爵, *Lectures on the French Revolution*, 2nd lecture。

三　追求幸福

和权威三位一体的瓦解。当罗马共和国演变为罗马帝国,当罗马帝国又演变为神圣罗马帝国时,三位一体的核心原则都得以保留下来。在现代的攻击之下,现已支离破碎的,正是这一罗马的原则。政治权威崩溃之后,继而便是传统的丧失和制度化的宗教信仰的式微;传统和宗教权威的衰落可能同样也削弱了政治权威,而且一定预示着它的毁灭。自罗马史发端之日起,三种因素同心协力,一起掌管着人类的世俗和精神事务,其中政治权威是最后一个消亡的。政治权威依赖于传统,如果没有一个"照耀未来"的过去(托克维尔),政治权威就不可能稳固。而宗教禁令废弛的话,它也无法幸免于难。巨大的困难,尤其是宗教禁令废弛必将给新权威的确立带来的巨大困难,令众多革命者依赖于或至少乞灵于他们在革命前抛弃的信仰的这种困境,都是我们稍后不得不讨论的问题。

　　如果说大西洋两岸准备革命的人,在那些决定其生活,塑造其信念并最终使其分道扬镳的事件之前,还有什么共同点的话,那就是他们都热切关注孟德斯鸠和柏克所称道的公共自由精神。在一个重商主义和无疑十分进步的绝对主义时代,这种关注当时也许已经有点迂腐了。而且,他们绝不是一心要革命,而是如约翰·亚当斯所说的那样,受到"不期而至的召唤和情非得已的逼迫";法国则有托克维尔的话为证:"暴力革命这一观念在(他们的)心目中毫无地位,无人论及,因为无人想到。"[1]然而,与亚当斯的话相反的,是他的亲眼所见,"战争发动之前革命就已实现",[2]不是因为某种特定的革命精神或造反精神,而是因为殖民地居民"依法形成了法人机构或政治体",拥有"在市政厅……集

1　《旧制度与大革命》(1856), *Oeuvres completes*, Paris, 1952, p.197。
2　致Nile,1818年1月14日。

会的权利,在那里商议公共事务"。正是"在市政或街区的集会中,最先形成了人民的似海深情"。[1]而与托克维尔的评论相反的,则是他自己所强调的,"追求公共自由的激情"和"喜好"。他发现在革命爆发之前,它们就已经遍布法国,事实上牢牢占据了那些对革命毫无概念,对自己在其中扮演的角色也茫然无知的人的心灵。

即便是在这一点上,欧洲人和美国人之间的差异也是有目共睹、至为重要的,虽然他们的心灵还是被一种近似的传统塑造和影响。在法国是一种激情和"喜好"的东西,在美国显然就是一种经验。尤其是在十八世纪美国人称作"公共幸福"的东西,法国人则称为"公共自由",这一习惯用法恰如其分地指出了这种差异。关键是美国人知道公共自由在于分享公共事务,与之有联系的活动绝不构成一种负担,而是赋予那些当众履行职责的人一种在别处得不到的幸福感。他们心知肚明,人民参加市政集会,就像他们的代表接下来将参加著名的国会会议一样,这样做不仅仅是出于一种职责,也不是,甚至更不能是服务于自身利益,而大多是因为他们享受讨论、协商和决策的乐趣。约翰·亚当斯则鼓足勇气,一而再、再而三地炮制这一知识。让他们走到一起的是"自由这一世界性、公共性的利益"(哈林顿),打动他们的是"追求独特性的激情",约翰·亚当斯坚持,这一激情比人类其他任何官能都"更根本、更卓越":"无论是男人、女人还是小孩,无论是在何时何地,无论老少、贫富、高矮、聪明还是愚笨,无知还是博学,每一个人看来都有一种强烈的冲动,渴望在其知识领域内,被身边的人看到、听到、谈论、赞赏和尊敬。"他称这种激情之德为"赶超","渴望超越他人",而称这种激情之恶为"野心",因为它"以权力为独特性

---

[1] 致 Abbé Mably,1782。

三 追求幸福

之手段"。[1]从心理学上说,这实际上就是政治人主要的美德与丑恶。如果不考虑任何追求独特性的激情,尽管暴虐者皆与众不同,那么,对权力本身的渴求和欲念,就不再是一种典型的政治之恶,而毋宁说是一种企图破坏一切政治生活的品质,丑恶与美德皆如此。恰恰是因为暴君缺乏超越之愿望,丧失了一切追求独特性的激情,他才会觉得高高在上、君临天下是如此愉快;相反,正是渴望超越,令人们爱世界、喜交游,促使他们投身公共事业。

与美国的这种经验相比,一心发动大革命的hommes de lettres(法国文人)的准备工作是极端理论性的;[2]毫无疑问,法国议会的"演员"也是自我陶醉的,尽管他们不太愿意承认这一点,也一定没有时间去反思一项冷酷无情之事业的这一面。他们没有经验可借鉴,只有未经现实检验的理念和原则指引和激励他们,这些都是在革命之前就已经被设想、炮制和讨论过的了。因此,更有甚者,他们依赖来自对古代的回忆,他们给古罗马语言注入新的想法,这些想法来自语言和文字,而不是来自经验和具体观察。因此,res publica(共和国),la chose publique(公共事务)这些词提醒他们,君主统治之下不存在诸如公共事务这样的东西。但是,当这些词,还有它们背后的梦想,在大革命头几个月开始崭露头角的时候,却不是以协商、讨论和决策的方式来进行的;相反,它是一场狂欢,狂欢的主角是乌合之众,也就是以"他们的欢呼和爱国热情"给网球场之宣誓"增添了令人目眩神迷的魅力"的大众。对此,罗伯斯庇尔也深有体会。历史学家的补充无疑是对

---

1 *Discourses on Davila, Works*, Boston, 1851, vol.VI, pp.232—233.
2 下述事实尤其令约翰·亚当斯大受打击:"法国大革命自封的哲学家"就像"僧侣"一样,"对世界知之甚少"。[参见 *Letters to John Taylor on the American Constitution*(1814), *Works*, vol.VI, p.453及以下。]

的:"罗伯斯庇尔体验了……卢梭主义启示的道成肉身。他听到……人民的声音,以为那就是上帝的声音。他的使命便始于这一刻。"[1]然而,史无前例的经验无论多么强烈地动摇着罗伯斯庇尔和他的战友们的感情,他们有意识的思想和言辞都会顽固地回到古罗马的语言中。如果我们希望根据纯粹的语义学来划分界限,那就会坚持,"民主"一词的出现相对较晚,它强调的是人民的统治和地位,与坚决强调客观制度的"共和"一词是截然对立的。"民主"一词直到1794年才在法国使用,甚至处决国王时仍然伴随着这样的叫嚷: Vive la république (共和万岁)。

因此,罗伯斯庇尔的革命专政(revolutionary dictatorship)理论虽然发自革命的经验,却在众所周知的罗马共和制度中找到了它的正当理由。除此之外,这些年并没有给十八世纪的政治思想体系在理论上增加任何新东西。众所周知,虽然国父们对其事业的创新性深有感触,但他们引以为豪的,却仅仅是勇敢地、不带偏见地应用了那些很久以前就发现了的东西。他们自以为精通政治科学,因为他们敢于并且知道如何应用过去积累起来的智慧。这次革命主要在于运用了十八世纪所知道的政治科学的某些规则和准则,这一点对于美国革命充其量也只说对了一半,对于法国大革命就更成问题了。在法国,意外事件一早就干预并最终挫败了宪法和建立持久制度的图谋。虽然如此,事实上,没有国父们对政治理论的热衷和有时略显可笑的渊博——约翰·亚当斯的著作中充斥着大量古代和现代作家的摘录,他搜集法规条文,有时候就像某些人搜集邮票一样——任何革命都不可能实现。

---

[1] J. M.Thompson, *Robespierre*, Oxford, 1939, pp. 53—54.

三 追求幸福

在十八世纪，准备夺权并且还渴望将他们的所学所想付诸除了夺权以外的其他实践的人，被称为文人。对他们来说，这个名字比起我们的术语"知识分子"倒要更好些。我们习惯把职业文员和作家归入"知识分子"这一阶层，他们的劳动是现代政府和商业行政管理不断扩张的官僚制所需要的，也是几乎同样快速增长的大众社会娱乐需求所需要的。这个阶级在现代发展壮大是自发且不可避免的。知识分子这一阶层在任何条件下都会形成。在东方的政治暴政中，知识分子具有无比优越的发展条件，如果考虑到这一点，就可以争辩道：在专制主义和绝对主义的统治下，知识分子的际遇要比在自由国家的宪政统治下更好。文人和知识分子的区别绝不在于品质上的悬殊。在本书中，更重要的是自从十八世纪以来，两种群体对于社会的态度存在根本差别。社会是一个奇妙而又有点鱼龙混杂的领域，现代将它插进两个更古老、更真实的领域之间，一边是公共或政治领域，另一边则是私人领域。其实，知识分子是而且一直是社会的重要组成部分，作为一个群体，他们的存在和优越地位甚至要归功于社会。十八世纪欧洲的所有前革命政府，都需要并利用他们"建立一套专门的知识和程序，这是成长中的各级政府的运作和一个侧重政府活动之专业性的过程所必不可少的"。[1] 相反，文化人最痛恨的莫过于公共事务的秘密性。他们就是以拒绝这种政府服务，从社会中，最初是从宫廷社会和弄臣生活中，后来是从沙龙社会中抽身而退，从而开始其生涯的。他们在自由选择的隐居生活中教化自己和陶冶心灵，跟那总是将自己排斥在外的社会和政治保持一定的距离，以便不偏不倚地旁观社会和政治。仅仅是从十八世纪中叶

---

[1] 参见 Wolfgang H. Kraus, 前引书，其中有一篇出色而富于启发性的文章，本书第一次出版时我尚未见过此文。

前后起，我们才在对社会及其偏见的公然叛逆中发现了他们。先是对社会轻蔑，之后是挑衅，最后才是革命。这种轻蔑较为平静，但丝毫不乏尖锐、周详和审慎。蒙田的智慧也源于此，甚至还造就了帕斯卡尔思想的深度，而在孟德斯鸠的著作中，其痕迹尚历历在目。这当然不是要否认，贵族带有轻蔑性质的厌恶和随之而来的平民的怨恨，在情绪和方式上都大相径庭。但是别忘了，蔑视和仇恨两者的对象或多或少是相同的。

而且，不管文人属于哪片"领地"，他们都摆脱了贫困的重负。无论旧政体的国家或社会赋予他们何种优越地位，他们都深怀不满，觉得闲暇是一种负担而不是一种福祉，是从真正的自由领域中被驱逐出来，而不是一种远离政治的自由，这种自由，自古以来哲学家们就孜孜以求，图的是从事那些他们认为比纠缠于公共事业更为高级的活动。换言之，文人的闲暇是罗马的otium（消遣），而不是古希腊的σχολή。它是被迫的闲散状态，是"在懒散的引退中丧失活力"，在此，哲学被认为可以"疗伤"(a doloris medicinam)。[1] 当他们开始将闲暇花在对共和国和公共事务的兴趣上时，他们很大程度上还是罗马式的，就如同十八世纪，从拉丁文直译过来的共和国和公共事务，被称为公共事务领域。可见，他们转向对古希腊和罗马作家的研究，不是由于这些书本身拥有什么永恒智慧或不朽之美，而几乎完全是为了学习古代作家们亲眼看见的政治制度。这一点是决定性的。引领他们返回古代的，正是他们对政治自由的探求，而不是对真理的渴求。博览群书又为他们提供了具体的素材，借以思索和梦想这样的自由。用托克维尔的话来说，"Chaque passion publique se déguisa ainsi en philosophie."（"任何公共激

---

[1] 西塞罗，*De Natura Deorum* I, 7 and *Academica* I, 11。

情都以哲学的面目出现。")如果他们在实际经验中,知道了公共自由对公民个人意味着什么的话,他们也许会赞同美国同行的做法而谈论"公共幸福"。因为,只要回顾一下,公共幸福常用的美国定义,例如约瑟夫·沃伦1772年所给出的定义,取决于"对自由宪法高尚而不可动摇的依附感",就会发现,表面上截然不同的两种说法,实际内容却是何等息息相关!公共或政治自由和公共或政治幸福是鼓舞人心的原则,它们武装了人们的头脑,使之随后干出一番做梦都未曾奢望的事情,而且经常不得不违心行事。

那些在法国武装了人们的头脑并且为即将到来的革命拟订原则的人,以启蒙的philosophes(哲人)而闻名于世。但是,他们被冠以哲学家之名,颇有误导之嫌。因为,他们对于哲学史的意义微不足道,而他们对政治思想史的贡献亦无法与整个十七世纪和十八世纪早期伟大先辈的独创性相提并论。然而,他们在革命的语境中举足轻重。它在于这样一个事实:他们使用自由一词时,侧重于公共自由,这是新的,此前几乎不为人知。这就意味着,他们通过自由所理解的东西,与奥古斯丁以来哲学家们认识和讨论的自由思想和自由意志有很大的不同。他们的公共自由,不是人们从世界的压力中随心所欲地逃遁返回到的内心领域,也不是让意志在两可中进行选择的liberum arbitrium(任意的自由)。对他们来说,自由只能存在于公共中;它是实实在在的、世界的现实,它是人所创造、人所享受的东西,而不是一种天赋、一种才能,它是人造的公共空间或集市,古人视之为自由呈现并得以让所有人都看见的地方。

在十八世纪开明专制的统治之下不存在政治自由,这并不在于对特殊的个人自由的否定,当然对于上层阶级成员来说并没有这种否定,而是在于这一事实:"公共事务的世界不仅鲜为人知而且根本就看不见。"[1] 文人和穷人一起分担的，除了对穷人的痛苦怀有同情以外，恰恰是比这种同情更首要的默默无闻。也就是说，对于他们来说，公共领域是看不见的，他们也缺乏使自己被看见并获得名望的公共空间。他们和穷人的区别在于，他们靠出身和经济状况获得了政治名望的社会替代品，那就是名利。而他们的个性恰恰在于，事实上他们拒绝在"名利场"（亨利·詹姆斯称之为社会领域）栖息，而宁愿选择隐居这种与世隔绝的默默无闻状态，在那里，至少可以怡情和陶冶他们追求意义与自由的激情。诚然，这种为自由而自由，单单"乐于能言说、行动、呼吸"（托克维尔）的激情，只能来自人们已经自由——这是指没有主人——的地方。问题是，这种追求公共自由或政治自由的激情，容易被误解为比这种激情也许更为炽烈的对主人的刻骨仇恨，以及被压迫者对解放的渴望，但在政治上却毫无意义。毋庸置疑，这种仇恨与有文字记载的历史一样久远，甚至可能还要古老；但它从未导致革命，因为它根本就与革命的核心理念不沾边儿，更不用说实现它了。这一核心理念就是以自由立国，也就是建立一个政治体，保护自由得以呈现的空间。

在现代条件下，立国就是立宪。自从《独立宣言》发动美国各州草拟宪法，制宪会议的召开就恰如其分地成为革命的标志，这是一个未雨绸缪，以《联邦宪法》和建立美利坚合众国为顶峰的过程。也许美国这个先例激发了著名的网球场宣誓，其中，第三等级宣誓：在宪法草拟并正式被

---

[1] 托克维尔，前引书，p.195。在谈及 La condition des écrivains（作家的条件）及其 éloignement presque infini ... de la pratique（越来越远离实际社会）时，他坚持："L'absence complète de toute liberté politique faisait que le monde des affaires ne leur était pas seulement mal connu, mais invisible."（"完全缺乏政治自由，使公共事务的世界不仅鲜为人知而且根本就看不见。"）在描述了这种缺乏体验是如何使他们的理论更为激进之后，他又明确强调："La même ignorance leur livrait l'oreille et le cœur de la foule."（"同样的无知赋予了他们民众的耳朵和心灵。"）Kraus，前引书，表明在所有西欧和中欧国家，一种新的"对公共事务的好奇心"，不仅在"知识精英"而且在底层人民中蔓延。

三　追求幸福

皇权接受之前绝不解散。然而，在法国，等待着第一部宪法的那个悲惨命运，一直也是革命的标志。宪法既没有被国王接受，也没有被国民认可或批准。除非有人坚称出席国民议会时，发出嘘声和掌声的围观者，是选举甚至是同意这一人民权力的有效表达方式。1791年宪法始终是一纸空文，比起人民，它更能引起学者和专家的兴趣。宪法实施之前，其权威就粉碎了，接着是一部又一部的宪法，直到宪法观念在一场持续至二十世纪的宪法雪崩中支离破碎而无法辨认为止。法国议会的代表自称是一个持久的团体，随后，他们不是将决议和协商带回给人民，而是就此与选民的权力一刀两断。他们没有成为立国者或国父，但他们一定是一代又一代专家和政客的祖先。对于这些专家和政客来说，制宪成为一种不错的消遣，因为在事件的形成中，他们既没有权力，也没有什么好处。正是在这一过程中，制宪举动丧失了意义，宪法这一观念结果也跟空中楼阁和缺乏现实性扯上了关系，显得过于墨守成规、亦步亦趋。

　　我们今天仍然笼罩在这一历史发展的阴影之下。故而我们百思不得其解：一边是革命，另一边是宪法与立国，它们怎么可能是关联词呢。然而，对于十八世纪的人来说毋庸置疑的是，他们需要一部宪法以划定新政治领域的边界；确定政治领域内部的规则。他们不得不建立和建设一个新的政治空间，在这一空间内，"追求公共自由的激情"和"追求公共幸福"将得到自由发挥，代代相传。这样，哪怕革命结束了，他们自己的"革命"精神也能长存不息。然而，即便是在美国成功地建立了一个新政治体，因而在某种意义上，那里的革命达到了它的实际目的。但革命的第二个任务，即确保那些产生立国举动的精神长存不衰，并且实现那些激发立国举动的原则，则几乎从一开始就被挫败了。正如我们将要看到的那样，杰斐逊尤为看重这一任务，认为它对新政治体的生死存亡至关重要。"追求幸福"这一术语对导致第二任务失败的力量是有所指的。杰斐逊本人在《独立宣言》中,将这一术语取代了"生命、自由和财产"旧公式中的"财产",而在当时,"财产"是用来界定公民权利的,以区别于政治权利。

杰斐逊调换术语,之所以令人浮想联翩,在于他并没有使用"公共幸福"一词。在当时的政治文献中我们经常会发现这个词。这个皇室声明的习惯用语,它的意思在美国发生了转变。这一转变也许是意义重大的。在皇室声明中,"吾民之福利及幸福"分明就是指国王之臣民的私人福利和私人幸福。[1]杰斐逊本人为1774年弗吉尼亚会议起草了一份文件,这份文件在很多方面成为《独立宣言》的先声,他在这份文件中就宣称,"我们的祖先"一离开"在欧洲的英国领土",就运用了"一切人的一种天赋权利……也就是建立一个新社会,一个由最有可能促进公共幸福的法律和规制来统治的新社会"。[2]如果杰斐逊所言非虚,正是为了寻求"公共幸福","英国领土的自由居民"移居美洲,那么新世界的殖民地必然从一开始就成为孕育革命者的土壤。同理,由于对英国人的权利和自由的某种不满,由于对祖国"自由居民"享受不到的某种自由的渴望,他们甚至立即就会被发动起来。[3]后来,当他们总

---

[1] 国王之臣民的"幸福",前提是有一位像父亲照顾家庭一样,照顾自己王国的国王。这样一来,用布莱克斯通的话来说,它最终源于一位"造物者……仁慈地将戒律化为这一家长式箴言:'人应当去追求自己的幸福。'"(引自Howard Mumford Jone, *The Pursuit of Happiness*, Harvard, 1953。)显然,这种权利,是由一位世间的父亲来保障的,它无法在政治体向一个共和国的转型中幸免于难。

[2] 参见 *A Summary View of the Right of British America*, 1774, in *The Life and Selected Writings*, Modern Library edition, p.293 及以下。

[3] 对这一方面感兴趣的是苏格兰道德哲学家亚当·弗格森(《文明社会史论》第三版,1768年),他所写的市民社会的合理秩序,听起来与亚当·斯密异曲同工。他评价道,秩序观念"经常是错误的,它从死气沉沉的事物类推而来……墙上石头秩序井然,乃是因为它们经过琢磨,各得其所。一旦有所松动,建筑必然倒塌;但是社会中人的良好秩序,则是他们各得其行动之宜……当我们在社会中寻求那种单纯是不行动和死气沉沉的秩序,我们忘记了自己的天性,找到了奴隶的秩序而非自由人的秩序"。引自Wolfgang H.Kraus,前引书。

三　追求幸福

算品尝到这种自由之时，他们称之为"公共幸福"。这种自由就在于公民进入公共领域的权利，在于他对公共权力的分享。根据杰斐逊的妙语，就是他成为"一名事务性政府的参与者"。[1]这种自由有别于一般认为的，臣民受政府保护的追求私人幸福的权利，即使这种私人幸福与公共权力相抵触。也就是说，有别于那些唯有暴政才会取消的权利。在提出分享公共权力的要求时选中了"幸福"一词，这一事实有力地指出了，在革命之前，国家中就存在诸如"公共幸福"这样的东西，还有，人民知道，如果他们的幸福只存在和享受于私人生活之中，他们就不可能一起"幸福"。

然而，历史的事实是，《独立宣言》说的是"追求幸福"，而不是公共幸福。很有可能杰斐逊将追求幸福作为人不可分离的权利之一的时候，他自己心中也无法确定他指的是哪一种幸福。他那颇负盛名的"生花妙笔"模糊了"私人权利和公共幸福"[2]的界限，结果，他这一选择的重要性，在议会辩论中竟没有引起注意。诚然，没有一名委托人会怀疑，"追求幸福"乃是一番惊天动地的事业。它对于独特的美国意识形态，对于霍华德·M.琼斯所说的，坚持人被赋予"追求幽灵、拥抱幻影的坏特权"[3]这一可怕的误解，都具有无出其右的贡献。在十八世纪的背景中，这一术语，不出所料，是耳熟能详的，无须任何特定修饰语，一代又一代的人都能自由地通过它来理解自己喜欢的东西。但是，将公共幸

---

[1] 致Joseph C. Cabell关于"街区共和国"的重要信件，1816年2月2日，同前引，p.661。
[2] 参见詹姆斯·麦迪逊，《联邦党人文集》，no.14。尽管事实上，后来直至今天，"弄懂杰斐逊或委员会借'追求幸福'来表达什么，绝非易事"，但杰斐逊新发现的"权利"被"1776年到1902年间大约三分之二的州宪法"所涵盖这一事实，就可以看出杰斐逊的笔锋是多么犀利。从我援引的Howard Mumford Jones的专著中，其实就有人免不了与他英雄所见略同："在美国，追求幸福的权利，可以说是来自一时冲动……"
[3] Jones，见前引书，p.16。

福和私人福利混为一谈的危险那时就已经出现了,尽管不妨假设,与会的委托人仍然会执着地坚持"殖民地政论家"的普遍信念,"认为'公共美德和公共幸福具有不可分割的联系',自由(是)幸福的本质"。[1]因为,杰斐逊与其他人一样(约翰·亚当斯可能是唯一的例外),绝没有意识到公共幸福这一革命的新观念与传统的好政府概念之间是背道而驰的,后者甚至那时就已经令人感到"陈腐不堪"(约翰·亚当斯),或者只不过代表了"臣民的常识"(杰斐逊)。根据这些传统惯例,"事务性政府的参与者"就不应是幸福的,而是一种负担、一种苦役。十八世纪将公共领域等同于政府领域,而幸福不在这种公共领域里。不过,政府被视为促进社会幸福的手段,而这是"好政府唯一的正当目标",[2]以至于"参与者"本人对幸福的任何体验只能被归结为"对权力的过度迷恋"。被统治一方的参与愿望,只能根据制约人性之"不当"倾向的需要,来判定是否有理。[3]杰斐逊也坚持,幸福,存在于公共领域之外:"在我家庭的怀抱和爱中;与我的邻居和我的书籍的朝夕相处中;在全力投身于我的农场和事务中。"[4]简言之,在家这一私隐状态中。公众无权干涉其中的生活。

这样的反思和劝诫在国父们的作品中比比皆是。不过在我看来都

---

[1] 罗西特,*The First American Revolution*, New York, 1956, pp.229—230。

[2] Vernon L.Parrington 称之为"(杰斐逊)政治哲学的首要原则,即'关心人类的生命和幸福,而不是他们的毁灭,这是好政府第一位和唯一正当的目标'"。*Main Currents in American Thought*, Harvest Books edition, vol.I, p.354.

[3] 这是约翰·狄更生的话,但是对于这个问题,美国革命者在理论上普遍存在共识。因此,即便是约翰·亚当斯也要分辩道:"社会幸福是政府的目的……正如个人幸福是人的目的。"(参见"Thoughts on Government",*Works*, 1851, vol. IV, p.193.)他们应该都会一致同意麦迪逊的著名公式:"如果人是天使,那么政府就是不必要的。如果由天使来统治人,那么对政府外在和内在的控制都是不必要的。"(《联邦党人文集》,no.51)

[4] 致麦迪逊,1793年6月9日,见以上注释,p.523。

是无足轻重的：在杰斐逊的著作中微不足道，而在约翰·亚当斯的著作中更是如此。[1]这种陈词滥调认为，公共事业是一种负担，顶多是为了他的同胞而使"每个人都承担的职责苦旅"。要探究它背后真实的经验，我们最好转到公元前四和前五世纪的希腊，而不是我们的十八世纪文明。就杰斐逊和美国革命者（约翰·亚当斯这一次可能又是个例外）而言，他们到底经历了些什么，这很少从他们的泛泛而谈中流露出来。是的，他们中一些人对"柏拉图的胡言乱语"感到义愤填膺，但是每当他们以概念语言来表达自我，他们的思想就不得不取决于柏拉图"模糊的心灵"，而不是他们自身的经验了。[2]还有，当他们深入的革命举动和思考打破了一种业已沦为陈词滥调的遗产的坚壳时，当他们的语言与他们行动的伟大和创新性相匹配时，都不乏这样的例子。其中之一便是《独立宣言》，它的伟大与其蕴含的自然法哲学毫无关系，在这个问题上，它其实"缺乏深度与精度"，[3]而在于它"对人类意见的尊重"，在于它"呼吁将我们的是非曲直……交由世界来判定"，[4]这激发了文献的起草。它揭示出，对某个具体国王诸多特定的怨恨，究竟是在何时逐渐发

---

[1] 约翰·亚当斯在1780年从巴黎致他妻子的信中，他对旧的官僚制不可思议地来了个一百八十度大转弯，他写道："我必须学习政治和战争，这样我的儿子就可以自由地学习数学和哲学。我的儿子应该学习数学和哲学、地理、自然史和船舶制造、航海术、商业和农业，这样他们的孩子就有权学习绘画、诗歌、音乐、建筑、雕塑、装饰和陶艺。"（*Works*, vol.II, p.68.）

《弗吉尼亚权利宣言》的主要作者乔治·梅森看起来更是信心百倍，在他最后的遗愿中，他勉励自己的儿子"宁要私人领地之幸福，不要公共事务的操劳"，尽管，鉴于反对"干涉"公共事务、野心勃勃和热衷荣誉的传统和习惯影响巨大，有人对此将信将疑。与"私人领地之幸福"的陈词滥调决裂，承认自己不同的经验，也许在头脑和个性上都需要并不亚于约翰·亚当斯的勇气。（关于George Mason，参见 Kate Mason Rowland, *The Life of George Mason, 1725—1792*, vol.I, p.166。）

[2] 参见杰斐逊致约翰·亚当斯，1814年7月5日，参见 *The Adams-Jefferson Letters*, ed. L.J. Cappon, Chapel Hill, 1959。

[3] 参见 Carl L.Becker,《独立宣言》第二版导言, New York, 1942。

[4] 参见杰斐逊致 Henry Lee 的信, 1825年5月8日。

展为对一般意义上的君主制和君权原则的抵制。[1]这种抵制,相比该文献的其他基础理论,是全新的东西。保皇党和共和党人之间的深仇大恨甚至是暴力对抗,都是在美国革命和法国大革命中发展起来的,在革命真的爆发之前实际上并不为人所知。

129　古代终结之后,根据法制和暴政来区分政府,在政治理论中乃是习以为常的事了。于是,暴政被视为这样一种政府形式,统治者按照自己的意志来统治,追求个人的利益,因而侵犯了被统治者的私人福利和法定的公民权利。无论在何种情况下,君主制和个人专制本身都不能等同于暴政;然而,革命恰恰就被迅速地驱赶向这种等同。暴政,正如革命者所理解的那样,它是这样一种政府形式,即统治者尽管根据王国的法律进行统治,但他自己垄断了行动的权利,禁止公民进入公共领域,迫使其退缩到家政生活的私隐状态中,要求他们只关心自己的私人事务。换言之,暴政剥夺了公共幸福,虽然并不必然剥夺私人福祉,而共和国则赋予每一位公民成为"事务性政府的参与者"的权利,在行动中被人看到的权利。诚然,"共和国"一词尚未出现,只是在大革命之后,一切非共和政府都令人有专制之感。但是,共和国从中最终得以建立的那一原则,在生命、财富和神圣不可侵犯的名誉的"相互约定"中就已经充分体现出来了。在君主制下,臣民不会"彼此相互约定",而是与代表整个王国的国王相互约定所有这一切。《独立宣言》无疑具有伟大之处,不过不在于其哲学,甚至也不在于它"为一项行动声援";而在于它是行动以语言来呈现的完美方式。(如杰斐逊本人所见:"既不为标

1　革命将以共和国的成立而告终是出人意表的。即便在1776年,塞缪尔·亚当斯的一位通信者还写道:"我们现在拥有一个公平的机会,来挑选我们认为合适的政府形式,并且与我们喜欢的任何民族订立契约,找一位统治我们的国王。"参见 William S. Carpenter, *The Development of American Political Thought*, Princeton, 1930, p.35。

新立异，也不因循前人之说，它希望成为美国心灵的一种表达，并赋予这种表达恰如其分的音调和适逢其时的精神。"[1]由于我们这里涉及的是书面文字，而不是口头语言，我们就遇到了历史上一个千载难逢的时刻，那一刻，行动力量之伟大，已经足以为自己立碑。

　　另一个这样直接对公共幸福问题构成影响的例子，就远远没有那么重大了，尽管也许丝毫不乏严肃性。杰斐逊晚年和亚当斯半玩笑半认真地开始讨论来世的可能性时，吐露了一个古怪的愿望，从中我们可以发现这个。显然，抛开其宗教色彩，来世生活的那些形象，毫厘不爽地体现了人类幸福的各种理想。当杰斐逊沉浸在戏谑和极度反讽的情绪中忘乎所以之际，他对幸福的真实看法暴露无遗（丝毫没有背离概念的传统和老套的框架，看来它比传统政府形式的结构更难打破）。在给亚当斯的一封信中，他是这样结尾的："愿我们再度在国会中，与我们的老同事一起相见，接受那赐封的'好样、善良而忠诚的仆人'之美誉。"[2]这里，在反讽的背后，我们要坦承的一点是，国会的生活，交谈、立法、办事、说服和被说服的乐趣，对杰斐逊来说，就像沉思的快乐对于中世纪的虔诚者一样，无疑是永恒极乐之前的小小尝试。因为，甚至"赐封"也根本不是未来状态对美德的通常奖赏；它是掌声，是欢呼，是"世界的爱戴"，据此，杰斐逊在另一篇文章中说，有一刻它"在我的眼里具有的至高无上的价值使一切都黯然失色"。[3]

　　为了理解在我们的传统语境中，以永恒极乐这一形象来看公共的、政治的幸福，到底有多么非凡的意义，最好回顾一下，例如，托马斯·阿奎那，对他来说，perfecta beatitudo（尽善尽美）完全在于一种想

---

[1] 参见前引杰斐逊致 Henry Lee 的信。
[2] *Adam-Jefferson*, 见第114页注1, 1823年4月11日之信, p.594。
[3] 参见前引致麦迪逊的信。

象,对上帝的想象。这种想象不要求友人在场[amici non requiruntur ad perfectam beatitudinem(独善其身)]。[1]顺便提一下,所有这一切,与柏拉图关于不朽灵魂之生活的观念还是完全一致的。相反,杰斐逊只能通过扩大朋友圈子,以便能和他最杰出的"同事""在国会里"坐而论道,思考他生命中最美好、最幸福那一刻进一步升华的可能性。人类幸福的实质,反映在对来世戏谑般的期望中,为了找到一个与之相似的形象,我们不得不回到苏格拉底。在《申辩篇》一段著名的对话中,他直率而面带微笑地承认,他所能要求的无非就是,可以说是重复死很多次。也就是说,不要神赐的孤岛,也不要与凡人生命截然不同的一个不朽灵魂的生命,而是经由希腊过去的杰出人物,俄狄浦斯和缪塞斯、赫西俄德和荷马,在冥府里扩大苏格拉底的朋友圈子,他在尘世中无缘与之相见,希望永不停歇地与之开展以他为主宰的思想对话。

无论如何,至少有一件事我们可以肯定:《独立宣言》虽然模糊了私人和公共幸福的界限,但至少还是让我们领略了"追求幸福"这一术语的双重意义,即私人福利以及公共幸福的权利;追求福祉以及成为一名"公共事务的参与者"。但是,第二种意义很快就被忘却,对这个词的使用和理解都抛却了它本来的特定修饰语。以此为标准来衡量,原意的丧失,对在革命中展现出来的精神的健忘,在美国丝毫也不亚于法国。

我们知道在法国,以大悲剧的方式,究竟发生了什么。那些需要并且渴望从他们的主人或者必然性,这一其主人之主中,获得解放的人们,仓促之间为那些渴望为公共自由建立空间的人提供了支援。不可避免的结果是,解放获得了优先权,大革命人士越来越不关心他们原本认为是最重要的制宪事业了。托克维尔又一次十分中肯地评论道,"在

---

[1] 关于托马斯,参见 *Summa Theologica* I qu.1,4c and qu.12,1c. 又见前引,I 2,qu. 4,80。

三　追求幸福

酝酿了大革命的一切观念和态度中,严格说来,公共自由的观念和喜好是最先消失的"。[1]可是,罗伯斯庇尔极不情愿结束革命,难道不也是由于他相信"立宪政府主要关心公民自由,革命政府主要关心公共自由"吗?[2]难道他不会害怕革命权力的结束和立宪政府的开始将宣告"公共自由"的终结吗? 新生的公共领域昙花一现,以行动之美酒将一切人灌醉之后,就一片凋零,事实上,自由之美酒难道不是同样如此吗?

无论这些问题的答案是什么,罗伯斯庇尔对公民自由和公共自由的截然区分,与"幸福"一词含糊不清、概念上模棱两可的美国用法颇有几分相似。在两场革命之前,大西洋两岸的文人正是根据公民自由和公共自由,或者根据人民福利与公共幸福,试图去回答这个古老的问题:什么是政府的目的? 在革命的影响下,问题现在变成了:什么是革命和革命政府的目的? 这是再自然不过的事情了,尽管它仅仅发生在法国。为了理解对这一问题所给出的答案,重要的是不要忽略这样一个事实:革命者一如既往地专注于暴政现象,暴政剥夺了其臣民的公民自由和公共自由,剥夺了私人福利和公共幸福,因而会抹杀两者之间的界限,只有在革命进程中,私人和公共、私人福利和公共幸福两种原则之间爆发冲突,革命者才得以发现它们之间区别的尖锐性。这种冲突在美国革命和法国大革命中是一样的,尽管各有其不同的表达方式。对于美国革命来说,问题是:新政府是否将为公民的"公共幸福"构建一个属于自己的领域? 还是说,设计它仅仅是为了比旧政体更有效地服务于和保证公民对私人幸福的追求? 而对于法国大革命来说,问题则是:革命政府的目的是否在于成立一个"立宪政府",通过保障公民

132

---

[1] 托克维尔,《旧制度与大革命》,第三章。
[2] 在国民公会关于"革命政府原则"的讲话。参见 *Oeuvres*, ed. Lapponeraye, 1840, vol.III。英文版采用 Robert R. Palmer, *Twelve Who Ruled*, Princeton, 1958。

133 自由和权利来结束公共自由的统治？还是说，以"公共自由"之故，宣布大革命应永远进行下去？保障公民自由、保障对私人幸福的追求，长期以来都被认为是一切非暴政政府的本质，统治者是在法律范围内进行统治的。如果不是有更多无法预料的事情发生，那么政府的革命性变革，如取消君主制和成立共和国，一定会被看成是偶然事件，是旧政体的刚愎自用所招致的。如果当真如此，答案就应当是改革，而不是革命了；是将坏的统治者换成更好的统治者，而不是政府的变更了。

　　事实上，两场革命开始都相当节制，这表明本来只是想朝着君主立宪制的方向改革，尽管在与英国爆发冲突之前，美国人民在"公共幸福"领域的经验就已经十分丰富。然而，关键在于，法国大革命和美国革命都以迅雷不及掩耳之势，一心走上成立共和政府的道路。这种执著，与保皇党和共和党人新一轮的暴力对抗，都直接来自革命本身。无论如何，革命者已经对"公共幸福"了如指掌，这种经验令他们刻骨铭心，无论何时何地，如果除了忍痛割爱就别无选择的话，他们都偏爱公共自由胜于公民自由，偏爱公共幸福胜于私人福利。罗伯斯庇尔的理论预示着革命被宣布将永远进行下去，在它的背后，可以觉察到一个令人不安、忧心忡忡的可怕问题，这个问题几乎让罗伯斯庇尔之后的每一位名副其实的革命者都备受困扰：如果革命的结束和立宪政府的引入意味着公共自由的终结，那么他们还会心甘情愿地结束革命吗？

　　假如罗伯斯庇尔能够活着看到美国新政府的发展，相信他的疑窦就可以解开了。在那里，革命从未严重地削减公民权利，也许就因为这一点，在法国大革命失败的地方美国革命大获成功，即在立国这一使命
134 上；而且，对于本书最重要的是，在那里，立国者成为统治者，这样，革命的结束并不意味着"公共幸福"的终结。重心几乎是一下子从《联邦宪法》的内容转到《权利法案》上了。《联邦宪法》是对权力的创造和

三 追求幸福

分割,是一个新领域的崛起,在那里,用麦迪逊的话来说,是"以野心制约野心",[1]当然,是超越和成为"重要人物"之野心,而不是飞黄腾达的野心。《权利法案》则包含了对政府必要的宪法制约。换言之,重心从公共自由转向了公民自由,或者说,从以公共幸福之名分享公共事务,转向了一种保障,即追求私人幸福将得到公共权力的保护和促进。杰斐逊的新公式一开始令人摸不着头脑:一会儿重提皇室允诺的人民之私人福利(这就暗示人民被排除在公共事务之外),一会儿又重提"公共幸福"这个革命前的词。几乎是一下子,它的双重含义消失了,被理解为追求个人利益,以及由此根据自私自利的准则来行动的公民权利。这些准则,无论是来自心灵的阴暗欲望,还是来自家政生活中隐秘的必然性,都从未被大肆"启蒙"过。

为了理解美国所发生的事情,我们也许只需要回顾一下克雷夫科尔的义愤填膺。他是一个对美国革命前的平等和繁荣怀着深深热爱的人,当战争和革命的爆发打断了他作为一名农民的私人幸福时,他认为,是"那些高高在上的大人物"将"魔鬼""放出来害我们",这些大人物更关心共和国的独立和建立,而不是农民和户主的利益。[2]私人利益与公共事务的这一冲突在两场革命中都扮演了重要角色。一般而言,可以说革命者是始终如一地根据公共事务进行思考和行动的人,他们这样做,乃是出于对公共自由和公共幸福真挚的爱,而不是自我牺牲的理想主义。在美国,国家之存亡一开始就系于一场事关原则的对抗,人民揭竿而起,为的是那些经济意义微不足道的措施。《联邦宪法》甚至

---

[1] 麦迪逊这番话似乎是在响应约翰·亚当斯,后者懂得"追求独特性的激情"在政治体中所扮演的角色。而这只不过表明国父们的一致之处究竟有多大。

[2] 参见Letter XII, "Distresses of a Frontier Man", in the *Letters from an American Farmer* (1782), Dutton paperback edition, 1957。

得到了那些私人利益大受损害的人的批准,他们欠了英国商人的债,而宪法设立联邦法院处理英国商人的诉讼。这一切都表明,至少在整个战争和革命期间,立国者得到了大多数人民的拥护。[1] 然而,即便是在这一时期,人们还是可以清楚地看到,自始至终,杰斐逊孜孜以求的一个公共幸福场所和约翰·亚当斯追求"赶超"的激情,他的 spectemur agendo——"让我们在行动中被人看到",让我们拥有一个被人看见和行动的空间——都与一种无情的、在根本上是反政治的欲望处于冲突之中。后者企图消灭一切公共职守与责任,成立一套政府行政机制,通过这种机制,人们可以控制他们的统治者,同时依然享有君主制政府的好处,即"被人统治,不必亲力亲为","不必花时间去监督和选择公众代理人或制定法律",这样"他们就可以将注意力完全放在他们的个人利益上"了。[2]

美国革命的成果与发动革命的目标不同,它一直都不太明朗。政府的目的究竟是繁荣还是自由,这一问题也始终没有得到解决。与那些为了一个新世界,或毋宁说是为了在一块新发现的大陆上建造一个新世界而来到了这片大陆的人们一起的,总还有这样一些人,他们渴望

---

[1] 无法无天、暴力和无政府的张力,在美国与在其他殖民地国家一样强大。这里有一个约翰·亚当斯在自传中讲的著名故事(*Works*, vol.II, pp.420—421):他碰到一个人,"一位普通的赛马师,……他一直在打官司,他的许多行为几乎被告遍所有法庭。他一看到我就迎了上来,向我打的第一个招呼就是:'噢,亚当斯先生,你和你的同事为我们做的事情简直是太伟大了!我都不知道怎样感谢你才好。现在这里已经没有法庭了,我希望其他地方也一样。'……这难道就是我们为之奋斗的目标吗?我对自己说。……难道这就是民情?在国家中有多少这样的人?据我所知有一半。因为至少一半国民是欠债人。在一切国家中,这些是欠债人的民情。如果国家权力陷于此事不能自拔,万分危险,那么,我们牺牲自己的时间、健康和其他一切,究竟是为了什么?确实,我们必须防范这种精神和这些原则,悔不该如此行事。"这个故事发生在1775年,问题的关键是,这种精神和这些原则因为战争和革命而烟消云散了,对此最好的检验,就是欠债人批准了联邦宪法。

[2] 参见 "On the Advantages of a Monarchy" in James Fenimore Cooper's *The American Democrat* (1838).

三　追求幸福

的只不过是一种新的"生活方式"。后者在人数上超过了前者，这并不奇怪。到了十八世纪，决定性的因素或许是，"光荣革命之后，重要的英国品质渐渐不再向美洲迁移了"。¹用立国者的语言来说，问题在于"追求的最高目标"是"全体人民的真实福利"，²和最大多数的最大幸福，还是"政府的首要目的是管制（追求超越、追求瞩目的激情），轮到管制成为政府的主要手段"。³在自由和繁荣之间做出选择，正如我们今天所见，无论是在美国立国者还是在法国革命者的心目中，都绝不是一个非此即彼的问题，但是并不能因此就认为问题不存在了。用托克维尔的话来说，那些"貌似热爱自由其实不过是痛恨他们的主人"的人，与那些知道"Qui cherche dans la liberté autre chose qu'elle-même est fait pour servir"（"谁在自由之中寻求自由以外的其他东西，谁就只配受奴役"）⁴的人之间，不但一直泾渭分明，而且总是处于对抗状态。

革命那模棱两可的特征究竟在多大程度上是来自缔造革命之人的思想混乱，也许最能说明这一点的，就是罗伯斯庇尔阐述的"革命政府原则"。他的表述出奇地自相矛盾。一开始是将立宪政府的目的定为保存共和国，它是革命政府为了树立公共自由而创建的。可是，一俟将立宪政府的首要目的定为"保存公共自由"，他就向后转了，可以说是自我修正："保护个人不受公共权力滥用的侵害，宪法统治可谓绰绰有余。"⁵第二句话表明，虽说权力仍然是公共的，掌握在政府手中，但是个人变成无权的了，必须被保护而不受公共权力侵害。另一方面，自由挪

1　Edward S. Corwin in *Harvard Law Review*, vol.42, p.395.
2　麦迪逊，《联邦党人文集》，no.45。
3　参见约翰·亚当斯的话，载 *Discourses on Davila*, *Works*, 1851, vol.VI, p.233。
4　《旧制度与大革命》，参见前引文。
5　参见本书第116页注释2。

了个窝儿，它不再位于公共领域，而是位于公民的私人生活之中，故必须被保护以抵御公共领域和公共权力的侵犯。自由和权力分道扬镳，从此，权力等同于暴力，政治等同于政府，政府则等同于必要的恶，便一发不可收拾了。

从美国作家那里也可以找到类似的说明，尽管略嫌冗赘。当然，这只是以另外一种方式道出了社会问题对美国革命进程的侵扰，虽然远不如它对法国大革命进程的侵扰那样充满戏剧性，但其剧烈程度毫不逊色。不过两者依然是迥然有别的。由于美国这个国家从未为贫穷所困，因此挡在共和国立国者面前的，是"追求一夜暴富的致命激情"，而不是必然性。这种对幸福的特殊追求，用彭德尔顿法官的话来说，总是倾向于"消灭一切政治和道德责任感"。[1] 对幸福的特殊追求可以搁置一下，至少要到新建筑奠基和落成之时，尽管这段时间还不至于改变住在里面的人的思想。而结果就与欧洲的发展背道而驰了，公共幸福和政治自由的革命性观念从未在美国完全消失，它们业已成为共和国政治实体结构不可或缺的一部分。这个结构是否具有坚实的基础，能够经受住一个一味追逐餍足和消费的社会的荒唐行径；又或者，它是否会屈从于财富的压力，如同欧洲的公社屈从于悲惨和不幸的压力一般，那只有走着瞧了。今天，种种迹象表明，希望和恐惧同在。

在本书中，问题的关键在于，好歹美国始终是欧洲人的一项事业。不仅美国革命，而且前后所发生的每一件事情，"都是整个大西洋文明内部的一个事件"。[2] 因此，正如美国征服了贫困这一事实对欧洲产生深远影响一样，欧洲的下层长期无法摆脱苦难条件这一事实，对革命后

---

1 参见Niles, *Principles and Acts of the Revolution*, Baltimore, 1822, p.404。

2 参见Robert R.Palmer, *The Age of the Democratic Revolution*, Princeton, 1959, p.210。

三 追求幸福

美国事件的进展也造成了强烈的冲击。从贫困中解放先于以自由立国。早在十九世纪晚期和二十世纪早期的大规模移民浪潮,每年将成千上万,甚至上百万欧洲最贫苦阶级人群卷上美国海岸之前的数百年,美国就已经达到了繁荣。美国早期的革命前的繁荣,至少部分是为了摆脱贫困而刻意集中努力的结果,这种努力在旧世界的国家中是前所未有的。这种努力本身,这种战胜貌似永恒的人类苦难的决心,肯定是西方历史和人类历史上最伟大的成就之一。问题在于,在欧洲持续不断的大规模移民影响之下,消除贫困的斗争越来越被穷人本身所左右,故而被那些产生于贫困的理想所引导,这些理想与激发了自由立国行动的那些原则是格格不入的。

富足与无休无止的消费乃是穷人的理想:它们是苦难荒漠中的海市蜃楼。在此意义上,餍足和窘迫只是一个硬币的两面。必然性的桎梏不一定非要钢铁铸就,它们也可以用柔丝织成。自由和奢侈一向被认为是势不两立的。现代的看法,倾向于将国父们对节俭和"简单的生活方式"(杰斐逊)的执著,归咎于清教徒对尘世快乐的蔑视,这种看法所证实的,与其说是一种无法摆脱偏见的不自由,毋宁说是对自由的不理解。因为,"追求一夜暴富的致命激情"绝不是感官邪恶,而是穷人的梦想;几乎是从美国殖民化之始,这个梦想就在美国占了主导,因为,甚至在十八世纪,这片土地就不仅是"自由的土地,美德的居所,被压迫者的庇护院",而且也是应许给那些基于生活条件而难以领悟自由或美德的人之地。美国的繁荣和大众社会日益对整个政治领域构成威胁,造成这种恶果的依然是欧洲的贫困,这是它的报复行动。穷人秘而不宣的愿望不是"各取所需",而是"各取所欲"。如果真的只有需求得到满足的人才可以达到自由,自由也同样真的会避开那些一心只为欲望而活的人。美国梦,如同在大规模移民影响之下的十九世纪和二十世纪

138

对它的理解一样,既非美国革命的梦想即以自由立国,亦非法国大革命的梦想即人的解放;而是,并且不幸的是,它是对流着奶与蜜的"应许之地"的梦想。现代科技的发展不久就能超乎一切想象地实现这个梦想,这一事实自然令那些梦想家相信,他们真的活在一个最好的可能世界之中。

总而言之,无可否认,当克雷夫科尔预言"人将打败公民,他的政治准则也将丧失"时,他是对的;无可否认,那些由衷地称"我的家庭幸福是我的唯一愿望"的人,当其以民主的名义,将怒火发泄到"高高在上的大人物"身上时,他们的抱负超越了他们的私人幸福;当他们以"普通人"和某种模糊不清的自由主义观念的名义,谴责公共美德(它肯定不是农民的美德)只不过是野心,谴责那些给他们带来了自由的人是"贵族",并且相信这些人"极度虚荣自负"(例如可怜的约翰·亚当斯)[1]之时,他们将得到几乎所有人的交口称赞。革命中的公民转变为十九世纪社会中的私人个体,经常被人津津乐道,而且通常是根据法国大革命的术语,称之为 citoyens(公民)和 bourgeois(资产阶级)。在一个更复杂的层面上,我们可以将"对政治自由之喜好"的消失,视为个人向"内心的良知领域"退缩,在那里,个人发现了唯一"适合人类自由的领地"。已经打败了公民的个人,在轮到"将个人打败"的社会的进逼之下,将会据守这一领地,仿佛据守着一个岌岌可危的堡垒,保护自己不受社会侵犯。这一过程,比革命更加决定了十九世纪的面貌,它甚至在一定程度上还决定了二十世纪的面貌。

---

[1] 约翰·斯图亚特·密尔:《论自由》(1859)。

四
立国（一）：构建自由

1

　　有人活在旧世界而梦想公共自由，有的在新世界却欣赏公共幸福，这两个根本事实，促使复辟与重建旧权利和自由的运动发展为大西洋两岸的革命。不管事件与形势将一成一败的美国革命与法国大革命分隔多远，美国人仍会同意罗伯斯庇尔的看法：革命的终极目标是自由的宪法，革命政府的实际事务则是建立共和国。或许倒过来，罗伯斯庇尔拟定其著名的"革命政府原则"时，已然受美国革命进程影响。美国殖民地武装起义和《独立宣言》之后，在所有十三个殖民地，都自发地爆发了制宪活动，诚如约翰·亚当斯所云仿佛"十三口钟同时敲响"。于是为独立（此乃自由之前提）而战的解放战争与新国家宪法之间，便不存在任何鸿沟偏见地同呼吸、共命运了。"姗姗来迟的美国战争"，这一"伟大戏剧的序幕"，其实在美国革命结束前就已谢幕。[1]即便如此，同样真实的是，革命进程两个截然不同的舞台，几乎在同一时间拉开了帷幕，并且在战争的岁月中不断地交互影响。

这一发展的重要性不容低估。挽救美国革命的奇迹，如果算是一个奇迹的话，并非殖民地人民强大到足以战胜英国，而在于这一胜利并未像迪金森担忧的那样，以"小国林立、犯罪猖獗、灾祸横行……最后精疲力竭的各省都陷入某个趁火打劫的征服者的镣铐奴役之下"[2]的方式来结束。这其实是叛乱的共同命运，叛乱后并无革命，大多数所谓的革命亦不过如是。然而，如果人们没有忘记叛乱的目的乃是解放，而革命的目的是以自由立国，那么，政治科学家至少将懂得如何避开历史学家的陷阱，后者总是侧重于叛乱和解放这一最初的暴力阶段，侧重于反暴政的起义，而轻视略显平静的革命和建构的第二阶段，因为历史学家的故事中一切戏剧性场面，似乎都蕴含在第一阶段中，也许还因为解放造成的骚乱经常挫败革命。历史学家因为是一个讲故事的人，常常会掉入这个圈套中。与之密切相关的是一种甚为有害的理论，该理论认为宪法与制宪的狂热，根本没有真正表达国家的革命精神，实际上由于一种反作用力，它们要么挫败革命，要么抑制它全面发展。照此逻辑，美国联邦宪法，革命进程这一真正的终点，就被视为反革命的实际结果。这种根本误解就在于无法区分解放与自由。没有什么比叛乱与解放更徒劳无益了，除非随后能有一部体现新争取来的自由的宪法。因为"缺少宪法，道德、财

---

1 一个常见的假设是，当实现解放，一切独立战争固有的骚乱和暴力走向终结时，革命进程也就结束了。也许没有什么比这更不利于对革命的理解了。这不是什么新观点。1787年，本杰明·拉什抱怨"没有什么比将'美国革命'一词跟'美国战争'后期那些东西混为一谈更加常见的了。美国战争结束了，但'美国革命'远非如此。相反，闭幕的只不过是伟大戏剧的第一幕。我们的新政府形式尚待建立和完善"。(参见Niles, *Principles and Acts of the Revolution*, Baltimore, 1822, p. 402。)我们还要加上一点，没有什么比解放之阵痛与以自由立国混为一谈更加常见的了。

2 这些担忧是在1765年致William Pitt的信中流露出来的。迪金森在这封信中，声称相信殖民地将在抗英战争中获胜。参见摩根，*The Birth of the Republic, 1763—1789*, Chicago, 1956, p. 136。

四 立国(一):构建自由

富和军队的纪律都一文不值,即便这些全部加在一起也是如此"。

然而,即使有人抵挡住诱惑,不将革命与争取解放的斗争等而视之,而将它等同于以自由立国,还是会存在一个额外的困难。这个困难对于本书而言尤为严重,那就是,新的革命宪法无论内容还是形式,都鲜有新意,更遑论革命了。立宪政府观念无论在内容还是来源上,当然都绝不是革命的。它不过意味着一个受法律限制的政府,通过宪法保证来维护公民自由。这体现在各种权利法案上,它们都被纳入新宪法中,通常被认为是新宪法最重要的组成部分,这绝不是要体现新的、革命的人民权力,相反,其所以令人感到必要,乃是为了制约政府的权力,即便是在新成立的政治体中。一部权利法案,就像杰斐逊评论的那样,"使人民有权对抗地球上一切政府,无论是一般意义的政府,还是某个特定的政府;一切正义的政府都不能拒绝它,或者闪烁其词。"[1]

换言之,立宪政府那时是,现在依然是有限政府。十八世纪正是在此意义上称"有限君主制",也就是说,君主的权力由于法律而受到限制。公民自由与私人福利都在有限政府的范围之内,它们是否得到维护,并不取决于政府形式。只有暴政才取消立宪的也就是法治的政府,而根据政治理论,它只是一种不合格的政府形式。不过,立宪政府法律保护的自由,并非只具有消极特征,其中包括因税收而来的代议权,它后来便演变为选举权。它们其实"本身不是权力,而仅仅是一种针对权力滥用的豁免权"。[2] 它们不要求参与政府,只要求一种不受政府侵

---

[1] 参见1787年11月20日致詹姆斯·麦迪逊的信。
[2] 鲜为人知而又相当重要的一点,用伍德罗·威尔逊的话来说,是"权力是一种积极的东西,控制是一种消极的东西",而"用同样的名字来称呼这两种东西,只不过是一词多义而使语言变得贫乏"。(*An Old Master and Other Political Essays*, 1893, p. 91)行动的权力与控制"创制机构"的权利相混同,跟前面所述及的解放与自由相混同如出一辙。引自 James Fenimore Cooper, *The American Democrat* (1838)。

犯的保护。不管我们将这一宪政主义观念追溯至大宪章，继而追溯至封建的权利、特权以及王权与王国中的等级之间达成的契约，抑或相反，我们假设"在一个有效的中央政府形成之前，并不存在现代宪政主义",[1]这些在本书中都是无关宏旨的。如果在革命中没有什么比这种宪政主义更加生死未卜，那么，革命看起来一直都忠实于它们温和的开端，那时革命依然被视为企图复辟"古典"自由。然而，事实并非如此。

我们之所以感到难以辨认制宪真正的革命性所在，还有另一个也许更重要的潜在原因。如果我们不是根据十八世纪的革命，而是根据在整个十九世纪和二十世纪随之而来的一系列动荡来看，那么，我们似乎就只剩下一种两可选择了：要么选择持续不断的革命，它不会走向终结，也产生不出自己的结果，即以自由立国；要么就是这样一种选择，在那儿，革命动荡的后果是，某种新的"立宪"政府最终形成，绝大多数公民的自由得到保障。但这都只配称为有限政府而已，无论它是君主制还是共和制。第一种选择显然适合于俄国革命，在那里，当权者不仅承认而且夸大无限期保持一个革命政府的事实。第二种选择适合于第一次世界大战之后席卷几乎整个欧洲的革命动荡，还有大量第二次世界大战之后从欧洲统治中赢得独立的殖民地国家。在此，宪法绝不是革命的结果，相反是在革命失败之后被强加的。至少在生活于宪法之下的人民眼中，它们是革命失败而非革命胜利的标志。宪法通常是专家的作品，尽管不是格莱斯顿意义上的，他称美国联邦宪法是"由人的头脑有目的地在一个特定时间一蹴而就的美妙作品"，却是阿瑟·扬意义

---

[1] 后者是 Carl Joachim Friedrich 的观点，参见 *Constitutional Government and Democracy*, revised edition, 1950. 前者，"我们美国宪法的条款……纯粹是大宪章第三十九条的复制品"，参见 Charles E. Shattuck, "The True Meaning of The Term 'Liberty' in the Federal and State Constitutions", *Harvard Law Review*, 1891。

四 立国(一):构建自由

上的,他甚至在1792年就已经感到,法国人采取了这个"新词","他们用起它来,仿佛一部宪法是根据食谱如法炮制出来的一份布丁"。[1]他们的目的是阻挡革命的浪潮。如果他们过于逆来顺受而不对权力加以限制,那么,政府的权力以及人民的革命权力,就会尚未建立时就展示出来。[2]

单是用语一途,就给探讨这些问题造成了不大不小的麻烦。"宪法"一词显然是模棱两可的,因为它意味着构建之举,同时也意味着被"构建"的政府法律和规则,这些都体现在成文文献中,或者像英国宪法那样,蕴含在制度、习惯和先例中。显然不可能用相同的名字来称呼一个非革命政府所采取的那些"宪法",并指望其殊途同归,因为人民和他们的革命不能构建自己的政府,而其他的那些"宪法",要么就是按格莱斯顿之语,乃一国"历史日积月累而成"的,要么就是来自全体人民建立一个新政治体的精心策划。托马斯·潘恩对该词所下的著名定义,无论是明确还是混淆都同样的一览无遗。在这个定义中,潘恩不过是把美国制宪的狂热教导给他的东西加以总结推导而已:"一部宪法,并非政府之举,而是人民构建政府之举。"[3]这样一来,在法国和在美国一

---

[1] 引自 Charles Howard McIlwain, *Constitutionalism, Ancient and Modern*, Ithaca, 1940。那些希望以历史眼光看待这一问题的人,也许会想起洛克为卡罗莱娜制定的宪法的命运。这也许是第一部由专家制定然后交给人民的宪法。几乎一切这种宪法,都应了 William C. Morey 的断言:"它凭空而来,转瞬即逝。"("The Genesis of Written Constitution", in *American Academy of Politics and Social Science*, Annals, April 1891.)

[2] 对这种制宪活动的研究,最出色的要数 Karl Loewenstein 的 "Verfassungsrecht und Verfassungsrealität"(载 *Beiträge zur Staatssoziologie*, Tübingen, 1961)。很遗憾在本书的第一版中并未有所提及。Karl Loewenstein 著作探讨的是二战后的"宪法狂潮",其中只有很少得到人民认可。他强调"人民极不信任"这些宪法,这些宪法掌握在"一小撮专家"手里,绝大部分都沦为"达到目的的手段",成为"这些专家为之效劳的各种群体或阶级攫取或维持特权的工具"。

[3] 或者换一种口吻:"宪法**先于**政府而存在,政府只是宪法的产物。"两种说法都可以在《人的权利》第二部分看到。

样,都需要制宪会议和特别会议,它们唯一的任务就是草拟一份宪法;这样一来,还需要把草案带回家,交还人民,在市政厅对邦联的条款,在国会对联邦宪法的条目,逐条加以争论。问题的关键根本不在于十三个殖民地的地方议会不能被委以重任成立一个权力被恰当并有效地加以限制的州政府;而是在于对于选民来说,"人们应授予政府一部宪法,而不是相反"业已成为一条原则。[1]

看一下英美两国及其影响范围之外的立宪政府的各种命运,就足以令我们抓住两种不同宪法之间,其权力和权威的天壤之别了。一种宪法是由一个政府强加于人民的,另一种宪法是人民用来构建自己的政府的。第一次世界大战之后,欧洲开始生活在专家宪法的统治之下,这些宪法在很大程度上以美国联邦宪法为原型,满以为会行得通。然而,它们总是激起治下人民的不信任却是不争的历史事实。欧洲大陆的君主制政府垮台之后十五年,整个欧洲超过一半生活在某种专政之下,那些硕果仅存的立宪政府则无不可悲地缺乏权力、权威和稳定,此乃法兰西第三共和国当时的典型特征。只有斯堪的纳维亚诸国和瑞士例外,格外引人注目。自从取消绝对君主制之后,权力阙如以及随之而来的权威失落,就成了几乎所有欧洲国家立宪政府挥之不去的魔咒。更有甚者,在二十世纪的战后宪法风暴来临之前,法国在1789年至1875年之间的十四部宪法,已经使"宪法"一词变成了一个笑柄。

---

[1] 根据摩根,见前引著作,"大多数州让它们的地方议会承担制定和执行宪法的任务。马萨诸塞人民似乎第一个看到了这一程序的危险性……于是在1780年举行了特别会议,由独立于政府的人民制定了一部宪法……尽管当时州已经来不及使用它了,但这种新方法还是很快在创建美利坚合众国政府的过程中被沿用"。甚至连Forrest McDonald这样的人,坚持州立法机构是"中心",并且认可选举产生的制宪会议,因为"如果联邦宪法不得不克服立法机构的各种阴谋诡计,……这种认可将会变得难上加难",竟也在一个脚注里承认:"根据法学理论,州立法机构的认可并不比其他任何法律更具约束力,它可以被随后的立法机构撤销。"参见 We the People: The Economic Origins of the Constitution, Chicago, 1958, p. 114。

四 立国（一）：构建自由

最后要记住，(在一战后的德国和二战后的法国)立宪政府时期的绰号是"体系"时代。人民用这个词指称一种事态：在那里，合法性本身被这样一个体系所淹没，它睁一只眼闭一只眼，已经半截入土。既然看起来甚至连奋起反抗都不值得，那么，每一位正直的人都应被允许对它退避三舍。简言之，用约翰·亚当斯的话来说，"当得到理解、拥护和热爱时，一部宪法就是一条准绳、一根支柱和一丝纽带。但是，缺少了这种理智与依恋，宪法也会变成一叶风筝，一只气球，在空中漫无目的地飘浮"。[1]

政府制定的宪法与人民借以构建政府的宪法之间的区别够明显的了。对此，还要加上另一点区别。虽然这一区别息息相关，却更加难以澄清。如果说十九、二十世纪的立宪派与十八世纪的美国前辈们有什么共同点的话，那就是对权力本身的不信任。这种不信任在新世界比起在旧国度也许要理直气壮得多。人按其本性"不宜被授予无限的权力"，那些掌握权力的人有可能变成"贪得无厌的野兽"。政府之所以必要，乃是为了约束人及其对权力的渴求，故而是（如麦迪逊所言）"人性的一种反映"。这些在十八世纪就已经路人皆知，丝毫也不亚于十九世纪，且深深植根于国父们的心中。这一切都构成了权利法案的基础，并且达成普遍共识，认为有限政府意义上的立宪政府是绝对必要的。立国者对政府权力过多的担心并不是无节制的，对于从社会中兴起的公民权利和自由的巨大危险，他们深有体会并且也制约了他们的担心。因此，按照麦迪逊的观点，"在一个共和国中极其重要的是，不仅要保护社会抵御其统治者的压迫，而且要保护社会中的任一部分抵御其他部分的非正义"，要保留"个人或者少数的权利……免受多数利益联合的

---

[1] 引自 Zoltán Haraszti, *John Adams and the Prophets of Progress*, Cambridge, Mass., 1952, p. 221。

侵犯"。[1]别的不说，仅这一点就要求，公共的、政府权力的宪法，其实质绝不能产生于某些仅仅是消极的东西，也就是立宪的有限政府，尽管欧洲的立宪派和宪政主义者正是从那里体会到了美国联邦宪法之福佑的精髓所在。他们所景仰的，事实上是"温和政府"之福佑，这从大陆历史的角度来看本无可厚非，"温和政府"是从不列颠历史中有机地发展出来的。这些福气不仅要纳入新世界的一切宪法中，而且要作为所有人不可分离的权利，铿锵有力地逐一解释。这样一来，他们就没有理解，一方面，建立共和国具有压倒一切的巨大重要性；另一方面，事实上《联邦宪法》的实际内容绝不是维护公民自由，而是建立一个全新的权力体系。

在这一方面，美国革命的记录讲得十分透彻。立国者并不是专心致志于"有限的"、法治政府意义上的宪政主义。在这一点上他们是一致的，它无可争议，甚至用不着解释。即便是在国家反对英王和议院之情最为高涨的岁月里，他们也始终隐约意识到一个事实：自己依然是与一种"有限君主制"，而不是一位绝对君主在作斗争。当他们宣布脱离这个政府而独立，并宣誓效忠王权之后，对他们来说，主要问题一定不是如何限制权力而是如何组建权力，不是如何限制政府而是如何建立一个新政府。在《独立宣言》之后立刻席卷国家的制宪狂热，抑止了权力真空的发展。新权力的组建，不能以向来从本质上就是权力消极一面的那些东西为基础，这就是权利法案。

整个问题之所以常常容易混淆，是由于《个人和公民权利宣言》在法国大革命的进程中所扮演的重要角色。在那里，这些权利其实并不是用来指对一切法治政府的限制，相反正是指它的建立。"人生而平等"

---

[1] 参见《联邦党人文集》，no.51。

四　立国（一）：构建自由

的宣言，在社会和政治组织都依然具有封建性的一个国家中充满了真正的革命意味，而在新世界就不具有这种革命意味了。除了这一事实之外，还有一个更为重要的区别，那就是对于公民权利清单中唯一全新的方面，其侧重点各有不同。这个唯一全新的方面就是，这些权利现在被庄严地宣布为所有人的权利：不管他们是谁，生活在哪里。尽管美国人满以为他们向英国吁求的是"英国人的权利"，但是当他们再也无法依据"一个脉搏中奔流着自由之血的民族"（柏克）来打量自己；甚至他们当中少数的非英裔和非不列颠裔人就足以提醒他们："不管你是英国人、爱尔兰人、德国人抑或瑞士人，……你都被赋予一切英国人的自由，拥有这部宪法所规定的自由"[1]之时，侧重点的不同就呼之欲出了。他们津津乐道、奔走呼告的，事实上就是那些迄今为止被英国人独享的权利，将来应当被所有人共享。[2]换言之，所有人都应当生活在立宪的、"有限的"政府之下。相反，贯穿法国大革命始终的人权宣言直言不讳地指出：每个人都生而拥有一定的权利。这一侧重点转移的后果非同小可，无论是在理论上，还是在实践上。美国版本实际上无外乎宣告文明政府对于所有人都是必需的。然而，法国版本则宣告外在于并独立于政治体的权利的存在，继而是将这些所谓权利混为一谈，也就是说，将人之为人的权利，等同于公民权利。在本文中，我们无须抓住人权这一概念内在的困惑不放，也不必强调指出，一切没有立即纳入实在法，纳入国内法，适用于那些生于斯长于斯的人的人权宣言、声明和清单，

---

[1] 这是一个宾夕法尼亚人说的话，"宾夕法尼亚是最彻头彻尾的世界主义殖民地，在那里，英裔人民与其他民族的人民的总数几乎一样多"。参见罗西特，*The First American Revolution*, New York, 1956, pp. 20, 228。

[2] 甚至早在六十年代，"詹姆斯·奥梯斯就设想，在英国宪法内部实现英国人的普通法权利向人的自然权利转型，但他也将这些自然权利视为对政府权威的限制"。William S. Carpenter, *The Development of American Political Thought*, Princeton, 1930, p. 29。

都是可悲的一纸空文。这些权利的问题一向都在于它们不得不次于民族权利,而且仅仅被那些丧失了作为公民的正常权利的人,当作是最后一根救命稻草。[1]法国大革命的进程,造成了天大的误解,以为人权宣言或者公民权利的保障有可能成为革命的目的或内容,而我们唯一需要的,就是让我们的思路不要被它左右。

联邦宪法之前的州宪法,不管是由地方性议会抑或由制宪会议(如马萨诸塞州的例子)起草,目的都是在《独立宣言》废除英王和议院的权威之后,创造一个新的权力中心。在创造新权力这一任务上,立国者和革命者动用了他们自称"政治科学"的全部家当。因为政治科学,用他们的话来说,就在于努力发掘"共和国的权力形式和权力联合"。[2]他们深知自己对这个题目一无所知,便转向了历史。他们一丝不苟得几近迂腐,搜罗了共和国宪法所有例子,不论古今,不问真假。他们为克服自己的无知而努力学习的东西绝不是对公民自由的维护。对于这个问题,他们肯定比以往任何共和国都懂得多。他们要学习的是权力的宪法。这也是孟德斯鸠散发无穷魅力的原因所在。孟德斯鸠在美国革命中所扮演的角色,几可与卢梭对法国大革命进程的影响相媲美。因为,孟德斯鸠巨著的主要论题,在美国革命爆发之前至少十年就已经被当作政府研究的权威加以研习和援引的,其实就是"政治自由之宪法"。[3]

---

1 关于人的权利在历史上和观念上的困惑,可参见拙著《极权主义的起源》(*Origins of Totalitarianism*, revised edition, New York, 1958, pp. 290—302)中的深入探讨。

2 这是本杰明·拉什的话,参见 Niles,前引书,p. 402。

3 在"伟大的孟德斯鸠"的"神圣著作"中,没有哪个段落比下述关于英国的名言,在论战中被更为频繁地引用了:"Il y a aussi une nation dans le monde qui a pour objet direct de sa constitution la liberté politique."("在世界上还存在着一种国家,它的宪法的直接目的就是政治自由。")至于孟德斯鸠对美国革命进程的巨大影响,可参见 Paul Merrill Spurlin, *Montesquieu in America, 1760—1801*, Baton Rouge, Louisiana, 1940, 和 Gilbert Chinard, *The Commonplace Book of Thomas Jefferson*, Baltimore and Paris, 1926。

四　立国（一）：构建自由

不过在此语境下，"宪法"一词已经丧失了一切作为权力之制约和否定的消极性含义。相反，"联邦自由的大殿"必须以权力的创立和合理分配为基础。孟德斯鸠坚持权力与自由是忧乐与共的，这在立国者政治智慧的诸多来源中独树一帜。按照概念来说，政治自由不在于"我欲"（I-will），而在于"我能"（I-can），因此，政治领域必须以某种权力与自由结合起来的方式来理解和构建。正因为如此，我们发现一切关于宪法的争论，无不提及孟德斯鸠的大名。[1]孟德斯鸠证明立国者从殖民地的实践中懂得的东西是正确的，也就是说，自由是"随心所欲地做或不做的一种自然的权力"。当我们从殖民地时代最早的文献中读到"故民选代表有**权力与自由**下令"时，言犹在耳。这些人将这两个词混为一谈，竟是那样的自然。[2]

众所周知，在这些争论中，没有哪个问题比权力的分立制衡更为重要了。毋庸置疑，这样一种分权的观念绝非孟德斯鸠之独创。事实上，这一理念本身十分古老，根本不像近人以为的那样，是牛顿机械论世界观的产物。至少，在传统的混合政府形式讨论中，它就若隐若现了，故而，这一理念可追溯至亚里士多德，或至少追溯至波利比乌斯，他也许是第一个知道相互制衡的内在优点的人。孟德斯鸠似乎并不了解这一历史背景，他依据的是那些他相信是英国宪法独特结构的东西。无论他这样诠释宪法正确与否，今天已经毫无意义，甚至在十八世纪就不大

---

[1] 孟德斯鸠在哲学自由与政治自由之间进行了区分，前者在于"意志的运作"（《论法的精神》XII, 2），后者则在于pouvoir faire ce que l'on doit vouloir（能够为所欲为）（同上，XI, 3）。据此，侧重点便落在pouvoir（权力）身上。政治自由中的权力因素被法语强有力地提出来了，在法语中，pouvoir这个词同时意味着权力和"能够……"。

[2] 参见罗西特，前引书，p. 231，以及1639年的《康涅狄格基本法》（"The Fundamental Orders of Connecticut" of 1639 in *Documents of American History*, ed. Henry Steele Commager, New York, 1949, 5th edition）。

重要了。因为,孟德斯鸠的发现实际上涉及权力的性质。在这一问题上,他的发现与一切约定俗成的观点是如此势不两立,以至于差点被忘得一干二净,尽管在美国,共和国的建立在很大程度上因它而起乃是铁定之事实。这个发现,一言以蔽之,道出了构成整个分权结构基础却被遗忘掉的那一条原则:只有"权力能制约权力",也就是说,我们必须加上一点,不是破坏权力,不是将权力废置。[1]因为,权力固然可以被暴力破坏,这是暴政下发生的事,在那里,一人的暴力破坏了多数人的权力。因此,按照孟德斯鸠的说法,暴政就从内部解体了:暴政灭亡是因为它们造就了无能而非权力。不过,跟我们所认为的相反,权力是不能被法律制约的,至少不能被可靠地制约。因为,在立宪的、有限的和法治的

---

1 这句话在 XI, 4, 可以这样来读:"Pour qu'on ne puisse abuser du pouvoir, il faut que, par la disposition des choses, le pouvoir arrête le pouvoir."("为了避免权力被滥用,必须通过分权的方式,以权力制约权力。")乍看起来,即便是在孟德斯鸠那里,这似乎也只不过意味着法律的权力必须制约人的权力。但这种第一印象会让人误入歧途,因为,孟德斯鸠并不是在强制性的标准和命令这一意义上来谈论法律的,而是完全迎合古罗马传统,通过 les rapports qui se trouvent entre (une raison primitive) et les différents êtres, et les rapports de ces divers êtres entre eux (根本理性与各种存在的关系,以及各种存在之间的关系) (I, 1) 来理解法律的。换言之,法律是起联系作用的东西,这样,神法就是联系人与神的东西,而人法就是将人与其同胞联系起来的东西(也是参见该书 XXVI, 在这里,整本书最重要的章节要细加探讨)。没有神法,人与神就不存在任何联系。没有人法,人与人之间的空间将成为一片荒漠,或毋宁说是根本就不存在居间的空间。正是在这种**关系**的或法定的领域中,权力被加以实施。权力不可分割不是对法定的否定,而是对自由的否定。根据孟德斯鸠的观点,人们可以大肆滥用权力而仍然处于法律的范围之内;对有限性的需要——la vertu même a besoin de limites (美德同样需要限制) (XI, 4)——来自人类权力的性质,并非来自于法律与权力之间的对抗。

孟德斯鸠的分权因为与制衡理论联系密切,以致常常被归咎于当时科学的牛顿精神。然而,没有什么比现代科学精神与孟德斯鸠更格格不入的了。诚然,这种精神体现在哈林顿身上,体现在他的"财产权的平衡"之中,就像它体现在霍布斯身上一样。毫无疑问,这一术语源于那时还极具合理性的科学——约翰·亚当斯就盛赞哈林顿的文献是"跟机械力学中作用与反作用对等一样的颠扑不破的一个政治格言"。不过,有人还是怀疑,正是孟德斯鸠政治的、非科学的语言,大大提高了他的影响力。无论如何,正是以非科学、非机械论的精神,正是在孟德斯鸠的显著影响之下,杰斐逊断言:"我们为之而战的政府……不仅应建立在自由原则之上(他指的是有限政府原则)","而且根据这一原则,政府权力应在几个行政实体中加以分立和平衡,这样,谁也不可以超越它们的合法权限而不受他人有效制约和限制"。*Notes on the State of Virginia*, query XIII.

四 立国（一）：构建自由

政府中，被制约的所谓统治者的权力，实际上并非权力，而是暴力，即一人垄断多数人之权力从而力量倍增的权力。另一方面，法律经常处于被多数人之权力废除的危险之中，在法律与权力的冲突中，法律很少能成为胜利者。即便我们假设法律能够制约权力，法律对权力的这种限制，也只能导致权能的弱化。而一切真正的民主政府形式，如果没有堕落成最糟糕、最为所欲为之暴政的话，都建立在这一假设的基础之上。权力只有由权力来制止才能**同时**依然保持自身的完整，这样，分权原则不仅提供了一种保障，以免权力被政府的某一部分所垄断；而且实际上还提供了一种机制，这种机制构成了政府的心脏，透过它，新的权力可以生生不息，又不会过分膨胀而侵害其他权力中心或权力源泉。孟德斯鸠的著名见解，认为即便是美德也要有所限制，认为理性过度也会招致不快，就出现在他对权力性质的讨论之中。[1]对于孟德斯鸠来说，美德与理性是权力，而不是单纯的才能，故而，它们的维持与增长，就跟权力的维持与增长一样，受制于相同的条件。孟德斯鸠提出要对美德与理性加以限制，当然不是因为他希望少一点美德和理性。

问题的这一方面通常都会被忽略，因为我们仅仅是根据政府三权分立来思考分权的。然而，立国者的主要问题是如何从十三个"拥有主权的"，已正式构建的共和国中成立联盟。按照当时借自孟德斯鸠的语言，他们的任务是建立一个"邦联"，它融汇了君主制在外事上和共和制在内务上的优点。[2]在联邦宪法这一任务中，公民自由意义上的宪政

---

1 《论法的精神》XI,4 和 6。
2 如詹姆斯·威尔逊坚持"一个联邦共和国……作为一种政府类型，……对内保留了共和国的全部优点。同时对外还保留了君主制的尊严和力量"（引自 Spurlin，前引书，p. 206）。《联邦党人文集》，no.9，汉密尔顿反驳新的联邦宪法的反对者，这些人"绞尽脑汁援引和散播孟德斯鸠共和政府国土规模要小的观点"。汉密尔顿大量援引《论法的精神》，表明孟德斯鸠"明明将邦联共和国视为扩展平民政府范围的权宜之计，还将共和制与君主制的优点融为一体"。

主义问题已不复存在,尽管一部《权利法案》接着被纳入联邦宪法中作为修正案,作为它一个必要的补充。唯一剩下的问题就是设置一个制衡的权力体系,以使联盟或者联盟某一部分,也就是已经正式构建的州的权力都不会相互削弱或者破坏。

　　在建立共和国的那段岁月中,孟德斯鸠这一部分教义被理解得多么透彻啊!在理论层面,它最伟大的辩护士乃是约翰·亚当斯,他全部的政治思想都围绕着权力平衡。当他写下"必须以权力制约权力;以强力制约强力;以力量制约力量;以利益制约利益;同样,以理性制约理性;以雄辩制约雄辩;以激情制约激情"时,他显然相信,自己在这种对立中发现了一种工具,它能产生更多的权力、更多的力量和更多的理性,而不是将它们废除。[1]在实践层面,在制度设置层面,我们最好转向麦迪逊关于联邦政府与州政府之间权力均衡的论战。如果他相信权力不可分割这一通行观念,认为分权就是减权,[2]那么他的结论便是联盟的新权力必须建立在州权让渡的基础之上。这样,联盟的权力越强,它的成员国的权力就越弱。然而麦迪逊的观点是,正是联盟的成立,建立了一种新的权源,它绝不从州的权力中汲取力量,正如它不是以让渡州权为代价而建立起来的一样。故他坚持:"州不应将权力让渡给国家的政府,中央政府的权力不应大举扩张,……它应该为制约州政府运作而设,而州政府必须依旧保留相当的权力。"[3]因此,"如果(个别州政府)被

1　来自 Haraszti,前引书,p.219。

2　当然,这些观念在美国也相当风行。因此弗吉尼亚的约翰·泰勒反驳约翰·亚当斯:"亚当斯先生把我们的分权当成了跟他的权力平衡一样的原则。我们认为这些原则是对立的、相互磨损的。……我们的分权原则,是用来弱化权力的,直至使之成为一种福祉而非祸害。……亚当斯先生为一个有秩序的政府而斗争,好像权力是权力之哨卡,或者是看管路济弗尔之恶魔……"(参见 William S. Carpenter,前引书)泰勒因为不信任权力而被称为杰斐逊式民主制的哲学家。然而事实上,杰斐逊丝毫也不亚于亚当斯或麦迪逊,他极力坚持专制的合理疗法是权力平衡而非分权。

3　参见 Edward S. Corwin, "The progress of Constitutional Theory between the Declaration of Independence and the Meeting of the Philadelphia Convention", *American Historical Review*, vol. 30, 1925。

四　立国（一）：构建自由

废除，总政府将被迫根据自我保存原则，恢复它们的合理权限"。[1]在这一方面，伟大的，并且从长远来看也许是最伟大的美国政治变革，它本身是在共和国的政治体内一以贯之地取消主权，这是一种真知灼见，认为在人类事务领域，主权与暴政是一丘之貉。邦联的缺陷是没有形成"总政府与地方政府之间的权力分割"，它行动起来就像是一个同盟的中央代理机构，而不像一个政府。实践证明，在这样一种权力同盟中，对于加盟的权力而言，存在一个危险的倾向，它们并不相互制衡，而是相互抵消，从而滋生出无能。[2]立国者所害怕的实际上并不是权力而是无能，他们的担心被孟德斯鸠的观点强化了。这些论战均援引这一观点：共和政府只有在比较小的地方才是有效的。于是，论战就围绕着共和政府形式的可行性问题来进行，此外汉密尔顿和麦迪逊都不约而同地留意到孟德斯鸠的另一个观点，根据这一观点，共和国的邦联制可以解决大国的问题，条件就是成员国也就是小共和国，能够组建一个新的政治体即邦联式的共和国，而不是将自己交给一个单纯的同盟。[3]

显然，美国宪法的真正目标不是限制权力，而是创造更多的权力，实际上是要成立和正式构建一个全新的权力中心，注定是要补偿一种权力，该权力的权威曾覆盖辽阔地域的邦联共和国，但在殖民地脱离英王的过程中丧失殆尽。这一复杂缜密的体系是精心设计出来的，以保持共和国权能的完整性，不让各种权力源泉在进一步的扩张中，在"由于其他成员的加入而增长"的过程中干涸。它完全是革命的孩子。[4]美

1　《联邦党人文集》，no.14。
2　麦迪逊致杰斐逊，1787年10月24日，参见 Max Farrand, *Records of the Federal Convention of 1787*, New Haven, 1937, vol. 3, p. 137。
3　关于汉密尔顿可参见本书第136页注释2，关于麦迪逊可参见《联邦党人文集》，no. 43。
4　詹姆斯·威尔逊评论孟德斯鸠的联邦共和国时，明确指出："它就在于将各具特色的社团集合起来，这些社团已经结成一个新的实体，能够通过其他成员的加入而叠增。——这是一种特别适合美国形势的扩展特性。"（Spurlin, 前引书，p. 206）

国宪法最终团结了美国革命的权力。由于革命的目的是自由,它其实就是布莱克顿所称的"构建自由"——以自由立国。

短命的欧洲战后宪法及其十九世纪的先驱,都来自一条原则。一般而言,那是对权力的不信任;具体而言,那是对人民的革命权力的恐惧。如果相信它们能够像美国宪法一样构建同样的政府形式,无异于被言辞愚弄。美国宪法源于一种信念,那就是坚信自己发现了一条强大到足以建立一个永久联盟的权力原则。

2

无论这些误解如何令人不快,它们都不是随意为之的,故不可轻忽。就历史事实而言,革命始于复辟。复辟的企图究竟在何时、因何故转化为不可抗拒的革命事件,其实是很难说清楚的,而行动者自己最说不清楚。如果不是这样,也就不致有这样的误解。由于行动者本来不是要以自由立国,而是恢复有限政府下的权利和自由,当最后面临革命政府的终极使命即建立共和国之时,革命者们情不自禁要根据古典自由来谈论革命进程中所诞生的新自由,这是再自然不过的事情了。

革命其他的关键词,权力与权威这一对关联词,也存在十分类似的情况。前已述及,只要政治体的权威真的完整无损,叛乱就很少发动,革命从来就不成功。因此,重建古典自由从一开始,就伴随着对丧失了的权威和权力的重建。而且,正如旧的自由概念因为企图复辟而强烈地左右着对新的自由经验的解释一样,对权力和权威旧的理解,也不经意地将权力的新经验引入刚刚被取缔的概念中,尽管权力和权威先前的化身遭到了最强烈的谴责。这种潜移默化现象,其实给了历史学家话柄:"民族穿了君主的老鞋。"(F.W.梅特兰)不过"首先得君主本人穿

四　立国（一）：构建自由

教皇和大主教的老鞋"。接着结论便是，此乃"现代绝对主义的国家，即便没有了一位君主，也能够像教会一样发号施令"的理由所在。[1]

从历史上说，美国革命与法国大革命最显著也最具决定性的区别在于，美国革命是"有限君主制"的历史遗产，法国大革命则是绝对主义的遗产，显而易见，绝对主义可追溯至现代第一个世纪和罗马帝国时代最后一个世纪。其实，一场革命取决于它所推翻的政府类型，这是再自然不过的事；也就没有什么比根据之前的绝对君主制来解释新的绝对也就是绝对的革命，从而得出统治者越是绝对，取而代之的革命也将越绝对这一结论，看起来更加顺理成章的了。有关十八世纪的法国大革命以及以之为本世纪摹本的俄国革命的记录，就容易被解读成是对这种合理性的一系列论证。即便是西耶士，他所做的，除了只是将民族主权置于至高无上的国王腾出的位子上，难道还有别的什么吗？自从独立于封建契约和义务这一层意思不再存在，至少是从布丹的时代开始，法国的君权已经长期意味着王权真正的绝对性，是一种potestas legibus soluta（不受法律约束的权力），凌驾于法律之上的权力，这样一来，对西耶士来说，还有什么比将民族置于法律之上来得更自然的呢？既然国王这个法人不仅仅是一切世俗权力的源泉，而且是一切世俗法律的根源，那么显而易见，民族意志从现在起就不得不作为法律本身了。[2]法国革命者一致同意这一点，就像美国革命者一致同意有限政府

---

[1]　如Ernst Kantorowicz in "Mysteries of State: An Absolute Concept and Its Late Medieval Origin", *Harvard Theological Review*, 1955。

[2]　"La nation（民族）"，西耶士称，"existe avant tout, elle est l'origine de tout. Sa volonté est toujours légale, elle est la Loi elle-même."（"先于一切而存在，它是一切的源泉，它的意志永远是合法的，它本身就是法律。"）"Le gouvernment n'exerce un pouvoir réel qu'autant qu'il est constitutionel...La volenté nationale, au contraire, n'a besoin que de sa réalité pour être toujours légale, elle est l'origine de toute légalité."（"只有立宪政府，才能够运作一种现实权力……相反，国家的意志，只要是现实的，它就是永远合法的，是所有合法性的源泉。"）参见 *Qu'est-ce que le Tiers-Etat?* 2nd edition, 1789, p. 79, 82及以下。

的必要性一样。孟德斯鸠的分权理论成为美国政治思想的自明之理，因为它受到英国宪法的启发；一模一样的是，卢梭的公意观念成为法国大革命中一切党派的自明之理，因为它其实是一位绝对君主的最高意志的理论替代品，它驱使和指引着民族，似乎它不再是乌合之众，而事实上凝聚成了一个人。问题在于，绝对君主与受宪法限制的国王不同，它不仅代表了民族生生不息的生命，这样"国王死且不朽"实际上就意味着国王"本人是一个长生的法人机构"；[1] 而且，他是神圣根源的俗世化身，法律和权力都要与之相符。他的意志，因为据说是神意在地上的代表，遂成为法律和权力的源泉，正是这一相同根源，将权力赋予法律，将正当性赋予权力。因此，当法国革命者将人民推上国王之位时，对他们来说理所当然的是，不仅从人民身上看到一切权力的源泉和中心——这符合古罗马理论，与美国革命的原则也是一致的——而且，还同样看到了一切法律的源泉。

无可否认美国革命是得天独厚的。它发生在一个不知大众贫困之境为何物的国度；发生于对自治政府拥有广泛经验的人民中间。诚然，革命产生于与"有限君主制"的冲突并非其中最不起眼的福气。在殖民地所摆脱的国王和议院的政府中，不存在不受法律约束的权力，不存在凌驾于法律之上的绝对权力。因此，美国宪法的制定者们尽管知道不得不建立一个新的法律源泉，设计一套新的权力体系，他们也绝不敢妄想将法律和权力归于同一个根源。对于他们来说，权力属于人民，但是法律的源泉将是联邦宪法，一部成文文献，一件持久的客观事物。诚然，可以从多个不同的角度来探讨它，可以对它做多种不同的解释，可以适时变更和修正这些解释。但联邦宪法绝不是一种像意志一

---

[1] Ernst Kantorowicz, *The King's Two Bodies: A Study in Medieval Theology*, Princeton, 1957, p. 24.

四 立国(一):构建自由

样的主观心灵状态。它始终是一种实物,较之选举和民意调查更具持久性。甚至,在较为晚近的年代,大概是受大陆宪法理论影响,当有人为联邦宪法之至高无上性据理力争,称"唯一的理由是它扎根于民众意志"时,这话给人的感觉就是,决定一旦做出,就对它派生的政治体具有了约束力。[1] 尽管有人振振有词,称在自由政府中,人民必须保留这样一种权力,"无论何时,因何种理由,或不需要理由,纯粹出于唯我独尊的愉悦,都有权变更或取缔前政府的法令和实体,用新的法令和实体取而代之",[2] 这样的人在国会中也始终是形单影只。在这一点上,与其他情况一样,在法国作为真正政治的、甚至哲学的问题而出现的一个东西,在美国革命期间则是以一种直截了当的方式涌现出来,是故,从中勉力炮制出一种理论之前,它是令人半信半疑的。当然绝不乏这样一种人,他们从《独立宣言》中期待"一种政府形式,在这种政府形式中,每个人都能摆脱富人的控制,从而能够做他所喜欢的事情",[3] 然而他们始终无法对美国革命的理论和实践产生影响。话又说回来,不管美国革命有多走运,它也无法绕开革命政府所面临的一切问题中最棘手的绝对性问题。

绝对性问题必定会出现在革命中,它是革命事件本身固有的。若是没有美国革命,我们决计弄不懂这一点。如果我们不得不单单从伟

---

[1] Edward S.Corwin 在 "The 'Higher Law' Background of American Constitutional Law"(*Harvard Law Review*, vol. 42, 1928, p. 152)一文中指出:"联邦宪法被赋予至高无上性,唯一的理由就在于它扎根于民众意志中,这表明……美国宪法理论是相对滞后的。此前,宪法被赋予的至高无上性,更多是归因于它们的应有之义,归因于它们是基本和不变的正义的体现,而不是归因于它们公认的源泉。"

[2] Benjamin Hitchborn,是故被 Niles 援引,见前引书,p. 27。他其实充满了十足的法国味,然而,令人奇怪的是他这样开头:"我将公民自由界定为,它不是一个'法治政府',……而是属于广大人民的一种权力。"换言之,实际上就像所有美国人一样,他也在法律和权力之间做出了明确区分,故而发现单单以权力在民为基础的政府绝不能称为法治政府。

[3] 参见 Merrill Jensen, "Democracy and the American Revolution", *Huntington Library Quarterly*, vol. XX, no. 4, 1957。

大的欧洲革命——十七世纪的英国内战、十八世纪的法国大革命和二十世纪的十月革命——中去寻找线索的话，我们就会被历史证据所蒙蔽。它们不约而同地指出，无风不起浪，绝对君主制之后就是专制统治。于是得出结论，政治领域的绝对性问题无一例外，都归因于不幸的历史遗产，归因于绝对君主制的荒诞不经，它将绝对性，将君主这个法人，放进了政治体中，然后革命走入了歧途，徒劳地试图为这种绝对性寻找一个替代品。谴责绝对主义，这个美国革命之外一切革命的前身，其实是十分诱人的，因为，事实上正是绝对主义的衰落破坏了欧洲政府的整个结构以及欧洲的民族共同体；正是旧政体滥用权力点燃了革命的火种，最终在整个世界形成燎原之势。时至今日，被置于绝对统治权地位的那种新的绝对性，究竟是法国大革命伊始西耶士的民族，抑或它已经在革命史最后四年，伴随着罗伯斯庇尔而变成了革命本身，这些都已经无关宏旨了。因为，最终燃烧世界的正是两者的结合：是民族革命或革命的民族主义，是说着革命语言的民族主义或以民族主义口号发动群众的革命。无论是哪一种情形，都不曾追随或因袭美国革命的进程：制宪不再被当作第一位的、最高贵的革命行为；立宪政府假若得以成立，也可能不假天年就被让它掌权的革命运动一举消灭。宪法，革命的最终产品，也是革命的目的，却并不是现代革命的后果；现代革命的后果，倒更像是计划将革命运动不断推进和强化的革命专制——除非革命失败，接着就是某种复辟。

这些历史反思，无论多么正当，都具有一种荒谬性，它们想当然的东西，根本经不起仔细推敲。欧洲的绝对主义，作为一种绝对统治权而存在，这种绝对统治权的意志是权力和法律两者的源泉，这在理论和实践上都是比较新的现象。它是我们谓之世俗化，即世俗权力从教会权威中解放出来这一进程的第一个也是最令人瞩目的后果。通常都认为

四 立国（一）：构建自由

绝对君主制为民族国家的兴起做了准备，在这一点上它是当之无愧的；同理，对于拥有自身尊严和荣耀的世俗领域的兴起，它也当仁不让。意大利城市国家短命而混乱的故事，与后来的革命故事如出一辙，都不约而同地专注于古代以及古典政治领域的光荣。在政治领域，现代的机遇与困惑究竟何在，从中本不难想见。当然，除非历史上并不存在这样的预言和预警信号。而且，恰恰是对绝对主义的运用，数个世纪来掩盖了这些困惑，因为，它似乎在政治领域本身中发现了一个十分令人满意的替代品，以取代失落的宗教禁令，那就是国王这个法人，或毋宁说是君权制度这一世俗权威。但是，这种解决办法，数个世纪以来只不过是用来掩盖一切现代政治实体最基本的困境，也就是它们极度的不稳定性，归根结底，此乃权威阙如的结果。革命很快就揭开了它的面纱，它原来不过是一种虚假的解决办法。

宗教及宗教权威施加在世俗领域的特有禁令，是不能简单地被一种绝对统治权置换的。绝对统治权缺乏一种超验和超世俗的源泉，只会堕落为暴政和专制。问题的真相在于，当君主"穿教皇和大主教的老鞋"时，基于上述原因，他不承担大主教或教皇的功能，也得不到他们的那种神圣性。按照政治理论的语言，撇开一切关于君主最高统治权和君主神圣权利的新理论不谈，他不是一名继位者而是一位僭主。世俗化，就是世俗领域从宗教的监护中解放出来，它不可避免地提出了如何建立和建构一个新权威的问题，没有这个新权威的话，世俗领域根本就无法获得一种属于自己的新的尊严，甚至连它在教会荫庇下而具有的派生的重要性也要丧失掉。从理论上说，似乎绝对主义企图不诉诸破旧立新的革命手段而解决这一权威问题。换言之，绝对主义是在所涉及的既定框架内去解决这一问题的。在那里，一般的统治正当性和具体的世俗法律和权力的权威，一直都是通过将自己与本身不属于此世的一种绝对源泉联系在一起，才得以正名的。革命甚至在尚未背负绝对主义的遗产时，就像美国革命那样，也依然是发生在这样一个传统之中，这个传统在一定程度上奠定在使得"道成肉身"的事件基础之上，也就是奠定在一种绝对性的基础之上，这种绝对性在历史时间中呈现为一种世俗现实。正因为这一绝对性的世俗性质，加之缺乏某种宗教禁令，使权威本身变成不可思议的了。由于革命之任务乃是成立一种新权威，习俗、先例和远古时代的光环都无济于事，革命除了断然将老问题抛弃就别无选择了，这个老问题不是法律和权力本身的问题，而是赋予实在法以合法性的法律源泉问题，是将正当性赋予权力的权力来源问题。

对现代世俗化的讨论，通常都会忽略宗教禁令的丧失对于政治领域的重大意义，因为世俗领域的兴起，显而易见是以宗教为代价的。它是政教分离和政治从宗教中解放出来不可避免之结果。通过世俗化，教会丧失了诸多世俗产权，更为重要的是丧失了对世俗权力的看护。然而，事实上，政教分离将两条道路一刀斩断，与其说世俗从宗教中解放，倒不如说宗教从世俗需求和负担中解放出来也许更有道理。自从罗马帝国分裂迫使天主教会承担起政治责任以来，世俗需求和负担就重重地压在基督教身上。因为，"真正的宗教"，正如威廉·利文斯通曾指出的那样，"不求此世君主的支持；相反，事实上，在君主干预宗教之处，宗教要么委顿不振，要么就鱼龙混杂"。[1]自从世俗力量兴起，大量在理论上和实践上的困难和困惑，就困扰着公共的、政治的领域。世俗化伴随着绝对主义的兴起，革命则是在绝对主义衰落之后，它的主要困惑就是到哪里去找一种绝对性来为法律和权力提供权威。这一事实足

---

[1] Niles, 见前引书, p. 307。

四 立国(一):构建自由

以用来证明,政治与国家需要宗教禁令,较之宗教和教会需要君主的支持,甚至更为迫切。

对绝对性的需要,有很多不同的表现方式;戴着不同的面具;拥有不同的解决办法。然而,绝对性在政治领域的功能始终如一,即需要它打破两个恶性循环:一个恶性循环显然是人类立法活动所固有的;而另一个恶性循环则是petitio principii(原则诉求)所固有的,它伴随每一次新开端而产生,从政治上说,此乃立国这一任务所固有的。先看第一个恶性循环。一切人制定的实在法都需要一个外部源泉来赋予其合法性,并作为"更高法律"超越合法举动本身,这个恶性循环当然耳熟能详,它在绝对君主制的塑造中就已经是一种潜在因素。就民族而言,西耶士坚持,"民族依法治国,并且受制于繁文缛节或宪法,持此议者荒谬至极",[1] 对绝对君主而言同样如此。就像西耶士的民族一样,绝对君主其实不得不"成为一切合法性的根源",成为"正义之源泉",故而不能受制于任何实在法。这就是为什么连布莱克斯通也会坚持"绝对专制权力必须在一切政府中都留有一席之地"[2] 的原因。因此显而易见,一旦丧失了与比自己更高的权力的联系,这种绝对权力便会蜕变为专制。布莱克斯通称这种权力是专制的,这就一针见血地指出了绝对君主摆脱羁绊的程度,不过不是摆脱他所统治的政治秩序,而是摆脱现代之前一直支配着他的神圣秩序或自然法秩序。可是,如果说革命真的没有"发明"一个世俗政治领域的各种困惑,那么下述说法就是一个事实了:革命的到来,也就是说制定新法,创立新政治体已经是大势所趋,前面的"解决办法"现在就露出了庐山真面目,它们不过是权宜之计和遁

---

1 西耶士,见前引书,p.81。
2 引自Corwin,见前引书,p.407。

词。这些"解决办法",诸如希望习俗能像一种"更高法律"那样运作,因为一种"超验性"取决于"它的历史悠久";[1] 又或者相信君主本身地位的提升将让整个政府周围都笼罩上一层神圣气氛,正如白哲特的一句常被援引的英国君主制评语所云,"英国君主制借宗教力量强化了我们的政府";等等。只有待革命最终爆发之时,在革命最终爆发之地,现代政府才会极其严肃地暴露出它的可疑性质。但是,在意见和意识形态领域,这种暴露无处不在地支配了政治讨论,并将讨论者分化为激进派和保守派:激进派不问青红皂白只认革命之事实;保守派则奉传统和过去为圭臬,以之阻挡未来的步伐,他们不明白,革命无论作为事件还是作为威胁出现在政治舞台上,事实上已经表明这一传统丧失了它的根基、开端和原则而变得飘摇不定了。

在理论界,西耶士在法国革命者中一枝独秀。他凭借三寸不烂之舌,打破了恶性循环和原则诉求,先是在 pouvoir constituant(制宪权力)和 pouvoir constitué(宪制权力)*之间做了著名的界分,其次是将制宪权力,即将民族推进了一个持久的"自然状态"。["On doit concevoir les Nations sur la terre, comme des individus, hors du lien social … dans l'état de nature."("我们必须将一些民族看成是社会关系之外的个人……他们处于自然状态。")]这样,他好像把两个问题都解决了,一是新权力的正当性问题,新权力,宪制权力的权威不能由制宪会议制宪权力来保证,因为制宪会议本身的权力并不是宪定的,也绝不会是宪定的,它先于宪法本身而存在。一是新法律的合法性问题,这需要一个"源泉和至高无上的主人",即一种"更高法律"以从中获得效力。权力和法律都

---

1 引自 Corwin,见前引书,p. 170。
* 又可以分别译为"建构的权力"和"被建构的权力"。——译者注

四　立国（一）：构建自由

系于民族或毋宁说是民族意志，而民族自身则外在和凌驾于一切政府和法律之上。[1]法国立宪史读来无疑是一份乏味的记录，其中，即便是在革命期间，也是一部宪法接着一部宪法，而那些掌权者无法实施任何革命的法律和法令。这部立宪史在不厌其烦地反复说明那些本应一开始就十分明朗的东西，也就是说，所谓群众意志（如果这不仅仅是一个法律虚构的话）的定义变化无常，以之为基础和作为其立国形式的结构，不过是建立在流沙之上。将民族国家从瞬间崩溃和毁灭中拯救出来，非常轻而易举。任何时候只要有谁愿意背负专政的重负与荣耀，民族意志就可以这样轻而易举地被玩弄于股掌之上，强加于民。在一长串国家政客中，拿破仑·波拿巴是第一个也是唯一一个可以宣布"朕即国家"而深得全体国民拥戴的人。然而，短期内，一人专政将达成民族国家团结一致的虚幻理想，而在更漫长的历史时段中，赋予民族国家稳定大计的，不是意志，而是利益这一阶级社会的坚固结构。利益，用西耶士的话来说，intérêt du corps（集团利益），通过它，个人而不是公民"只能与某些他人结盟"。这种利益绝不是意志的一种表达，相反，它是世界的展现，或毋宁说是世界各个部分的展现，某些集团，corps（团体）或者阶级，因为置身其中而具有了共同性。[2]

从理论上说，西耶士对立国即制定新法，建立新政治体而带来的困惑所提出的解决办法，没有也不可能导致成立一个"法治而非人治王国"（哈林顿）意义上的共和国，而是用民主制置换君主制，用多数统治取代一人统治。共和国向民主政府形式早期的这种转型究竟蕴藏多大风险，并不容易被我们察觉，因为我们通常将多数统治等同或混同于多

1　参见西耶士，见前引书，尤其是p. 83及以下。
2　关于西耶士，可参见前引书之the *Seconde Partie*, 4th edition, 1789, p. 7。

数决策。然而,后者是一种技术装置,各种议事的委员会和集会都可能自觉地采取多数决策,不管这是整个选区,市政厅会议抑或向个别统治者提供咨询的、由指定人员组成的小型顾问委员会。换言之,多数原则是决策这一过程所固有的,故而存在于一切政府形式之中,包括专制。唯一可能被排除在外的就是暴政。只有多数在决策之后,紧接着就在政治上并且在极端情况下在肉体上对少数进行清洗,多数决策的技术装置才沦为多数统治。¹诚然,这些决策可以解释为意志的表达,也没有人会怀疑,在政治平等这一现代条件下,正是它们表现和代表了一个民族不断变化的政治生命。然而,问题在于,在共和政府形式中,这些决策的制定,这种政治生命所受的引导,都是在一部宪法的框架内以其规定为根据的,因此,宪法不过就是一种民族意志的表达,受制于多数意志。就像一栋建筑是它的建筑师意志的表达,受制于居住者的意志一样。在大西洋两岸,作为成文文献的宪法所拥有的伟大意义,也许更多是证明了它们从根本上具有客观的、世界性的特征。在美国,无论如何,宪法之拟定,乃是蓄谋已久、别具深意的,那就是竭尽人之所能,防止多数决策的程序演变为多数统治的"选举专制"。²

---

1 从最近的历史中,我们当然知道了太多的例子,以致连根据多数统治的原义来历数这种民主制的例子,都无从下手。这就足以提醒读者,铁幕背后所谓"民主"号称代表真正的民主制,并且与西方世界的立宪和有限政府分庭抗礼,这固然不可理喻,却可以借此而被正名。对一切冲突中失败的少数进行政治的、虽则不是肉体上的清洗,是苏联内部见惯不怪的做法。更为重要的是,依靠多数统治的一党统治观念——通过一个在某个特定时刻能够达到绝对多数的党来攫取权力。

2 公认是立国者中最民主的杰斐逊,时常高屋建瓴地大谈"选举专制"的危险,只要"一百七十三名暴君确实像一个暴君那样暴虐"(前引文及上述引文)。汉密尔顿早就指出"最顽固的共和派人士在数落民主制的丑恶时,跟任何人一样,都是那般不可一世"。参见 William S. Carpenter,前引书,p. 77。

四　立国（一）：构建自由

3

法国大革命致命的大不幸在于，没有一个制宪会议拥有足够权威来制定国内法。针对制宪会议的指责历来都是一样的：按定义它们缺乏制宪之权力，它们本身不是宪定的。从理论上说，法国革命者的致命失误，就在于他们不知不觉和不加批判地相信了，权力和法律来自同一源泉。反观美国革命之大幸就是，殖民地人民在与英国对抗之前，已经以自治体形式组织起来了，用十八世纪的话来说，革命并未将他们推入一种自然状态。[1] 在那里，对那些拟定了州宪法，并最终拟定了联邦宪法的人的制宪权力，从来就不存在真正的怀疑。麦迪逊针对美国宪法而提出的东西，即美国宪法要"完全从次级权威中"汲取它的"总权威"，[2] 不过是在国家规模上重复殖民地自身在构建州政府时所做的事。为州政府草拟宪法的地方议会和民间会议，它们的委托人是从大量正式权威化了的次级实体即地区、县、区中汲取权威的。维护这些实体的权力不受损害，就是维护他们自身权威源泉的完整性。如果联邦会议不去创造和构建新的联邦权力，而是选择削弱或废除州权，立国者将立刻遭遇法国同行们的困惑；他们将丧失其制宪权力。这也许是为什么就连最坚贞不渝地支持一个强中央政府的人，都不愿意彻底废除州权的原因。[3]

1　存在一些各自为战的例子。其中一些是通过的决议，大意是"国会的整个程序都是违宪的"，还有"当《独立宣言》出台后，殖民地就完全处于自然状态中了"。这当然就使之无从反驳了。关于新罕布什尔州某些城镇的决议，参见Jensen，前引文章。

2　参见1787年10月24日致杰斐逊的信，Farrand, *Records of the Federal Convention*。

3　Winton U. Solberg, 在他的 *The Federal Convention and the Formation of the Union of the American States*（New York, 1958, p. cii）的导言中，正确地强调，联邦党人"肯定希望将州置于从属地位，但是他们并不想破坏州，只有两个人例外"。麦迪逊本人曾说"他将像维护陪审团的审讯权权那样小心翼翼地维护州的权利"。（同上，p. 196）

联邦体系不仅仅是民族国家原则唯一的替代选择，它还是避免陷入制宪权力和宪制权力恶性循环的唯一道路。

《独立宣言》发表前后，在所有十三个殖民地中都形成了制宪狂潮。这一惊人事实冷不丁地揭示出了权力和权威的全新概念，一种对何谓政治领域首要问题的全新理念，在新世界已经发展了起来，尽管这个世界的居民们仍根据旧世界的思维来交谈和思考，求助于相同的资源来激发和证明他们的理论。旧世界所缺乏的是殖民地的市镇，以欧洲观察家的眼光来看，"美国革命爆发，人民主权的教义从市镇中产生，并占领了州"。[1]那些获得构建之权，获得拟定宪法权力的人，是已被构建的实体正式选举出来的委托人，他们是自下而上地获得权威的。当他们执著于罗马原则，坚持权力属于人民时，他们不是根据一种虚构和一种绝对性，即一个凌驾于一切权威、一切法律之上的国家，而是根据一个正在运作的现实，根据依法执行并受法律限制的有组织的多数权力，来进行思考。美国之所以革命性地坚持对共和制和民主制或多数统治加以区分，取决于法律与权力的分离。两者的来源、正当性和应用领域，均判然有别。

美国革命实际上所做的，就是将新的美国经验和新的美国权力概念大白于天下。就像繁荣和条件平等一样，这一新的权力概念比美国革命还要古老。但它不像新世界的社会和经济幸福那样，后者几乎在任何政府形式统治下都将带来繁荣和富裕，而在没有建立一个专为维持新的权力概念而设的新政治体的条件下，新的权力概念是难以幸存的。换言之，没有革命，新权力的原则就始终是隐匿的，就会渐渐被人

---

[1] 托克维尔，《论美国的民主》，New York, 1945, vol. I, p. 56。新英格兰单单在1776年就拥有了超过五百五十个这样的市镇。国家中政治联结的非凡程度，从这一事实可见一斑。

四　立国（一）：构建自由

淡忘或者被人当作古董一样追忆，它只能激起考古学家和地方志史家的兴趣，而治国术和政治思想对此则兴味索然。

美国革命者视权力为理所当然，因为它体现在全国一切自治政府的制度之中。权力不仅先于美国革命，在某种意义上也先于该大陆的殖民运动。《五月花号公约》在船上草拟，一登陆便签署。究竟是因为坏天气使朝圣者们无法在授予其特许状的弗吉尼亚公司远在南部的辖区内登陆，而促使他们"立约"呢，还是因为伦敦的应征者是"一批坏家伙"，对弗吉尼亚公司的管辖权构成了挑战，并威胁要"动用自己的自由"，他们感到需要"结合在一起"，[1] 搞清楚这一点对本论也许是无伤大雅的，不过倒也饶有趣味。在其中任何一种情况下，他们显然都担心所谓的自然状态，即一种荒蛮状态，无边界之限；同样，人的本能动机也无法律之限。这种担心并不奇怪；这是文明人应有的担心，他们基于各种理由，决定远离文明而我行我素。在整个故事中，真正令人叹为观止的事实是，他们对他人这种明显的担心，伴随着他们对自身权力一种同样明显的信心，相信他们自身的权力，无须任何人授权和批准，未经暴力手段支持，就可将他们结合在一起，进入一个"文明的政治体"。这一政治体，仅凭"上帝和他人在场"的条件下相互承诺的力量就凝聚起来，据说有足够的力量去"制定、构建和拟定"一切必要的法律和政府工具。这一行为很快就成为一个先例，不出二十年，当殖民者从马萨诸塞向康涅狄格移居时，他们就在一片依然荒无人烟的野地上，拟定了自己的《基本法》和《垦殖约法》。这样，当皇家特许状最终送达，将新的拓居地并入康涅狄格殖民地时，它只不过是认可和批准一个已然存在

---

[1] 令我感到眼前一亮的"坏天气"理论，在《大不列颠百科全书》"马萨诸塞"条目中提到，第11版，vol. XVII。要替代它，也许最好就是参见《五月花号公约》导言了，载Commager，见前引书。

的政府体系而已。正因为1662年的皇家特许状只是认可1639年的《基本法》,1776年可以如法炮制,实际上换汤不换药,如"该州的《公民宪法》处于其人民的单一权威之下,独立于任何国王和君主"。

既然殖民地协议之订立,本来就与国王或君主无关,仿佛美国革命解放立约和制宪的权力,与它在殖民地早期岁月中的自我表演无异。北美殖民地与其他一切殖民事业相比,其最具决定性的独特之处在于,只有英国移民从一开始就坚持将自己构建成一个"文明的政治体"。而且,严格说来,这些实体并没有被设想成政府;它们无意于统治,也无意将人民划分为统治者和被统治者。这一点最好的证据在于一个简单的事实:借此而被任命为英国政府皇家臣民的人民一百五十多年来仍然能保持这种身份。这些新的政治体其实是"政治社会",它们对于未来的重要性,就在于形成了一个政治领域,它享有权力,虽不占有或吁求主权却有资格吁求权利。[1]最伟大的革命性变革,即麦迪逊为了建立更大的共和国而对联邦原则的发明,一定程度上就是建立在一种经验,建立在对政治体深入了解的基础之上。政治体的内部结构决定了它们的命运,可以说,为其成员设定了不断扩张的条件,这种不断扩张的原则既不是膨胀也不是征服,而是权力进一步的联合。因为,不仅是那种将已经构建的、相互分离而独立的实体加以联合的基本的联邦原则,而且那带有"联合"或"联盟"之意的"邦联"这个名字,实际上在殖民地历史的早期就已经发明出来了。甚至联盟的新名字,叫作美利坚合众国,也是受短命的新英格兰联邦启发,被"命名为新英格兰联合殖民地"。[2]正是这种经验而不是任何理论,使麦迪逊理直气壮,抓住孟德斯

---

[1] 麦迪逊在联邦会议的讲话中,对拥有主权的州和那些"仅仅是政治社团"的州做了重要界分。
[2] 参见1639年《康涅狄格基本法》和1643年《新英格兰同盟》,载Commager,见前引书。

四 立国（一）：构建自由

鸠一句随口的评论大做文章，反复论证，即共和政府形式若是以联邦原则为基础，就适合于广袤的和不断拓展的地区。[1]

约翰·迪金森曾经脱口而出："经验必须是我们唯一的向导，理性会误导我们。"[2] 他可能隐约弄懂了美国经验这种独一无二，理论上无法言传的背景。据说"美国从社会契约理念中受惠之巨，无法衡量"。[3] 但问题在于，是早期的殖民者而不是美国革命者"将理念付诸实践"，这些殖民者一定对任何理论都毫无概念。相反，如果洛克在一段名言中称，"肇端并在实际上构建了政治社会的，不是别的，正是能够成为多数的一定的自由人，同意被联合和纳入这样一个社会之中"，然后又称这一举动是"世界上法治政府的开端"。那么，看起来洛克受美国事件和

---

[1] 本杰明·赖特——尤其是在 "The Origins of the Separation of Powers in America", *Economica*, 1933年5月这篇重要文章中——以差不多相同的口吻争辩道："第一部美国宪法的起草者们对分权理论印象深刻，仅仅是因为他们自己的经验……证实了分权理论的智慧。"其他人纷纷附和。六七十年前，对于美国学者而言，坚持导致美国革命和成立美利坚合众国的美国历史具有一种自发的、不间断的连续性，几成理所当然。自从布赖斯将美国立宪与最早的英国殖民地赖以建立的王室殖民特许权联系起来，对成文宪法起源的解释就大行其道。同样风行一时的，还有对依法立法的强调，这种强调独树一帜，它的事实依据是，殖民地是次级政治实体，源自商业公司，所具权力仅限于经认可、授权和特许而委托的权力。(参见 William C. Morey's "The First State Constitutions" in *Annals of the American Academy of Political and Social Science*, 1893年10月, vol. IV, and his essay on the Written Constitution, 见本书第127页注释1。) 今天，这种方法已经不那么通行了。而对来自英国或法国的欧洲影响的强调，更加广为人接受。美国历史学者这种侧重点的转移，有各种各样的原因，其中包括近来思想史的强烈影响。思想史明目张胆地将注意力投向知识先例而不是政治事件，还有就是它对孤立主义态度的捐弃，后者略欠新意。这一切都是相当有趣的，但无关本文宏旨。在这里，我要强调的是，侧重于王室或公司的特许权，其代价似乎就是忽略更为根本、更加有趣的，由殖民者自己相互订立的约法和契约。当 Merrill Jensen 在他的近著中，见前引文，称："十七世纪新英格兰的中心事件……就是政府得以成立的权威源泉。英国人的观点是，未经王室的权力许可，那么在殖民地一个政府都不存在。新英格兰某些英国反对派坚持相反的观点，认为一群人可以通过约法、契约或宪法的手段为自己创造一个有效的政府。《五月花号公约》和《康涅狄格基本法》的作者，就是根据这一假设来办的，……它是《独立宣言》的基本假设，是《独立宣言》的一个部分，读起来就像罗杰·威廉斯早在一百三十二年前写的文字。"对于这一观点，我举双手赞成。

[2] 引自 Solberg, 前引书, p. xcii。

[3] 罗西特，见前引书, p. 132。

事实的影响，比立国者受他的《政府论》的影响好像倒更多一些，似乎也更具有决定意义。¹ 如果在这些问题上有什么证据的话，就在那古怪的，可以说是天真的方法中。与当时的社会契约理论如出一辙，洛克根据这种方法，证明这一"原初契约"是一种权利和权力的让渡，让渡给政府或共同体，也就是说，这根本不是一种"交互的"契约，而只是一种协议，根据这一协议，个体将他的权力委托给某个更高的权威，同意被统治，以换来对他的生命和财产的合理保护。²

在进一步讨论下去之前，我们必须先回顾一下，在理论上，十七世纪明确区分了两种"社会契约"。一种是在个体之间达成的，据说是它造就了社会；另一种是在人民和统治者之间达成的，据说是它导致了正当的政府。然而，两者之间决定性的差异（除了共有一个招致误解的名字，两者鲜有共同之处）早就被忽略掉了，因为首先令理论家本人感兴趣的，是发现一种覆盖一切公共关系形式的普遍理论，无论是社会的还是政治的，以及各种义务。于是，借助一定的概念明晰性，两种可能的"社会契约"被看成是一份双重契约的两面，而正如我们将要看到的那样，它们实际上是相互排斥的。而且，在理论上，两种契约都是虚构，是对称之为社会的共同体成员之间与这个社会和它的政府之间的现存关系的虚构性解释。理论虚构的历史可以深究到过去，而在英国人民的殖民事业之前，以事实来检验这些虚构性解释的可能性极小，史无前例。

1　在美国历史的这一时期，《五月花号公约》的独特性被人不厌其烦地一再加以强调。因此，詹姆斯·威尔逊在1790年的一次演说中提到《五月花号公约》时，提醒他的听众，他拿出来的是"大西洋彼岸世界国家求之而不得的东西，是最初踏上地球这一角时订立的一项原初社会契约"。如苏格兰历史学家William Robertson所说，早期美国史还是旗帜鲜明地强调，"它最初的政治存在来思考一个社会，是绝无仅有的……一个景象"。参见 W. F. Craven, *The Legend of the Founding Fathers*, New York, 1956, pp. 57, 64。

2　特别参见前引文，Section 131。

四 立国（一）：构建自由

两种社会契约之间的主要区别，可提纲挈领地列举如下：人民为了形成一个共同体，通过交互契约结合在一起，这一契约以互惠为基础，以平等为前提。它的实际内容是一种承诺，它的结果其实是一个"社会"或者是古罗马 societas（社会）意义上的"联盟"，这意味着同盟。这种同盟将盟友们孤立的力量聚集在一起，依靠"自由和诚挚的承诺"将他们结合成一个新的权力结构。[1]另一方面，在一个既定社会与其统治者之间所谓的社会契约之中，我们碰到的是各位成员一方虚构的蒙昧之举，基于此他放弃了构建一个政府孤立的力量和权力；他并未获得一种新的权力，他悉数放弃了他的权力，也许放弃的比他先前拥有的还要多；他并未通过承诺来约束自己，而只不过是表达他"同意"被政府所统治罢了。政府权力由所有个体给它灌注的力量的总和构成，政府对所有臣民施与口惠而垄断了这些力量。就个体而言，显然，他通过相互承诺的体系所获得的权力，与他"同意"将权力垄断于统治者而丧失的权力，是一样多的。反过来说，基于一种互惠关系，那些通过"立约而结合在一起"的人所丧失的乃是孤独；而在另一种情况下，受到维护和保护的，恰恰是他们的孤独。

同意之举，借每一个处于孤独状态的个体而取得成功，其实它只要"上帝的在场"；相互承诺之举，从定义上说，乃是在"他人在场"的条件下而为之的，原则上独立于宗教禁令。而且，作为立约和"联合"之结果的一个政治体，就成为权力的源泉，因为，处于构建起来的政治领域之外的每个个体始终是无能的。相反，作为同意之结果的政府则垄断了权力，只要被统治者不是为了更换政府，才决心恢复他们原来的权力，并且将权力委托给另一位统治者的，那么被统治者在政治上就是无能的。

---

[1] 参见 the Cambridge Agreement of 1629 in Commager，见前引书。

换言之，在交互契约中，权力通过承诺的手段而构建，这种交互契约in nuce（主要）包含两条原则：一是共和原则，根据这一原则，权力属于人民，在这里，"互为从属"使统治变得荒谬："如果人民是统治者，那么谁将是被统治者？"[1] 另一个是联邦原则，即"叠增之国"（a Commonwealth for increase）原则（如哈林顿称他的乌托邦为大洋国），根据这一原则，构建起来的政治实体可以联合成一个长期同盟而不至于丧失自身认同。同样显而易见的是，要求放弃权力交给政府以及同意接受政府统治的社会契约，也包含两条原则：一是绝对统治原则，即对权力的绝对垄断，"以震慑一切人"（霍布斯）（顺便说一下，它极易被当作神圣权力的化身，因为只有上帝是万能的）；一是国家原则，根据这一原则，国家作为一个整体只能有一个代表，在这里，政府被认为体现了全体国民的意志。

洛克曾评论，"在开端上美洲说明了一切"。实际上，美国本应给社会契约理论提供社会和政府的开端。社会契约理论把社会和政府的开端假设为虚构的条件，缺乏这虚构的条件，对现存政治现实既无法解释也无从正名。形形色色的社会契约理论在现代早期勃兴，与之相随并接踵而来的，是在殖民化美国中那些最早的契约、联合、联盟和邦联。这一事实其实是颇有启发意义的，如果不是存在另外一个不可否认的事实的

---

[1] 在这些话中，身为清教牧师和十七世纪上半叶"新英格兰主教"的约翰·科顿，对民主制提出反驳，认为这是一个不适合"教会或英联邦"的政府。在此、在下文中，我都尽量避免讨论清教主义与美国政治制度之间的关系。我相信罗西特对"清教徒与清教主义、波士顿与沙龙的显贵与他们衍生的革命的生活方式和思想方式之间"（前引书，p. 91）所做的区分是有效的。后者在于他们坚信，即便在君主制下，上帝也"把主权归于自己"；在于他们"执迷于约法或契约"。但困难就是这两种信条在某种意义上是不相容的，约法观念的前提是无主权和无统治，而相信上帝保留主权并拒绝将它委托给任何世俗权力这一信仰"奉神权政治……为最好的政府形式"，一如约翰·科顿正确地得出的结论那样。问题的关键在于，这些严格意义上是宗教性的影响和运动，包括大复苏运动，对于美国革命者的所为和所想根本不起任何作用。

四　立国（一）：构建自由

话。这个事实就是，这些旧世界的理论都未曾提及新世界的现实。我们没有资格断言，当殖民者离开旧世界时，充满新理论的智慧，他们所渴望的，可以说是一片新的天地，在那里检验这些新理论，将它们应用到一个新的共同体形式中。引人注目的是，这种对实验的渴望，以及与之相伴的对全新事物，对新秩序的时代之信念，并不存在于殖民者的心中，而恰恰存在于将在一百五十年后缔造大革命的人的心中。如果说早期美国史的契约和协议受到一些理论影响，那当然是指清教徒对旧约的虔信，尤其是他们对犹太约法概念的重新发现。这一概念对他们来说，其实变成了一个"解释人与人、人与上帝几乎一切关系的工具"。不过，"教会起源于信众同意的清教理论，直接导致了政府起源于被统治者'同意'的平民理论"。[1] 此话不假，而这并不能导致另一个远远没有那么通行的理论，也就是"文明的政治体"起源于选民的相互承诺和约束。根据清教徒的理解，《圣经》的约法，是上帝和希伯来人之间的一份契约，通过这一契约，上帝授法而希伯来人同意守法。这一约法意味着通过同意缔结的政府，却绝不意味着一个统治者和被统治者平等的政治实体，也就是说，在那里，整个统治原则实际上都是不适用的。[2]

一旦我们从这些理论以及相关影响的思索中走出来，转向文献本身及其质朴、工整并且常常显得笨拙的语言，我们马上就会看到，我们面对的是一个事件，而不是一种理论或者一种传统，是对未来至关重要的一个事件，虽然有些心血来潮，可又经过了深思熟虑，反复思量。促

---

[1] 罗西特，前引书和第156页注释1引文。
[2] 在约翰·温斯罗普的布道中，有一个清教徒约法观念的突出例子。这是他在驶往美洲的阿伯拉号上写的："此乃上帝与吾辈之间事，为这一伟业，吾辈与上帝立约，勇肩重任，主准吾辈自立条款，吾辈将谨守事业，善始善终，愿主保佑。现在，若主愿聆听吾辈，引领吾辈安然抵达梦想之地，即认可本约法，赐吾辈予重任。"（引自 Perry Miller, *The New England Mind: The Seventeenth Century*, Cambridge, Mass., 1954, p. 477。）

使殖民者"在上帝和他人在场的条件下,庄严地相互立约,联合成一个文明的政治体;基于此,制定、构建和拟定正义而平等之法律、法令、法案、宪法和官职,诸如此类,与时俱进,以殖民地普遍之善为宜。对此,我们承诺信守不渝"(与《五月花号公约》如出一辙)的是,"对执行这一事业可能碰到的困难与挫折,一一做到心中有数"。显然,甚至在着手之前,殖民者就已经洞若观火,"此乃全体之功业,将为我们铸就一种集体信念,彼此相信大家的忠贞不贰、不屈不挠,以至于若无他人之守望相助,无人可凭一己之力竟此功业"。不是别的,正是这种对集体事业本身基本结构一针见血的洞察,这种"鼓舞自己和鼓舞在行动中加入者"的需要,使这些人陶醉于契约观念之中,促使他们一次又一次地互相"承诺和约束"。[1] 不是神学、政治学或哲学的理论,而是他们自己的决定,决意抛弃旧世界,开创一项完全属于自己的事业,才带来了一系列的举动和事件。若不是他们将心思转投在漫长和剧烈得足以发现政治行动原理及其更为复杂的体系问题上的话,他们就将会在事件中被湮没。正是这些原理和体系的规则决定人类权力的兴衰。而这种发现,也纯属机缘巧合。在西方文明史中,无论是原理还是体系,都不是什么新鲜玩意儿,但是,要在政治领域中找到同等重要的经验,在浩如烟海的历史文献库中读到同样权威和原创(也就是说,不可思议地摆脱陈规滥调的束缚)的语言,人们将不得不回到十分遥远的过去。其实,对于这样一种过去,无论如何,拓居者是一无所知的。[2] 诚然,他们所发现的,不是两种社会契约理论中的任何一种,而毋宁说是作为社会契约

---

[1] 《1629年剑桥协议》(the Cambridge Agreement of 1629),由马萨诸塞海湾公司中一些领导成员在出发前往美洲之前草拟。

[2] 在1291年瑞士著名的森林州联盟(Bund der Waldstätte)中似曾相识的话让人误解。若是从这些"相互承诺"中产生"文明的政治体",就不会有新的制度,也不会有新的法律。

四 立国(一):构建自由

理论基础的一点基本真理。

我们总的目的,以及我们企图借助某种定性标准,来测定革命精神的根本特征之具体目的,都有必要暂且就此打住。我们应该花上足够长的时间,将革命前乃至于殖民前之经验的要旨,权且迻译为稍为委婉但却更有表现力的政治思想语言。然后我们就可以说,美国的独特经验教导美国革命者,行动尽管始于孤立,取决于一个个各怀心事的个人,但是只要通过集体努力就可以获得成功。在这种集体努力中,单个人的动机不再算数。例如,不管他们是不是一批"坏家伙"。于是,历史同根这一民族国家的决定性原则,就不是非要不可的了。集体努力十分有效地抹平了出处与个性的差异。而且,在这里我们会发现国父们关于人性那叹为观止的所谓现实主义的根源。他们大可不必理会法国大革命的主张,即人在社会之外,在某种虚构的原始状态中是善的,归根究底此乃启蒙时代的主张。在这一问题上,他们大可以现实些甚至悲观些,因为他们知道,不管人们在独处时是什么样子,他们都可以结合成一个共同体,尽管它由"罪人"组成,却不一定要体现人性"恶"的一面。因此,同样的社会状态,对他们的法国同行来说乃是人类万恶之源,而对他们来说,却是从恶与邪恶中获得救赎的唯一合理的生活,人们甚至毋需神助就可以自己在此世做到这一点。顺便提一下,相信人可臻完美,是当时通行的观念,在此,我们也可以看到它屡遭误解的美国版本的真实根源所在。在美国共同的哲学在这些问题上掉入卢梭观念的陷阱之前,也就是在十九世纪之前,美国人的信仰根本不以对人性的准宗教信任为基础,而是相反,以借助共同合约和相互承诺来制约独处之人性的可能性为基础。独处之人的希望就在于这样一个事实:不是一个人而是许多人栖居于地球之上,他们之间形成了一个世界。正是人类的世界性将人从人性的陷阱中拯救出来。是故,约翰·亚当

174

斯在反对由单个议会支配一个政治体时,他集中火力发出的最强音,就是它"容易诱发个人一切的邪恶、敌意和脆弱"。[1]

与此密切联系的是对人类权力性质的一种真知灼见。权力不同于力量,力量是每个人与一切他人相隔绝的状态下都拥有的天赋和财产,而权力只有在人们为了行动而聚在一起时才会形成,而他们出于各种原因一哄而散、互相疏远时,权力就将烟消云散。因此,约束和承诺、联合和立约,都是权力赖以持存的手段;在具体的行为举止过程之中,人与人之间形成了权力,而当人们成功地使这种权力保持完整无损之时,他们就已经是在那里进行立国和构建一个稳定的世界性结构的活动,可以说是安置他们联合而成的行动之权力了。在人类许诺和信守诺言的本领中有一种因素,那便是人建设世界的能力。承诺和协议应对未来。未来是充满不确定性的茫茫大海,难以逆料之事将从四面八方涌入,承诺和协议为之提供了稳定性。同样,人构建、建立和建设世界的能力,主要都是为了我们的"子孙""后代",而不是为了我们自己和我们的时代。行动的原理是:行动是唯一要求人的多样性的人类本领;权力的体系是:权力是唯一单独适用于世界性的中介空间的人的特性,在这个空间中,人们彼此相连,在以许诺和信守诺言而立国的举动中联合起来。在政治领域,这正是人类的最高本领。

换言之,革命前在殖民化美国所发生的一切(在世界其他地方,无论是古老国度还是新殖民地,都没有发生这些事情),从理论上说,是行动导致了权力的形成,是通过接下来新发现的承诺和立约手段,使权力得以持存。这一权力的力量,由行动产生,由承诺维持,它的出现,让一切大国都大吃一惊。殖民地,也就是市镇和省、县和城市,尽管它们之

---

[1] 参见 *Thoughts on Government* (1776), *Works*, Boston, 1851, IV, 195。

四 立国（一）：构建自由

间存在大量差异，却战胜了英国。但是，这场胜利仅仅对于旧世界是一种奇观。殖民者本人，背负着一百五十年的立约历史，他们来自这样一个国家：它从头到脚，从省或州下至市和地区、市镇、乡村和县，由一个个正式构建起来的实体拼接而成，都自成一国，拥有"经友人睦邻同意而自由选出的"[1]代表；而且，它们都为"叠增"而设，因为建立在"同住"之人相互承诺的基础之上，当他们"团结起来组成一个公共的国家"之时，不仅仅是为了他们的"子孙"，甚至还为"后来随时加入者"做筹划。[2]基于这一传统源源不断的力量，殖民者"向不列颠做最后告别"。他们从一开始就知道自己稳操胜券；他们深知，当人们"以生命、财产和清誉彼此约誓"[3]时，权力就会迸发出巨大的能量。

这是指引美国革命者的经验。它不仅教导革命者，而且教导那些委托他们和"如此信任"他们的人民，如何成立和建立公共实体。就此而

---

1 来自普罗维登斯的垦殖协议，协议于1640年建立普罗维登斯镇（Commager, 前引书）。特别有趣的是，代议原则在这里第一次被提出；也因为那些"如此得到信任"的人，"从政府角度，经过对本州、外州的深思熟虑之后"，同意没有什么政府形式会如此"适合他们仲裁人政府的条件"。

2 1639年的《康涅狄格基本法》（Commager, 前引书），布赖斯（*American Commonwealth*, vol. I, p. 414注释）称之为"美国最古老的真正的政治宪法"。

3 "向不列颠做最后告别"见于发自马萨诸塞州的莫尔登镇的指示，这些指示是为1776年5月27日《独立宣言》而立（Commager, 前引文）。这些指示措辞强烈，该镇"不屑一顾地与一个奴隶的王国"脱离"关系"，表明托克维尔将美国革命追根溯源至市镇精神是多么的正确。对于遍及各州的共和情感所具有的民间力量而言，引人入胜的还有杰斐逊于1818年2月4日在 *The Ana* 中的声明（*The Complete Jefferson*, ed. Saul Padover, New York, 1943, p.1206及以下）。它令人信服地表明，如果"那天的斗争是共和国支持者与君主制政府的支持者之间的原则斗争"，那么，正是人民的共和意见，最终解决了政治家之间的意见分歧。共和热情甚至在美国革命之前，就因为这种独一无二的美国经验，而显得那样强烈，这在约翰·亚当斯的早期著作中表露无遗。在1774年为 *Boston Gazette* 而写的一系列文章中，他写道："在最严格的意义上，普利茅斯的首批垦殖者是'我们的祖先'。对于占有的土地他们没有获得任何特许权和授权，也没有从英国下院和英王那里得到建立政府的权威。他们购买印第安人的土地，根据朴素的自然原则，建立了属于自己的政府。……（他们）以**独立个人之间的原始契约**这一平实的理由来继续运用政府的一切权力，包括立法、行政和司法权力。"（黑体是作者附加）参见 *Novanglus*, *Works*, vol. IV, p. 110。

言,世界上其他地方都无法与之相提并论。然而,他们的理性,或毋宁说是推理,却绝非如此。迪金森担心它会误导他们,并不是空穴来风。他们的理性,无论风格还是内容,其实都是启蒙时代向大西洋两岸传播时所塑造的。他们用法国和英国同行一模一样的术语展开论战,甚至是他们之间的分歧,也大体上还是在共有的对象和概念框架内去讨论的。因此,在接近互相约誓原则的同一部《独立宣言》中,杰斐逊可以大谈人民的"同意",政府从中"取得正当权力"。无论是杰斐逊还是别的什么人,都无从知道"同意"与相互承诺和两种社会契约理论之间简单的根本差别。伯里克利时代的余孽,就是行动的人和沉思的人相分离,思考开始完全摆脱现实,尤其是政治事实和政治经验,从此,对现存的现实和经验这种概念不清就一直困扰着西方历史。对现代和现代革命抱有的伟大希望,从一开始,就是弥补这一裂痕。为什么这一希望至今无法兑现,用托克维尔的话来说,为什么连新世界都无法带来新的政治科学,其中一个原因就在于我们思想传统的巨大力量和弹性,这抵挡住了十九世纪思想家们试图用来削弱和破坏它的一切价值颠覆和价值转型。

无论如何,联系美国革命来看,事实上是经验教导殖民者,王权和公司的特许状是认可和合法化,而不是成立和建立了他们的"国家";他们"服从他们在最初定居时采用的法律,服从由各自立法机构制定之后被采用的其他法律";这种自由"由他们各自拥有的政治宪法所认可,也可以由一些王权的契约式特许状所认可"。[1] 诚然,"殖民地的理

---

[1] 来自1774年7月26日弗吉尼亚的阿尔伯马尔县的地产所有者决议,它由杰斐逊起草。王室特许权被指为一种马后炮。"契约性"这一古怪的术语,在术语上读来好像是自相矛盾的,却清楚地表明,让杰斐逊念念不忘的,是契约而不是特许权(Commager,前引书)。对契约的这种执著,以牺牲王室或公司特许权为代价,它绝非革命的一个后果。大约在《独立宣言》发表十年之前,本杰明·富兰克林争辩道:"下院根本没有参与最初的拓居工作,以致它们建立起来多年之后,实际上都未引起任何注意。"(Craven,见前引书,p.44)

四　立国（一）：构建自由

论家们写下了大量关于英国宪法、英国人权，甚至自然法的东西，但他们接受了英人之假设，即殖民地政府源于英国的特许状和任命。"[1]然而，即便是在这些理论中，根本问题都在于莫名其妙地或毋宁说是错误地将英国宪法解释为一种可以限制议会立法权的根本大法。这显然是在用美国的契约和协议的眼光去理解英国宪法。其实美国的契约和协议才是这样的"根本大法"，是"不可动摇"的权威，其"界限"甚至连最高立法机构也不可能"逾越……而同时不破坏自身的基础"。恰恰是因为美国人固执地信任自己的契约和协议，才会诉诸一部英国宪法和英国人的"宪法权利"，"排除对特许权利的关照"。这样的话，他们赶时髦地断言这是"存乎自然的不变权利"，也就不那么重要了。因为，至少对于他们来说，这一权利之所以成为法律，仅仅是由于他们以为它"没有被嫁接到英国宪法这一根本大法中去"。[2]

经验又一次就人类权力的性质问题，好好地教育了一下殖民者，使他们从那位绝算不上是令人无法忍受的滥用权力的国王中得出结论，君权本身就是一种适于奴役的政府形式，"一个美利坚共和国……是我们唯一希望看到成立的政府。因为，我们决不愿意臣服于任何国王，除非他拥有无穷的智慧，善良而又正直，只有这样的人，才是唯一适合掌握无限权力的人"。[3]但是，殖民地的理论家们还是对各种政府形式的利弊展开了充分争论，仿佛在这一问题上还有选择余地。最后，是经验而不是理论或博学，也就是"北美的智慧……集大成于总体国会"，[4]教

---

[1] Merrill Jensen，见前引文章。
[2] 来自马萨诸塞州抗议1768年2月11日汤森法案的传单，由塞缪尔·亚当斯起草。根据Commager，对英国内阁的这些评论提供了"对英国宪法中的根本大法教义最早的系统阐述之一"。
[3] 引自莫尔登镇指示（见本书第161页注释3）。
[4] 如1774年8月1日对美洲殖民地国会的弗吉尼亚指示所云（Commager，见前引书）。

会了美国革命者古罗马的potestas in populo（权力在民），即权力属于人民的现实意义。他们知道，权力在民的原则能够催生一种政府形式，只要强调权威属于参议院，如同罗马人强调auctoritas in senatu（权威属于元老院）一般，这样，政府本身就会由权力和权威两者构成，或者像古罗马人那样，是senatus populusque Romanus（元老院和人民共治的罗马）。王权特许状和殖民地对英王和议会的忠心耿耿，两者为美国人民所做的一切，不外乎给他们的权力提供了额外分量的权威。这样一来，一旦这个权威的源泉与新世界殖民地的政治体脱离了关系，美国革命的主要问题就水落石出了，这就是树立权威而非创立权力。

五

立国(二)：新秩序的时代

Magnus ab integro saeclorum nascitur ordo.(伟大的时代重获新生。)

——维吉尔

1

权力与权威之别，并不亚于权力与暴力之异。后两者的区别前已述及，不过现在必须重提一下。正当的政治权力的源泉和根源在于人民，这是十八世纪两场革命之革命者共同持有的信条，实际后果却有天壤之别。每念及此，上述差异与区别的意义就变得非同小可了。因为，两场革命的一致性仅仅是表象。法国人民，法国大革命意义上的人民，既不是被组织的，也不是被构建的；在旧世界存在的任何"构建的实体"，议事会和议会也好，秩序和等级也罢，均建立于特权、出身和占有的基础之上。它们代表特殊的私人利益，而将公共之事留给君主。在开明专制中，君主应当作为"唯一启蒙之人，对抗众多的私人利益"。[1]可见，在一种"有限君主制"中，这些实体有权利表达不满和拒绝同意。欧洲的议会无一是立法机构，它们顶多有权利说"是"或"不"。然而，创制权，或者说提案权，却非它们所属。毫无疑问，美国革命最初的口号，"不出代议则不纳税"，仍然属于这一"有限君主制"范畴，"有限君主制"的基本原则就是臣民的同意。这一原则的伟大潜能，今天我们已经无从领教，因为财产与自由的密切联系对我们而言不再是理所当然之事。对于十八世纪来说，如同对于之前的十七世纪和之后的十九世纪，法律的功能首先不是保障自由，而是保护财产；保障自由的是财产，而不是法律本身。二十世纪之前，人们不会在缺乏任何个人保护的情况下直接面临国家或社会的压迫。只有当人民崛起时，他们是自由的，不需要拥有财产来保护他们的自由，法律才有必要直接保护个人和个人自由，而不仅仅是保护他们的财产。然而，在十八世纪，尤其是在英语国家，财产与自由还是一致的，说财产就是说自由，恢复、维护一个人的财产，就相当于为自由而战。正是在恢复这种"古典自由"的企图上，美国革命和法国大革命最酷似。

在法国，国王与议会之间的冲突所导致的后果，之所以截然不同于美国构建的实体与英国政府之间冲突的后果，原因不外乎这些构建的实体具有全然不同的性质。国王与议会的分裂其实将整个法兰西民族推入了"自然状态"，它自动地瓦解了国家的政治结构，同样也解开了居民之间的纽带，这一纽带不是建立在相互承诺的基础之上，而是建立在每一种秩序和社会等级相应的各种特权的基础之上。严格说来，在

---

[1] 参见 Pietro Verri 针对在玛丽娅·特蕾西娅和约瑟夫二世统治下奥地利式开明专制之言，引自 Robert Palmer, *The Age of Democratic Revolution*, Princeton, 1959, p. 105。

五 立国（二）：新秩序的时代

旧世界的任何一个角落，都不存在构建起来的实体。构建的实体本身就已经是一种革新，诞生于那些背井离乡的欧洲人之必然性和独创性。他们之所以决定离弃旧世界，不仅是为了在一个新大陆殖民，而且是为了成立一个新的世界秩序。殖民地与英王、议院之间的冲突，只不过是解除了赋予殖民者的特许状，以及他们身为英国人而享有的特权；它取缔了国家的总督，不过没有取缔它的立法会议；当人民拒绝效忠英王时，他们绝不会感到自己摆脱了身上众多的契约、协议、相互承诺和"联盟"。[1]

因此，当法国革命者声称一切权力在民时，他们通过权力而懂得了一种"自然"强制力，它的源泉和根源在政治领域之外，通过革命以暴力方式释放出来，像秋风扫落叶一样横扫旧政体的一切制度。这种力量被体验为力大无穷的超人。它被视为一切约束力和一切政治组织之外的群众暴力积累的结果。被推进了"自然状态"的人民，为法国大革命推波助澜，这种经验毋庸置疑地指出了，在不幸的压迫之下，群众的合力能够以一种任何制度化和监控性的权力都无法阻挡的暴力爆发出来。但是这些经验也教导人们，与一切理论相悖的，是这种乌合产生不了权力，前政治状态中的力量和暴力是会夭折的。法国革命者不懂得如何区分暴力与权力，相信一切权力必须来自人民，他们

---

[1] 我知道，在此我并不同意我援引的 Robert Palmer 的重要著作。Palmer 先生的著作令我受益匪浅，对于他关于一个大西洋文明的主要命题，大西洋文明，是"一个在十八世纪比在二十世纪更接近现实的术语"(p.4)，这尤令我深有同感。不过，在我看来，他并没有看到，这种界定的理由之一，就是欧洲革命与美国革命有着不同的结果。这种不同结果首先归咎于在两块大陆上"构建的实体"截然不同。在欧洲，先于革命而构建起来的实体，等级、议院、各种特权阶层，无论哪一个，其实都是旧秩序的重要组成部分，都被大革命扫荡一空。而在美国，相反，可以说被革命解放出来的，正是殖民时期旧的构建的实体。这种分别在我看来是具有决定性的，故我担心，一方是市镇和殖民会议，另一方是带有各自特权和自由的欧洲封建制度，却同样使用"构建的实体"一词，这会令人误入歧途。

向群众这一前政治的自然力量打开了政治领域的大门,却被这种力量扫荡一空,重蹈了国王和旧权力的覆辙。相反,美国革命者透过权力懂得了一种前政治的自然暴力的对立面。对他们来说,只有当人们走到一起,并通过承诺、立约和相互誓愿来缔结契约的情况下,权力才会产生。只有这种建立在互惠性和交互性基础之上的权力,才是真正的权力,才是正当的,而国王、君主或贵族的所谓权力,因为不是来自交互性,充其量也只是以同意为基础,故而是欺骗性和篡夺性的。他们自己还清楚得很,究竟是什么使他们在其他所有国家都会失败的地方取得了成功。用约翰·亚当斯的话来说,正是"相互信任并信任普通人"的权力,"使美国顺利完成了一场革命"。[1]而且,这种信心不是来自一种共同的意识形态,而是来自相互承诺,它本身就成了"联合"的基础——"联合"就是人民为了一个特定的政治目标聚集在一起。可悲的是(不过恐怕这一说法颇有道理),"相互信任"这一观念,作为一种组织行动的原则,在世界上其他地方,只见于阴谋活动和阴谋团体中。

然而,当人民以相互承诺来自我约束并且生活在以契约构建的实体之中时,扎根于此的权力要"顺利完成一场革命"(无须释放那不受限制的群众暴力)绰绰有余;而要成立一个"持久联盟"即建立一个新权威,就远远不够了。无论是契约,还是作为契约之基础的承诺,都不能充分确保持久性,即不能将那种维持稳定的办法注入人类事务中。没有这些办法,他们就无法为他们的后代建设一个想要比自己有限生命更经久不衰的世界。美国革命者备感骄傲的,是建立共和国,即"法治而非人治"的政府。对他们来说,权威问题是以所谓"更高法律"的

---

[1] 引自Palmer,见前引书,p. 322。

五　立国（二）：新秩序的时代

面目出现的，"更高法律"将对实在法予以认可。毋庸置疑，法律的实际存在归功于人民的权力和他们在立法机构的代表。但这些人不能同时代表更高的源泉。法律要想具有权威性，对一切人都具有效力，无论是多数还是少数，无论是现在还是未来的一代人，就非得来自更高的源泉不可。因此，为了后人而制定一种新的国内法，以之来体现"更高法律"，赋予一切人制定的法律以效力，这个使命就产生了对绝对性的需要，这在美国丝毫不亚于法国。美国革命者之所以并未因这一需要而采取法国革命者尤其是罗伯斯庇尔本人同样的荒唐行径，唯一的原因就在于，前者一清二楚地区分了权力的根源和法律的源泉，权力的根源是自下而上产生的，来自"基层"人民；法律源泉是"在上"的，在某个更高的和超验的地方。

从理论上说，在法国大革命中将人民神化，乃是企图将法律和权力归于同一源泉所不可避免的结果。绝对君权要求建立在"神圣权利"的基础之上，根据万能的宇宙立法者的上帝形象，也就是根据意志即法律的上帝形象，来解释世俗统治。卢梭或罗伯斯庇尔的"公意"也是这种神圣意志。出台一项法律需要的唯有意志而已。从历史上看，美国革命与法国大革命原则之间的差别，最重大者莫过于后者一致拥护"法律是公意之表达"（如 1789 年《人权宣言》第六款所列）。要想在《独立宣言》抑或联邦宪法中找到这条公式，那只能是徒劳的。从实践上看，正如我们之前所看到的，原来根本不是人民，也不是"公意"，而正是大革命进程本身，成为了一切"法律"的源泉。这一源泉无情地炮制出新的"法律"，也就是政令和法令，这些东西一经颁布便已过时，被刚刚炮制出它们的大革命这一更高法律扫荡一空。孔多塞总结了将近四年的革命经验，称"est une loi qui a pour objet de maintenir cette révolution, et d'en accélérer ou régler la marche."（"一部革命的法律是这样一种法律，

182

它的目标是维持革命,加速或控制它的进程。")[1]诚然,孔多塞也声称希望通过加速革命的进程,革命的法律会迎来革命"完成"的那一天,希望它"加速革命的终结",但是这种希望是徒劳的。在理论上和实践上,都只有一种反向运动,一种contrerévolution(反革命),才能制止一种业已成为加诸自身的法律的革命进程。

"政治学的大问题,在我看来,可与几何学中化圆为方的问题相媲美,……它(就是):如何找到一种将法律置于人之上的政府形式。"[2]从理论上说,卢梭的问题十分类似西耶士的恶性循环:那些走到一起构建了一个新政府的人,本身不是宪定的,也就是说,他们没有权威去做他们已经着手达成的事情。立法的恶性循环不是体现在日常立法中,而是体现在制定根本大法,国内法或宪法上,这些大法从那时起,据说就是"更高法律"的化身,一切法律最终都从它们那里获得权威。美国革命者发现自己同样面临法国同行的这个问题,它表现为对某种绝对性的迫切需要。令人头痛的是将法律置于人之上(再援引一次卢梭吧),进而确立人定法律的效力,il faudrait des dieux(需要神),"事实上需要上帝"。

在一个共和国的政治体中需要上帝,这表现在法国大革命的进程中,罗伯斯庇尔孤注一掷地要建立一种全新的崇拜,对最高存在的崇拜。在罗伯斯庇尔制定他的计划之际,似乎崇拜的主要功能是制服那胡作非为的大革命。照此看来,伟大节日就是完全失败的。大革命无法产生宪法,就以这一可悲而注定失败的东西取而代之。结果,新的上帝甚至都不够力量促成一份大赦声明,显示一下最低限度的温和,更不

---

[1] Sur le Sens du Mot Révolutionaire (1793). 参见 Oeuvres, 1847—1849, vol. XII.
[2] 卢梭致 Marquis de Mirabeau 的信,1767年7月26日。

五 立国（二）：新秩序的时代

用说仁慈了。这项事业荒谬到了要向参加最初仪式的人展示自己的荒谬的地步，就像它向后代展示出来一样。即便在当时，路德和帕斯卡尔所不屑的"哲学家的上帝"，似乎已经最后下定决心，撕下马戏团小丑的面具，露出其庐山真面目。现代革命，尽管不时使用一下自然神论的语言，前提条件却不是打破宗教信仰本身，而肯定是政教分离，宗教信仰与政治领域完全脱钩。如果这一点需要证明的话，那么，仅罗伯斯庇尔对最高存在的崇拜就足矣。然而，即便是罗伯斯庇尔，他以缺乏幽默感而著称，原本可能避免这种荒谬性，但不必如此孤注一掷。因为他所需要的绝不仅仅是一个"最高存在"，这个词不属于他，他需要的毋宁是他自己称之为"不朽的立法者"的东西，在另外的语境下他也称之为"对正义的不懈吁求"。[1] 以法国大革命观之，罗伯斯庇尔需要一种永在的、超验的权威源泉，它并不能等同于民族或大革命本身的公意，这样，一种布莱克斯通称之为"专制权力"的绝对统治权，会将统治权赐予民族；共和国确保了一种绝对的不朽，即便不是不朽，至少也具有某种持久性和稳定性；最后，某种绝对权威作为正义的源头而运作，新政治体的法律可以从中取得正当性。

正是美国革命告诉人们，三种需要之中，对不朽立法者的需要最为迫切，也最不取决于法兰西民族特定的历史条件。因为，当我们在约翰·亚当斯那里，发现了被剔除了一切荒谬成分的相同观念，发现约翰·亚当斯也要求崇拜一个最高存在，也称之为"伟大的宇宙立法者"时；[2] 又或者，当我们回想起杰斐逊在《独立宣言》中，庄严地呼吁"自然

---

[1] 参见 J. M. Thompson, *Robespierre*, Oxford, 1939, p. 489。
[2] 《马萨诸塞共和国宪法或政府形式报告》序, 1779。*Works*, Boston, 1851, vol. IV。Justice Douglas还是在此意义上称："我们是有宗教信仰的人民，我们的制度以最高存在为前提。"（引自 Edward S. Corwin, *The Constitution and What It Means today*, Princeton, 1958, p. 193。）

与自然之神的律法"时,我们会打消一切取笑马戏团小丑的念头。而且,对神圣原则,对政治领域中超验禁令的这种需要;以及一个匪夷所思的事实,即万一发生革命,也就是当一个新政治体迫不得已要成立之时,就会尤为强烈地感觉到这种需要,所有这一切,显然都早在几乎所有革命理论先驱的意料之中,唯一的例外也许就是孟德斯鸠了。故而,就连顽固地相信"一种行动原则已经由上帝亲自(播植于人身)",(以至于人们只要追随内心神赐良知的呼声,无须专门求助于超验的播种者)的洛克也相信,只有"求助于天堂的上帝"才能帮助那些从"自然状态"中走出来,并即将制定一个文明社会根本大法的人。[1]因此,无论是在理论上还是在实践上,我们都难以避免这一自相矛盾的事实:正是革命、革命的危机和紧急状态,驱使十八世纪那些"启蒙"之人,在打算将世俗领域完全从教会的桎梏中解放出来,一劳永逸地实现政教分离之际,却在为宗教禁令辩护。

关于对绝对性的需要这个问题的性质,要想有一个更为确切的理解,就得好好提醒一下我们自己,无论是古罗马人还是古希腊人,都不曾为这个问题苦恼过。更值得注意的是约翰·亚当斯。他甚至在革命爆发以前就坚持"权利先于一切世俗政府……来源于伟大的宇宙立法者",后来他又变得工具主义起来,"恪守和坚持(自然法)是一种手段,很久以前我们被议院逼得走投无路,就不自觉地求助于它"。[2]约翰·亚当斯应该相信,"古代民族的一个普遍观点是,给人带来法律的重要官职,只要有神圣性就够了。"[3]问题的关键在于,亚当斯是错误的。

---

[1] *Civil Government*, Treatise I, section 86, and Treatise II, section 20.
[2] 参见 *Dissertation on Canon and Feudal Law*。
[3] 参见 *A Defense of the Constitutions of Government of the United States of America*, 1778, *Works*, vol. IV, p. 291。

五 立国（二）：新秩序的时代

希腊的"约定"和罗马的"法律"，都不是神圣的根源，希腊和罗马的立法概念都无须神启。[1] 神圣的立法这一观念是指，立法者必须外在于并居于自己的法律之上。但是，在古代，将法律强加于人民，自己却不受法律之制约，这不是神迹，而是暴君的特征。[2] 即便如此，古希腊却坚持立法者必须来自共同体之外，他可以是一名从海外召回的陌生人，但这仅仅意味着立法是前政治的，先于城邦而存在，就像在城市周围修筑围墙要先于城市本身的存在一样。希腊的立法者在政治体之外，但并不居于政治体之上，也缺乏神圣性。"约定"一词，除了它的词源学意义，全部意思都是指"自然"事物的对立面，强调法律的"人为"、习俗和人造的性质。而且，尽管在整个希腊文明时代，"约定"一词具有不同含义，却从未完全丧失它本来的"空间意义"，也就是"一个范围或辖区的观念，其中规定的权力可以正当地行使"。[3] 显然，就此"约定"而言，"更高法律"理念也许是毫无意义的，甚至柏拉图的法律也并非来自那不仅决定了法律的有用性，而且构建了法律的合法性和效力的"最高法

---

[1] 因此，对一位古代立法者的最高赞誉就是，他的法律真是巧夺天工，以致让人简直无法相信它不是出自神的手笔。这通常是说吕枯耳戈斯（主要参见波利比乌斯，VI, 48.2）。亚当斯之错，根源也许就在普鲁塔克，他大谈吕枯耳戈斯在德尔斐是如何信誓旦旦，"他行将建立的宪法将是世上最好的"。普鲁塔克也谈及，梭伦从阿波罗那里得到一个励志神谕。诚然，亚当斯是用基督教的眼光来读他的普鲁塔克，因为，普鲁塔克的文本并没有得出梭伦或吕枯耳戈斯受神启的结论。

在这一问题上比亚当斯更接近真理的是麦迪逊。麦迪逊发现，"古代史记载的每一件事，都是意义非凡的。在古代史中，政府是通过协商和同意而建立的，建立政府的使命并不是委托给一个人的团体，而是由某位具有超凡智慧又公认是正直的公民来履行的。"（《联邦党人文集》no. 38）这一点至少对于古希腊而言是对的，尽管"希腊人……放弃了谨慎的统治以致将自己的命运交付某一个公民之手"的理由令人难以置信，这个理由就是"对不和的恐惧……超过了对一个公民的无能和背信弃义的感受"（同上）。事实是，立法不属于希腊公民的权利和义务，制定法律之举被认为是前政治的。

[2] 如，关于立法者，西塞罗直言不讳地说："*Nec leges imponit populo quibus ipse non pareat.*"（"己所不欲，勿施于人。"）参见《论共和国》（*De Re Publica*）I 52。

[3] 参见 F. M. Cornforth 的话，*From Religion to Philosophy* (1912), Torchbooks edition, chapter I, p. 13。

律"。[1]关于政治体方面的立法者角色和地位的观念,在革命史和现代立国史中,我们唯一能找到的蛛丝马迹,似乎就是罗伯斯庇尔那著名的提议:"制宪会议成员已经为自由圣殿奠基,他们正式约好,将建造圣殿的事情留给他人,在下一次选举中功成身退。"罗伯斯庇尔建议的真实原因,在现代已经鲜为人知,以至于"历史学家们对(他)行动的各种别有用心之处大加揣测"。[2]

罗马法尽管与希腊的"约定"几乎存在天壤之别,也还是不需要任何超验的权威源泉。根据罗马宗教,神以点头认可的方式来赞同人类的决定。如果立法之举需要神的帮助,那也比不上其他重要的政治举动。与希腊的"约定"不同,罗马的法律与建城并不是同步的,罗马的立法不是一种前政治的活动。法律一词的原义是"密切的联系"或者关系,也就是将两种事物或者是被外部形势弄在一起的两名伙伴联系起来的东西。因此,宗族、部落或有机体意义上的人民,完全是独立于一切法律而存在的。维吉尔告诉我们,意大利本土人是"农神萨杜恩的人民,他们不因法律之束缚而正义,他们自己的自由意志充满正直,他们追随古老神祇的习俗"。[3]只有在埃涅阿斯和他的骑兵从特洛伊抵达,入侵者与本土人之间的战争爆发后,才感到"法律"是必要的。这些"法律"不单是建立和平的手段,还是条约和协议,一个新的同盟、一个新的统一体借此而构建。这是两个截然不同的实体的结合,它们被

---

[1] 扯得太远就无法具体讨论这一问题了。似乎柏拉图在《法律篇》中的名句"神是万物的尺度",是指人造法律背后的一种"更高法律"。我想这是一个错误,不仅是因为有一个显而易见的理由,那就是尺度和法律不是一回事。对于柏拉图而言,法律的真正对象与其说是杜绝不正义,不如说是公民的完善。好法律与坏法律的衡量标准完全是功利性的:使公民比以前更好的就是好法律,使他们原地不动的就是无关紧要的,甚至是多余的法律,而使他们变坏的就是坏法律。

[2] 罗伯斯庇尔的"非常理念"包含在 Le Défenseur de la Constitution (1792), no. 11。参见 Oeuvres Complètes, ed. G. Laurent, 1939, vol. IV, p. 333。评论引自 Thompson,见前引书, p. 134。

[3] 《埃涅阿斯纪》,Book VII, Modern Library edition, p. 206.

五　立国（二）：新秩序的时代

战争弄到一起，现在则成为伙伴。对罗马人来说，战争的目的不仅仅是打败敌人、建立和平。只有当先前的敌人变成了罗马的"朋友"和盟友（socii）时，结束战争才会令他们心满意足。罗马的抱负并不是让整个世界都屈膝于罗马的权力和帝国之下，而是将罗马的同盟体系推广到地球上的所有国度。而这绝不仅仅是诗人的幻梦。罗马人民（populus Romanus），它本身的存在，就归功于一种战地伙伴关系，也就是贵族与平民之间的同盟。两者之间的内部冲突则是通过著名的《十二铜表法》来解决的。即便是这一罗马历史上最古老、最令人骄傲的文献，罗马人也不认为是神带来的。他们更乐意相信，是罗马派遣一个使团到希腊，在那里研习了不同的立法体系。[1] 因此，建立在贵族与平民持久同盟基础之上的罗马共和国，使用了 leges（立约）的手段，主要是为了订立条约，对附属于罗马同盟体系的行省和共同体实行统治。这一同盟体系，就是不断扩张的罗马的盟友群体，它构成了 societas Romana（罗马社会）。

前已述及，在革命前的理论家中，只有孟德斯鸠从不认为有必要将一种绝对性、一种神圣性或专制权力引入政治领域。据我所知，与此有密切联系的一个事实就是：只有孟德斯鸠曾经在古老的、严格的罗马意义上使用过"法律"一词。就是在《论法的精神》第一章，孟德斯鸠将法律界定为 rapport（关系），即存在于不同实体之间的关系。诚然，他也假设了一个宇宙的"创造者和保护者"，他又称之为"自然状态"和"自然法"，但是存在于创造者和创造物、自然状态的人与人之间的关系，不过是"规则"或 règles（法则），它们决定了世界的政府，没有它们，世界

---

[1] Livy III, 31.8.

根本就不会存在。[1]因此，严格说来，宗教也好，自然法也罢，对孟德斯鸠来说，都不构成"更高法律"。它们不过是维系不同存在领域而存在的一种关系而已。对孟德斯鸠来说，就像对罗马人来说那样，既然一部法律仅仅是联系两种事物的东西，故而从定义上是相对的，那么，他就不需要什么绝对的权威源泉了，在描述"法的精神"时也可以不提及那令人头痛的绝对效力问题了。

这些历史性的回顾和反思指出了，将效力赋予明确的人定实在法的那个绝对性，它的全部问题在一定程度上乃是绝对主义的一种遗产，而绝对主义又是一个漫长年代的产物，那时在欧洲没有任何世俗领域不是最终扎根于教会所给定的禁令中的，世俗法律因此都被当作是神授律法的人间表述。然而，这只不过是故事的一部分。更加重要、影响更为深远的是，纵观整个时代，"法律"一词具有了一个截然不同的意思。问题在于，尽管罗马的法学和立法对中世纪乃至现代的法律体系和法律解释的发展都具有巨大的影响，法律本身却被理解为戒律，根据神谕来加以解释。神告诉人们"切勿……"。若是没有一个更高的宗教禁令，这些戒律显然就不具有约束力了。只有当我们是通过法律来理解一种不管人们同意与否，是否存在共同协议都服从于它的戒律时，法律才会获得一种超验的权威源泉，从而具有了效力。换言之，它是根源，必须超越人类权力。

当然，这并不是说，古老的 ius publicum（公法），也就是后来被称为"宪法"的国内法，或者后来成为我们民法的 ius privatum（私法），拥有

---

[1] 《论法的精神》第一卷，第1—3章。也可对照第XXVI卷的第一章。联邦宪法坚持，不仅"美利坚合众国的法律"而且"在美利坚合众国的权威之下……缔结的一切条约，都是至高无上的国内法"，这一事实表明美国的法律概念在多大程度上返回了罗马的法，返回了契约和协议的本原经验。

五　立国（二）：新秩序的时代

神圣戒律的特征。但是，西方人对一切法律的本质，都是根据一个原型来加以解释的。即便对那些无疑是源于罗马的法律，即便是在全盘照搬罗马司法术语的司法解释中，都是如此。可这个原型本身却根本不是罗马的。它的源头是希伯来，以摩西十诫为代表。当自然法在十七、十八世纪插足神圣性领地时，这一原型本身却没有改变。神圣性领地一度被希伯来的上帝所掌握，他是一名立法者因为他是宇宙的创造者；后来这一领地被基督所占领，即上帝在人世间的道成肉身，从他开始，后来的天主教皇、罗马教皇和大主教，还有紧随其后的国王，都获得了他们的权威，直到造反的天主教徒最后转向了希伯来律法、约法和基督本人。因为自然法的困境恰恰在于缺乏权威，它只能被理解成非人的和超人力量意义上的自然之法。它无处不在地强制人们，不管他们做什么、想做什么还是不想做什么。为了成就一个权威之源泉，赐予人造法律效力，就不得不给"自然法"加上点什么东西，就像杰斐逊做的那样。由此，在当时的风气之下，如果"自然神"通过良知之声向他的物种发言，通过理性的光芒而不是通过《圣经》的救赎来启蒙他们的话，"自然神"的意义就不大了。问题的关键一直就是，自然法本身需要神圣禁令以构成对人的约束力。[1]

现在看来，人造法律的宗教禁令所需要的远不单止一个"更高法律"的理论构造，甚至也不仅仅是对一个不朽立法者的信仰和对一个最高存在的崇拜。它需要的是对"报应"的牢固信念，视之为"唯一真正的以道德立国"。[2] 问题是，这不仅适合于法国大革命，在那里，人民或

---

[1] 古罗马的自然法绝非一个"更高法律"。相反，罗马的法学家"必定认为自然法低于而不是高于现行法律"（Ernst Levy, "Natural Law in the Roman Period", in *Proceedings of the Natural Law Institute of Notre Dame*, vol. II, 1948）。

[2] 参见亚当斯的《马萨诸塞州宪法》草案，见前引书。

者说是国家,穿起了绝对君主制的老鞋,罗伯斯庇尔只不过是"将旧体系翻了出来"。[1][在此,被当作rappel continuel à la justice(汲汲于正义)[2]的"灵魂不朽"观念其实是必不可少的。这一观念是唯一可能防止新统治者,也就是凌驾于自身法律之上的绝对统治者犯下罪行的实质性约束。就像绝对君主一样,根据公法,民族是不会犯错误的,因为它是上帝在地上的新教皇。但是,与君主一样,由于它事实上会,也肯定会犯错,其实它也不得不面临惩处。按布莱克斯通的生花妙笔,这种惩处"只能由上帝这位复仇者来施行"。]对于美国革命来说更是如此,在那里,各州宪法都明确提到"报应",尽管在《独立宣言》和联邦宪法中找不到一丝痕迹。不过,从中我们并不能得出结论,以为州宪法的草拟者不及杰斐逊和麦迪逊"启蒙"。不管清教主义对美国特征的发展有何等影响,共和国的立国者和美国革命者都属于启蒙时代。他们全都是自然神论者。奇怪的是,他们执著地相信"来世",这与他们的宗教信念是格格不入的。当然,不是宗教狂热,而是对世俗的人类事务领域固有的巨大危险性所持有的严谨的政治疑虑,促使他们求助于唯一的传统宗教因素,它作为一种统治工具的政治用途是毋庸置疑的。

我们大有机会一睹人民犯下的规模空前的政治罪行,他们从一切"来世"信念中解放出来,丧失了对一个"复仇之上帝"由来已久的恐惧。这样,我们似乎就没有资格对立国者的政治智慧说三道四了。是政治智慧而不是宗教信念,使约翰·亚当斯写下了这段莫名其妙的预

---

1 Thompson,见前引书,p. 97。

2 "L'idée de l'Etre Suprême et de l'immortalité de l'ame est un rappel continuel à la justice; elle est donc sociale et républicaine."("最高存在和灵魂不朽的理念不断唤起正义,故这种理念就是社会的、共和的。")参见罗伯斯庇尔在国民公会上的发言,1794年5月7日,*Oeuvres*, ed. Laponneraye, 1840, vol. III, p. 623。

五 立国（二）：新秩序的时代

言："民族的政府有没有可能落入这样一些人手中，他们用最令人不安的信条教导人们，称人可以成为一位父亲，否则就与萤火虫无异*？这难道是人之为人得到尊重的办法吗？或者是它使谋杀本身就像射死一只鸹那样冷漠？将罗希拉族灭绝就像吞掉乳酪上的一只蛆一样无罪？"[1] 同样凭我们自己的经验，我们也不免要修正一个流行观点，即认为罗伯斯庇尔反对无神论是因为它恰好是贵族中的普遍信条。当罗伯斯庇尔声称，他感到无法理解立法者怎么可以是一位无神论者时，我们没什么理由不相信他。因为，立法者必然不得不仰赖于一种"宗教情感，比人更加伟大的权力赐予道德戒律一种禁令，宗教情感则将这一禁令之理念烙在灵魂之中"。[2]

最后，对美利坚共和国的未来也许最重要的，乃是《〈独立宣言〉序》中，加上了吁求"自然神"的内容，多了一句与新政治体法律的一个超验权威源泉有关的话，这句话与立国者的自然神信仰或十八世纪的启蒙风气并无不和谐之处。杰斐逊的名言"我们认为这些真理是不言而喻的"，以历史上独一无二的方式，将从事革命者达成协议的基础，与一种绝对性结合起来。要知道，一份协议必然是相对的，因为它与参加者相联系；而一种绝对性，则是一种不需要协议的真理，因为，真理由于是不言而喻的，它的强制性不依赖于滔滔雄辩和政治劝说。由于是不言而喻的，这些真理就是前理性的，它们唤醒了理性，而并非理性的产物。由于它们的不言而喻使之超越了揭示和论辩，因此在某种意义上，

---

* 也就是说，人通过传宗接代而令生命延续，不致如萤火虫般生命短暂。——译者注

1 *Discourses on Davila*, *Works*, vol. VI, p. 281. 罗伯斯庇尔在刚才援引的发言中，用了一模一样的腔调："Quel avantage trouves-tu à persuader à l'homme qu'une force aveugle préside à ses destins, et frappe au hasard le crime et la vertu?"（"要让人们相信，一种盲目的力量主宰了他们的命运，盲目地惩恶扬善，你认为这好在哪里呢？"）

2 罗伯斯庇尔，见前引书和引文。

它们的强制性毫不逊色于"专制权力",其绝对性也毫不亚于宗教的启示真理和数学的公理。据杰斐逊自己所言,这些是"人的意见和信仰,它们不依赖于自身意志,而是不情愿地听从自己的亲眼所见"。[1]

  这也许一点都不稀奇,因为启蒙时代就应该知道自明的、不言而喻的真理的强迫性。真理的典范,从柏拉图开始,就是我们在数学中遭遇的那种陈述。当勒梅西耶·德拉里维埃尔写道:"Euclide est un véritable despote et les vérités géométriques qu'il nous a transmises sont des lois véritablement despotiques. Leur despotisme légal et le despotisme personnel de ce Législateur n'en font qu'un, celui de la force irrésistible de l'évidence."("欧几里得是一个真正的独裁者,他传给我们的几何定律,是真正的独裁法律。这些定律的合法性和个人的专制合二为一,成为铁一样的事实,不可抗拒的力量。")[2]他百分之百是对的。早在一百多年前,格劳秀斯就坚持"甚至上帝也不能使二乘以二不等于四"。(不管格劳秀斯公式的神学或哲学意义是什么,其政治意图却显而易见是要约束和限制一位绝对君主的统治意志,这位绝对君主号称是万能上帝在世间的化身,而格劳秀斯则宣布甚至上帝的权力也不是无所限制的。这在理论上和实践上都正中十七世纪政治思想家的下怀,原因很简单,神圣权力,在定义上是独夫的权力,在人世间只能表现为超人力量,也就是被暴力手段增殖从而变得不可抗拒的力量。在本书中,重要的是指出,只有数学法则足以被认为在制约专制者的权力上是不可抗拒的。)这一立场的谬误之处,不仅仅在于将这个强制性证据等同于正当理性,也就是 dictamen rationis(专断理性)或者说是一种名副其实的理性命令,而且

---

[1] 参见他的《弗吉尼亚确立宗教自由法案》序言草案。

[2] 参见他的 *L'Ordre Natural et Essentiel des Sociétés Politiques* (1767), I, ch. XXIV。

五 立国（二）：新秩序的时代

在于相信这些数学"法则"与一个共同体的法律具有相同的性质，或者相信前者可以在一定程度上激发后者。想必杰斐逊隐约意识到这一点了，否则的话，他不会沉迷于颇有些不一致的措辞："我们认为这些真理是不言而喻的。"而是会说：这些真理是不言而喻的，也就是说，它们拥有一种强制性权力，它就像专制权力一样不可抗拒，不是它们被我们所掌握，而是我们被它们所掌握；它们根本就不需要任何协议。杰斐逊十分清楚，"人人生而平等"这一表述，不可能跟二二得四的表述拥有同样的强制性权力，因为前者其实是一个理性陈述，甚至是一个需要协同的推理式陈述，除非假定人类理性是神启的，用以认识某些不言而喻的真理。相反，后者扎根于人类大脑的物理结构，故而是"不可抗拒的"。

如果我们单凭《独立宣言》和联邦宪法这两部最伟大的文献，来理解美利坚共和国的政治体，那么《〈独立宣言〉序》将提供唯一的权威源泉。联邦宪法，作为国内法而不是构建政府之举，从中获得了本身的正当性。因为，联邦宪法本身，在它的序言中，以及在形成了《权利法案》的修正案中，对终极权威问题三缄其口，这一点颇不寻常。不言而喻的真理所拥有的权威，也许不及"复仇之上帝"的权威那么有力，但它一定还带有明显的烙印，表明自己来源于神圣的力量。这些真理就像杰斐逊在《独立宣言》的初稿中写的那样，是"神圣而不可否认的"。杰斐逊提升到"更高法律"地位，赋予新的国内法和旧的道德规范效力的，并不是合理理性（just reason），而是一种神启理性，是"理性的光芒"，那个年代喜欢这样来称呼它。它的真理启蒙了人的良知，使他们善于聆听内心深处的声音，那依然是上帝的声音。每当良知的声音一告诉他们"汝当……"，以及更重要的"切勿……"，他们就会答复"诺"。

2

毫无疑问,有很多方法来解读那个冒出了绝对性这个麻烦问题的历史形态。对于旧世界,我们提到了一个传统所具有的延续性,这个传统似乎径直将我们领回罗马帝国晚期和基督教早期。那时,在"道成肉身"之后,神圣力量的绝对性在世间的化身,先是由基督本人的代言人,即由教皇和主教来代表;接着就是借神圣权力之名号令天下的国王;直到最后,是绝对君主制之后接踵而来的,其绝对性毫不逊色的民族主权。新世界的拓居者逃避了这一传统的重负,不过不是在穿越大西洋之时,而是在这样一个时候:他们担心新大陆的荒蛮,害怕人类内心叵测的黑暗,形势所迫之下,构建了一个"文明的政治体",相互约束要致力于一项不存在其他约束力的事业,从而在西方人的历史中缔造了一个新的开端。从历史的眼光来看,今天我们好歹也懂得了这一逃避究竟有何意义。我们知道它是如何将美国从欧洲民族国家的发展轨道中引开,打破了一百多年的大西洋文明本来的整体性,将美国抛回新大陆的"洪荒之地",夺走了它欧洲文化的尊荣。然而,同样,在本书中至关重要的是,美国就省掉了绝对性曾在政治领域内戴上的最廉价也最危险的面具,那就是民族。这种解脱的代价就是"孤立",与人民在旧世界的根基一刀两断。如果政治解脱也带来了西方传统的概念和智识框架的解放的话,那么,这种解脱的代价也许还不算太高。当然,这种解放不应被误解为遗忘过去。事实显然并非如此。新思想的充分发展,无论在何处都赶不上新世界政治发展的创新性。这样就无法避免绝对性的问题了,因为它原本就是法律的传统概念所固有的,尽管该国的制度和构建的实体无一可归咎于绝对主义的实际发展。如果世俗法律的

五 立国（二）：新秩序的时代

本质乃是一种命令，那么就需要一种神圣性赐予它效力，这种神圣性不是自然，而是自然神；不是理性，而是神启理性。

然而，这仅仅在理论上适合于新世界。其实，美国革命者始终被欧洲传统的概念和智识框架所束缚，他们对相互承诺内在的巨大力量这一殖民地经验的理论表述，仅仅停留在他们乐于在原则上承认"幸福"与行动的亲缘性上，而这种亲缘性并不仅仅是偶然的——"令我们快乐的是行动，而不是休息"（约翰·亚当斯）。如果这一传统的枷锁对美利坚共和国实际命运所起的决定作用，与它对理论家心灵的强制不相上下，那么，这一新政治体的权威事实上就会在现代性的冲击下粉身碎骨，正如它在其他一切革命中被粉碎了一样。因为，在现代性的冲击之下，政治领域中宗教禁令消失，已是不争之事实。而这一切事实上都没有发生。将美国革命从这一命运中拯救出来的，既不是"自然神"，也不是不言而喻的真理，而是立国举动本身。

人们经常注意到，革命者的行动在极大程度上受到古罗马人的榜样之启发和引导。不仅法国大革命是这样，它的当局者确实对剧场事物独具慧眼；美国人也一定是在有意仿效古代的长处，虽然他们也许不大根据古典的伟大来打量自己——尽管托马斯·潘恩常常认为"美国是雅典之放大"。当圣鞠斯特宣称"罗马以降，世界就空出来让罗马人的回忆填满，这是我们现在唯一的自由预言"时，他是在回应约翰·亚当斯的"罗马宪法造就了有史以来最尊贵的人民和最伟大的权力"。正如潘恩之论，乃是附和詹姆斯·威尔逊之预言"美国的光荣可比希腊，并使之相形见绌"。[1]前已述及，这种好古事实上是何等唐突，与现

---

1 托马斯·潘恩的评论参见《人的权利》(Part II); 约翰·亚当斯的评论参见 *A Defense of the Constitutions of Government of the Unites State* (1778), *Works*, vol. IV, p. 439; 詹姆斯·威尔逊的预言引自 W. F. Craven, *The Legend of the Founding Fathers*, New York, 1956, p. 64。

代是何等格格不入，何等出人意表，革命者竟转向了一个遭十七世纪科学家和哲学家猛烈抨击的遥远过去。然而，当我们回想起，甚至在十七世纪，哈林顿和弥尔顿就对"古典的审慎"怀有何等热情，而极力吹捧克伦威尔短命的独裁；孟德斯鸠在十八世纪初叶，又是何等毫厘不爽地再一次将注意力投向罗马时，我们就明白了，没有古典先例照耀整个时代，大西洋两岸的革命者就无一有勇气展开后来证明是前无古人的行动。从历史上说，随着现代的兴起戛然而止的文艺复兴之复古运动，似乎突然获得了重生，似乎短命的意大利城市国家——马基雅维里十分清楚，民族国家一降临，它就在劫难逃了——的共和狂热只不过是蛰伏起来，以便给欧洲各民族腾出时间，使之可以说是在绝对君主和开明专制的卵翼下成长的。

　　无论如何，革命者转向古代寻求激励和指导，原因绝不是对过去和传统的罗曼蒂克怀念，这是再明显不过的了。有哪一种名副其实的保守主义不是罗曼蒂克的呢？罗马式的保守主义是革命的一种后果，尤其在欧洲，它是革命失败的后果。这种保守主义转向了中世纪，而不是古代；它使世界政治的世俗领域要从教会的光辉中获得光明的那个年代，也就是公共领域要借光而活的年代，获得了光荣。革命者为他们的"启蒙"而自豪，为他们从传统中获得知识自由而自豪。由于他们尚未发现这一状况的精神困境，还没有被那种对一般意义的过去与传统的多愁善感所玷污。后来，这种多愁善感在十九世纪早期的知识风气中显得别具一格。他们转向古人，是因为他们从中发现了不是经过传统来流传的一面：它既不是经过习俗和制度的传统，也不是经过西方思想和概念的伟大传统来流传的。故而，促使他们返回西方历史开端的不是传统，相反是他们自身的经验。对于这些经验，他们需要原型和先例。对他们而言，就像对马基雅维里而言那样，这伟大的原型和先例就是罗

五　立国（二）：新秩序的时代

马共和国及其辉煌历史，尽管偶尔也会赞美一下雅典和希腊的光荣。

为了更清楚地理解革命者向伟大的古罗马榜样寻求的是哪些教训和先例，很有必要回顾一下另一个常常是有目共睹的事实。不过，它仅仅是在美国革命中才扮演了一个独特的角色。联邦宪法，用约翰·昆西·亚当斯的话来说，"从一个进退两难的民族那咄咄逼人的必然性中提取出来"，本应在一夜之间变成"不问青红皂白就几乎是盲目崇拜的对象"，一如伍德罗·威尔逊曾经说过的那样。[1]对此，很多历史学家，尤其是二十世纪的历史学家都感到相当棘手。其实可以将白哲特关于英国政府的话转换一下，坚持联邦宪法"以宗教的力量"强化了美国政府。除此之外，使美国人民遵守其宪法的力量，既不是基督教对一位启示上帝的信仰，也不是希伯来对创世者，即宇宙立法者的遵从。如果他们对美国革命和联邦宪法的态度完全可以被称为宗教式的，那么，"宗教"一词必须根据它本来的罗马意义来理解，他们的虔敬就在于religare（联结或捆绑在一起），在于约定返回开端中去。就像罗马的pietas（虔敬）在于约定返回罗马历史的开端，返回永恒城市的建立中去一样。从历史上说，当美国革命者以为他们仅仅是为了找回古典权利和自由而转回一个"早期"时，他们就大错特错了，这种错误无异于大西洋对岸的同行们犯的错。但是，从政治上说，他们从开端之处汲取既定政治体的稳定性和权威，则是正确的。他们的困难是无法构思出一个开端，除非在遥远的过去发生过什么事情。伍德罗·威尔逊甚至在不了解这一点的情况下，就将美国人的宪法崇拜称作是盲目的和不问青红皂白的，因为它的根源没有罩着时间的光环。也许美国人民的政治禀赋或大好

---

[1] 亚当斯和威尔逊的评论均引自Edward S. Corwin, "The 'Higher Law' Background of American Constitutional Law", in *Harvard Law Review*, vol. 42, 1928。

运气对美利坚共和国的青睐,恰恰就在于这种盲目性,或者,换句话来说,就在于以后世眼光审视昨天的非凡能力。

美国立国者可以将哪些成功归入自己囊中?大的衡量标准就在于这个简单的事实:他们的革命在别人失败的地方大获成功,也就是说,他们建立了一个稳定得可以经受后世考验的新政治体。对此,人们不由想到,这是在联邦宪法开始被"崇拜"的那一刻所注定的,尽管它尚未开始运作。美国革命与后来其他一切革命最为悬殊的,就是在这一方面。于是有人不免要得出结论,以为确保新共和国之稳定性的,是立国之举本身所带有的权威,而不是对不朽立法者的信仰,不是对"来世"报应的承诺,甚至也不是《〈独立宣言〉序》列举的真理那可疑的自明性。诚然,这种权威,与革命者孤注一掷地极力引为新政府之正当性源头和法律效力之源泉的绝对性,是截然不同的。在此,那些为了自己的使命摩拳擦掌,经过深思熟虑而转向古罗马史和古罗马政治制度的人,最终在他们心目中又一次不自觉地,而且几乎是盲目地为伟大的古罗马原型所倾倒了。

罗马的权威不属于法律;法律的效力不是源于法律之上的权威。权威被纳入一种政治制度,罗马的元老院之中。在古罗马,权力在民,但权威在元老院。当美国的参议院与罗马的,甚至威尼斯的原型都鲜有共同之处时,上院根据这一罗马制度而命名这一事实就大有深意了。它清楚地表明,对于那些与"古典的审慎"精神相得益彰的人来说,词语是如何深入其心。在"美国剧场上演的大量变革"(麦迪逊)中,意义最重大的一定最引人瞩目,这也许就是权威的所在地从(古罗马的)元老院转移到了政府的司法部门。不过,与古罗马精神一直都很接近的是,需要并成立一项专为权威而设的具体制度,它与政府的立法和行政部门的权力判然有别。恰恰是他们对"参议院"一词的误用,或毋宁说

五　立国（二）：新秩序的时代

是他们不愿将权威赋予一个立法部门，表明国父们对罗马区分权力与权威，理解得是多么透彻。汉密尔顿之所以坚持"国家权威之尊，必须通过正义的法院这一中介来体现"，[1]原因就在于，以权力观之，司法部门拥有的"既非力量，亦非意志，而仅仅是判断，……（为）三权之中最弱者而无出其右"。[2]换言之，它的权威使之不适于权力，反之亦然，立法部门的权力亦使参议院不适于实施权威。司法审查在麦迪逊看来，乃是"美国对政府科学的独到贡献"，可即便是司法审查，若然没有它在罗马监察官中的古代范本，那它就不是什么独到贡献，而依然不过是一个"监察委员会……在1783年至1784年的宾夕法尼亚……用来调查'是否违宪，立法部门与行政部门是否相互侵权'"。[3]然而问题在于，当这一"政治上重要的新试验"被纳入美国联邦宪法中时，便丢掉了它的古典特征，连同它的名字。一方面是censores（审查）之权力，另一方面则是轮流执政。从制度上，它缺少权力，还终身任职。这就意味着，在美利坚共和国，权威真正之位在最高法院。这种权威通过一种连续制宪的方式来行使，因为最高法院，按伍德罗·威尔逊所云，其实是"连续开会的一种制宪会议"。[4]

尽管美国权力与权威之间的制度性差异带有鲜明的罗马烙印，但它自身的权威概念则显然完全走样了。在罗马，权威的功能是政治的，在于提出建议，而在美利坚共和国，权威的功能是法律的，在于解释。最高法院自身权威源于联邦宪法这一成文文献，而罗马的元老院，罗马共和国的patres（执政官）和国父，他们掌握了权威，因为他们代表了

---

[1] 《联邦党人文集》，no. 16。
[2] 同上，no. 78。
[3] 同上，no. 50。
[4] 如引自Corwin的著作，见前引书，p. 3。

祖先，或毋宁说是祖先的化身，祖先对政治体权威的唯一权利，恰恰在于政治体是他们建立的，他们是"国父"。通过罗马的元老，罗马城的建立者就在场了；建城精神凭借他们而在场了，那就是从此形成了罗马人民历史的那些 res gestae（丰功伟绩）的开端、基础和原则。权威的词源是 augere，augere 乃扩张和增长之意，它仰赖建城精神的活力，借之而得以扩大，增长和扩张那些祖先奠定的基础。这种扩张不间断的延续性及其固有的权威，只能通过传统而产生，也就是说，通过在开端时奠定的原则的薪火相传和前赴后继来完成。在罗马，驻留于这种前赴后继之中就意味着处于权威之中；凭借虔敬的追忆和保存而与祖先的开端保持联系，就意味着拥有罗马的执政官，"皈依"或"受制"于自身的开端。因此，"Neque enim est ulla res in qua proprius ad deorum numen virtus accedat humana, quam civitates aut condere novas aut conservare iam conditas."（"权威既不是立法，尽管立法在罗马举足轻重，也不被认为是人类的至善统治本身，而是缔造新国家，或者是对已缔造国家的保存和扩张。"）[1]权威、传统和宗教三者同源自建城之举，这种一致性自始至终构成了罗马历史的支柱。因为权威意味着建城行动的扩张，加图就可以说，共和宪制"不是某一个人在某一时间的作品"。持久性与变化借权威而联系在一起，由此，纵观罗马史，变化好歹都只能意味着旧事物的增长和扩大。至少对于罗马人来说，征服意大利和建设帝国都是正当的，只要被征服地区扩大了建城行动，并与之保持联系。

这最后一点，即建城、扩张和保守是密切联系的，很可能就是美国革命者采纳的最重要的单个观念。他们这样做不是出于某种苦心，而是由于深受古典熏陶，也由于从师于古罗马这个学校。从这个学校中

---

[1] 西塞罗，见前引书，I，7，12。

五 立国(二):新秩序的时代

产生了哈林顿的"叠增之国"观念,因为罗马共和国正是一个"叠增之国"。正如数世纪之前,马基雅维里几乎原封不动地照搬了西塞罗那伟大的演说辞:"以新法和新制改革共和国和君主国之人,用行动升华了自己,达到了无人可及的高度。……这些人的美名仅次于诸神。"[1] 他以前就援引过这句话,尽管无心提及西塞罗的大名。就十八世纪而言,想必在美国革命者眼中,仿佛迫在眉睫的主要问题就是如何让联盟"持久";[2] 如何将持久性赋予立国行动;如何为一个求古代禁令而不得的政治体获得具有正当性的禁令(正如休谟曾有一议:迄今为止,一直在产生"正确观念"的,不是古代,又能是什么?)这使绝对性的理论和法律难题,在实践政治中令人坐立不安;想必在美国革命者眼中,仿佛所有这一切都可以在古罗马找到一个简单的,可以说是迎刃而解的办法。罗马的权威概念指出,立国之举将不可避免地发展出自身的稳定性和持久性,而权威在这一语境下只不过是一种必要的"扩张",一切革新和变化都借之而与立国保持了联系,同时也使之扩张和增长。故联邦宪法的修正案扩张和增长了美利坚共和国本来的立国行动;毋庸赘言,美国宪法的这一权威就在于它固有的修正和扩张能力。作为全新事物开端的"革命性"举动,与时间一长就会掩盖这一新开端的保守念头,乃是交织在一起的。立国与借助扩张来维持是一致的,这种观念深深扎根于古罗马精神之中,在罗马史的每一页中都历历在目。这种一致性本身,也许最好是用拉丁语来说明,因为立国就是condere(放在一起,聚集)源于早期拉丁语中被称作Conditor的田神,他的主要功能是主持

---

[1] 参见"Discourse on Reforming the Government of Florence", in *The Prince and Other Works*, Chicago, 1941。
[2] 主要是出于对共和政府稳定性的关注,导致十七、十八世纪作家经常对斯巴达魂牵梦萦。那时,据说斯巴达甚至比罗马还要持久。

种植和收割，显然，他同时是奠基者和维持者。

根据罗马精神来解释美国革命的成功，并不是随意为之的。有一个匪夷所思的事实，看来可以保证这一点：绝不仅仅是我们把美国革命者叫作"国父"，他们自己也是这样想的。这一事实最近让人闪过一丝不快的念头：这些人自以为他们拥有后人无法想象的美德和智慧。[1]不过，哪怕对当时的思想和风气略有所闻，就足以看出他们期待的这种傲慢，与他们的思想是如何格格不入。事实简单得多：他们将自己想成是立国者，因为他们有意要摹仿罗马的榜样，仿效罗马的精神。当麦迪逊提到"后人"，以为他们"义不容辞……要促进和延续"祖先们缔造的宏图大业时，他期待的是"崇敬，一种由时间来赋予一切事物的崇敬，一旦缺少了这种崇敬，哪怕最英明、最自由的政府也无法获得稳定性"。[2]毫无疑问，美国的立国者穿上了罗马 maiores（伟人）的衣服，这些祖先从定义上就是"更伟大者"，甚至在人民认可之前就已经如此了。但是，有此吁求并非出于傲慢之精神，而是源于一种简单的认识，要么做立国者，然后成为祖先，要么就走向失败。至关重要的既非智慧亦非美德，而仅仅是举动本身，它是无可争议的。他们对自己所做的一切都心如明镜，他们也深知，历史有幸"在最伟大的古代立法者朝思暮想的那一个时刻，变得栩栩如生了"。[3]

前已述及，"宪法"一词具有双重意思。按照托马斯·潘恩，我们仍可以通过它来理解"先于政府"的构建之举，通过它，人民结成了一个新的政治体；而我们通常是用"宪法"来指这一举动的结果，也就是作

---

[1] 参见 Martin Diamond, "Democracy and *The Federalist*: A Reconsideration of the Framers' Intent", *American Political Science Review*, 1959 年 3 月。

[2] 《联邦党人文集》, nos. 14 and 49。

[3] 约翰·亚当斯，参见 *Thoughts on Government* (1776), *Works*, vol. IV, p.200。

五 立国（二）：新秩序的时代

为成文文献的联邦宪法。如果我们现在再次将注意力转向那"不问青红皂白和盲目的崇拜"——美国人民一直以来就是这样来看待他们的"宪法"的——就可以看出这种崇拜始终是多么模棱两可，因为它的对象可以是构建之举，也可以是成文文献本身，至少两者是差不多的。宪法崇拜在美国，竟然经受住了一百多年的对文献以及一切对立国者而言是不言而喻的"真理"的吹毛求疵和口诛笔伐，由这一不可思议的事实观之，有人不免要得出结论，对事件本身，也就是对人民如何殚精竭虑地建立一个新政治体的记忆，不断地让这一举动的实际成果也就是文献本身，笼上了一层令人敬畏的气氛，避免事件和文献遭到时间和形势变化的冲击。有人甚至不免推测，每当在狭义"宪法"上的宪法问题一有风吹草动，只要唤起对举动本身，即对开端本身的记忆，那么共和国的权威就将安好无损。

美国革命者将自己想成是"立国者"这一事实表明：他们是多么了解，那最终成为新政治体权威之源的，并不是不朽立法者或不言而喻的真理，或其他超验的、超凡的源泉，而是立国举动本身。从中可以看出，寻求一种绝对性来打破一切开端都不可避免要陷入的恶性循环，是徒劳无功的，因为这种"绝对性"存在于该开端举动本身。在某种意义上，这一点向来都是尽人皆知的，尽管它从未以概念化的思想完整地表达出来。原因很简单，开端本身先于革命的时代，一直是云山雾罩，神秘莫测，始终是臆想之对象。现在第一次发生在光天化日、众目睽睽之下的立国之举，数千年来都是立国传说的对象，在这种传说中，想象企图延伸到过去，延伸到记忆所不能及的事件中。无论这些传说的真相如何，它们的历史意义就在于，人类的心灵是如何试图去解决开端的问题；解决那横空出世，打破了历史时间之延续性的新事件问题。

就美国革命者而言，只有两个立国传说是耳熟能详的，那就是《圣经》中以色列部落出埃及的故事,以及维吉尔关于埃涅阿斯逃出被烧毁的特洛伊后四处漂泊的故事。两者都是有关解放的传说,一个是从奴役中解放,另一个是从毁灭中逃离,两个故事的中心,都围绕将来的自由承诺,对应许之地的最终征服或新城市的建立——dum conderet urbem。维吉尔在他的伟大诗篇中,开门见山指出了它的实际内容。就革命而言,这些传奇似乎蕴含着一个重要教训。令人啧啧称奇的是,他们不约而同地坚持在旧秩序的终结和新秩序开端之间存在脱节。由此,以色列部落在荒原上绝望而漫无目的的流浪和埃涅阿斯抵达意大利海岸前降临在他身上的艰难险阻,是否能填平这种脱节,在此语境下就显得无足轻重了。如果说这些传说有何教益的话,那就是它们指出了,解放不会自动产生自由,正如终结不会自动转化为新开端一样。革命正是传说中终结与开端、"不再"与"尚未"之间的鸿沟,至少,它已经向这些人表现出来了。从枷锁走向自由的转型期想必极其需要他们的想象力,因为传说不约而同地告诉我们,伟大领袖恰恰是在历史时间的这些脱节中登上历史舞台的。[1]而且,这一鸿沟显然会蔓延到一切对时间节点的臆测上,这种臆测与时间连绵不绝这一广为接受的观念是背道而驰的。于是,它就成为人类想象和臆测天然的对象,直到从根本上触及开端问题。但是,在传说中的凭着臆测而知道的那些东西,似乎第一次表现为实实在在的现实。如果有人确定了革命的日期,那他似乎是做了一件不可为之事,也就是说,他根据编年学,即根据历史时间,

---

[1] "弥尔顿相信,受命于天的神授伟大领袖……是参孙一样的暴政和奴役的救星,是布鲁图一样的自由的创制者,是像他自己一样的伟大导师,而不是在一个不变的、顺利运作的混合国家中全权的行政长官。在弥尔顿的规划中,伟大领袖在历史舞台上粉墨登场,在从奴役到自由的转型期扮演合适的角色。"(Zera S. Fink, *The Classical Repulicans*, Evanston, 1945, p.105)拓居者自己当然也是如此。"他们生命的基本现实,与希伯来人的子孙庶几近矣。他们构思出走ând步入荒原,这样就使《出埃及记》的故事复活。"正如丹尼尔·布尔斯廷在《美国人》(New York, 1958, p.19)中正确地强调的那样。

五　立国（二）：新秩序的时代

在时间上确定了这一脱节的日期。[1]

开端本身带有一种完全的随意性，这扎根于开端的性质之中。开端不受制于可靠的因果之链，在这一链条中，每一个结果都会立刻转化为未来发展的原因。而且可以说，开端抓不住任何东西，它似乎是时空之外的天外来客。在开端的那一瞬间，似乎开端者废除了时间性本身的绵延，或者说行动者被抛到了时间秩序和延续性之外。开端问题当然首先见诸对宇宙起源的臆测和思考中。我们知道希伯来是这样解决这个难题的：设想有一位创世的上帝，他在自己的物种之外；同样，制造者也是在制造物之外的。换言之，开端的问题是通过引入一名开端者来解决的，这位开端者自己的开端是不成为问题的，因为他"从永恒中来，到永恒中去"。这种永恒性是暂存性之绝对。在宇宙开端达到绝对这一领域之时，它就不再是随意的了，而是扎根于某种事物之中，这种事物尽管可能是人类的推理能力所不逮的，但它拥有一种理性，即它自己的原理。革命者被迫行动的那一刻，仓促之间孤注一掷地寻找一种绝对性，这一不可思议的事实，至少在一定程度上是西方人由来已久的思维习惯的影响所致。按照这一思维习惯，每个全新的开端都需要一种绝对性，该习惯就源于这种绝对性，并通过它来得到"解释"。

---

[1] 有人不禁要将美国的范例，当作远古传说真理的历史演绎来用，将殖民时期解释成从奴役到自由的转型期，解释成离开英格兰和旧世界，与在新世界以自由立国两者之间的间隔期。与传说对照起来是如此贴切，这种诱惑就越发强烈。因为在这里，新事件和新的立国似乎又一次通过背井离乡的非常举动实现了。维吉尔对这一点的强调，与《圣经》故事相比毫不逊色。——"天上的众神欣欣然推翻了……普里阿摩斯无辜的人民，伊俄纽斯垮台之后，我们在神意的驱使下，在荒无人烟之地寻觅远方的流放之所。"（《埃涅阿斯纪》，III，1—12；在此以及在下文中，我援引的是 J. W. Mackail 的译本, Virgil's *Works*, Modern Library edition。）我认为这样解释美国历史是错误的，理由显而易见。殖民时期绝非美国历史的间隔期，英国拓居者不管出于什么原因背井离乡，他们一旦到达美洲，要他们承认英国的统治和祖国的权威没有任何问题。他们不是流放者，相反，他们直至最后一刻都为身为英国臣民而深感自豪。

不管革命者不自觉的逆反思维在多大程度上还受到希伯来—基督教传统的支配，毋庸置疑的是，他们在立国之举中表现出来的与开端难题做斗争的刻意努力，并未转向"上帝开天辟地之开端"，而是转向了"古典的审慎"，转向了古代的政治智慧，更确切地说，转向了古罗马。古典思想之复兴和还原古典政治生活要素的伟大努力，却忽略（或误解）了古希腊人，而几乎全都因循古罗马的榜样，对于传统来说，这绝非偶然。罗马史以建城理念为中心，没有洞见到处于罗马史和罗马编年史开端的伟大行为，也就是urbs condita（建城），即永恒城市之建立这一事实，诸如权威、传统、宗教、法律等等伟大的罗马政治概念就无一可以得到理解。没有什么比西塞罗的一个著名吁请，可以更好地指出罗马对这个开端所固有的问题通常的解决方法了。西塞罗呼吁西庇阿在构建或毋宁说是重建公共领域时，也就是原来意义上的共和国的生死关头，做dictator rei publicae constituendae（共和国的独裁者），实行专政。[1] 罗马的这种解决办法是激发罗伯斯庇尔"自由专制"的实际源泉。罗伯斯庇尔若想以自由宪法之名为他的专政正名，就完全可以搬出马基雅维里来："创立一个新的共和国，彻底改革现存的旧制度，只能是一个人的工作。"[2] 他也可以抬出詹姆斯·哈林顿，哈林顿在提及"古人和他们渊博的随从马基雅维里（晚期唯一的政治家）"[3]时，也断言"立法者"（对哈林顿来说，立法者就是立国者）"应该是一个人，……政府则应该大家一起缔造。……为此，一位英明的立法者……理所当然要极力将统治权力掌握在自己手中。任何有头脑的人都不应指责在这种情形下必要的非

---

1 《论共和国》VI, 12, 也可参见 Viktor Poeschl, *Römischer Staat und griechisches Staatsdenken bei Cicero*, Berlin, 1936。

2 *Discourses upon the First Decade of T. Livius...* I, 9.

3 《大洋国》(1656)，引自 the Liberal Arts edition, p. 43。

五　立国（二）：新秩序的时代

常手段，目的原本不外乎是一个秩序良好的国家的宪法而已"。[1]

不管革命者与罗马精神如何贴近，不管他们如何小心翼翼地听从哈林顿的建议，去"搜寻古典审慎的档案"，[2]——在这件事上，可没有人比约翰·亚当斯花的时间多——对于他们主要的事情，也就是全新的、横空出世的政治体的宪法，这些档案想必出奇地保持了沉默。我们备感奇怪的是，有一种观念是罗马的建城概念所固有的，那就是，不仅在罗马历史进程中一切决定性的政治变迁都是重构，也就是改革旧制度和恢复本源的立国之举；而且，甚至这第一下的举动就已经是一种重建，可以说是再生产或复辟。用维吉尔的语言来说，罗马建城乃是特洛伊的重建，罗马实际上是第二个特洛伊。甚至马基雅维里，部分是因为他是一名意大利人，部分是因为他依然贴近罗马的历史，他可以相信，令他耿耿于怀的，新建一个纯粹世俗化的政治领域，实际上只不过是"旧制度"的激进改革而已。甚至很多年之后，弥尔顿也还可以梦想不要建立一个新罗马，而梦想建设"新版罗马"。但哈林顿却不是这样，最好的证据在于这样一个事实，他开始将截然不同的形象和隐喻，引入到这场讨论之中，而这些东西与罗马精神又是格格不入的。当哈林顿为"非常手段"对建立克伦威尔的国家之必要性辩护时，他突然争

1　《大洋国》(1656)，引自 the Liberal Arts edition, p. 110。
2　同上，p.111。(另外，十七、十八世纪政治文献中的"审慎"，并不意味着"谨慎"，而是意味着"政治见识"，由此，这一见识是否也暗示了一种智慧，或者一种科学，一种节制，就取决于作者了。词本身是中性的) 关于马基雅维里对哈林顿的影响，以及古人对十七世纪英国思想的影响，参见 Zera S. Fink 的杰出研究，援引自前面的注释。十分可惜，Gilbert Chinard 提出了一个类似的研究，要"准确评估古典哲学家和历史学家对美国政府体系构造的影响"("Polybius and the American Constitution" in the *Journal of the History of Ideas*, vol. I, 1940)，却从未加以落实。理由好像是，人们对政府形式不再感兴趣了，那可是国父们最倾力投入的一个主题啊。这样一种研究，而不是根据欧洲社会和经济经验来解释美国早期历史的徒劳努力，将表明"美国试验不仅具有地方性的和就事论事的价值，它实际上是一种高潮，要想理解……它，就有必要认识到，最现代的政府形式与古代的政治思想和政治经验并不是毫无关联的"。

辩说:"从未听说过一部书或一座建筑,不是出自一位独特的作者或一位建筑师之手,就可以臻于完美。有鉴于此,一个国家就其构造而言也不外如是。"[1] 换言之,在这里,他引入了暴力手段,暴力手段对于型构其实是正常的和必要的,恰恰是因为不是从无到有,而是从给定的材料中创造事物,就必须侵犯这些材料,以使之服从于塑造过程,从中得以产生一个事物、一个被型构的对象。然而,罗马的独裁者绝不是一个构造者,他在紧急状态下拥有非常权力,而处于这种权力之下的公民,也绝不是从中"建造"什么东西的人类材料。诚然,当哈林顿自信有资格做一名"建筑师",从人类材料中为人类建造出一座新房子,也就是一个新的共和国时,他尚无从知晓大洋国事业固有的巨大危险,也万万没有想到罗伯斯庇尔对非常暴力手段的利用。业已发生的一切就是,伴随着新的开端,西方人原始神话中的罪行在欧洲的政治场景中重现,似乎弑亲又一次成为兄弟关系的根源;兽性又一次成为人性的源头。事到如今,与人们由来已久的梦想以及他们后来的概念背道而驰,暴力绝不会产生什么新东西,也不会带来稳定;相反将开端以及开端者都淹没在一场"革命洪流"之中,仅此而已。

一切开端固有的随意性,与人类的犯罪潜能之间具有内在的亲缘关系,也许正因为如此,罗马人决定不奉杀害雷穆斯的罗慕路斯为先祖,而做埃涅阿斯的子孙。[2] 这就是 Romanae stirpis origo("罗马种族的源头")。他 Ilium in Italiam portans victosque Penates("带着伊里俄纽斯

---

[1] 哈林顿,《大洋国》,见前引书,p. 110。

[2] "Die Römer hielten sich nicht fuer Romuliden, sondern fuer Aineiaden, ihre Penaten stammten nicht aus Rom, sondern aus Lavinium." "Die römische Politik bediente sich seit dem 3. Jahrhundert v. Chr. des Hinweises auf die troische Herkunft der Römer." ("罗马人并不认为自己是罗慕路斯族,而是埃涅阿斯族,因为他们不是源于罗马,而是源于拉维尼亚。" "从公元前三世纪以来,罗马政治就被特洛伊裔的罗马人所掌握。") 关于对整个问题的讨论,参见 St. Weinstock, "Penates", in Pauly-Wissowa, *Realenzyklopädie des klassischen Altertums*。

五 立国（二）：新秩序的时代

和她被征服的家神来到了意大利"）。[1]诚然，这一事业也伴随着暴力，那是埃涅阿斯与意大利本土人之间的战争暴力。但是，根据维吉尔的解释，这场战争是必要的，目的是废掉特洛伊战争。由于特洛伊在意大利土壤上的复兴，即 illic fas regna resurgere Troiae，注定会挽救"希腊人和阿喀琉斯的愤怒残留的废墟"，从而重振那个根据荷马所言，已经从地球表面消失了的赫克托耳族，[2]故特洛伊战争必须重演一遍，这意味着颠覆荷马史诗定下的事件秩序。这种颠覆在维吉尔的伟大诗篇中可谓煞费苦心、完美无瑕：阿喀琉斯又一次充满了难以克制的愤怒；图耳努斯以"此时此刻，你也可以说普里阿摩斯找到了他的阿喀琉斯"[3]的话来毛遂自荐；在那里，"第二个帕里斯重现了，另一场特洛伊城烽火重燃了。"[4]埃涅阿斯自己显然就是另一个赫克托耳。一切事件的中心，"一切不幸的根源"，又是一个女人，拉维尼亚取代了海伦。现在，将所有旧人物集中在一起后，维吉尔接着颠覆荷马的故事：这次是图耳努斯—阿喀琉斯在埃涅阿斯—赫克托耳面前败下阵来，逃之夭夭，拉维尼亚是一位新娘而不是成熟的妇人，战争的结果不是一方胜利凯旋，另一方遭灭顶之灾和奴役，而是"两个民族都没有被征服，它们在平等的法律下永久订立条约"[5]并居住在一起，就像埃涅阿斯甚至在战争爆发之前就已经宣

---

1 维吉尔，《埃涅阿斯纪》，XII, 166, and I, 68。奥维德（in *Fasti* IV, 251）以几乎一模一样的语言来讲述罗马的特洛伊起源：*Cum Troiam Aeneas Italos portaret in agros*——"Aeneas carries Troy onto Italic soil"。

2 《埃涅阿斯纪》，I, 273；也可参见 I, 206, and III, 86—87。

3 同上，IX, 742。

4 同上，VII, 321—322。

5 同上，XII, 189。指出维吉尔究竟在多大程度上颠倒了荷马的故事，并不是毫无意义的。例如，在《埃涅阿斯纪》第二册，就有一个《奥德赛》场景的副本。没有暴露身份的尤利西斯，从别人口中倾听自己生平的故事及其中的苦难，第一次，他当场就热泪盈眶。在《埃涅阿斯纪》中，是埃涅阿斯本人在叙述他的故事。他没有哭泣而是期待他的听众为之而掬一把同情之泪。毋庸赘述，这种颠倒，与我们在正文所举的那些相比，是没有什么意义的。它破坏了原意，而毋需其他分量相当的东西取而代之。这种颠倒本身就愈发引人注目了。

布的那样。

无论是维吉尔对罗马著名的clementia（和平）概念的论证——parcere subiectis et debellare superbos（顺我者昌，逆我者亡）——还是作为其基础的罗马战争概念，都无关本书宏旨。罗马的战争概念，是一种独特而伟大的战争观：和平不取决于胜负，而是取决于交战双方的结盟。由于在战争本身中确立了新的关系，并通过"lex"这一工具（也就是罗马法）来认定，他们现在成为伙伴、盟友或同盟者。由于罗马建立在两个不同的、天然敌对的人民之间的这一约法基础之上，故罗马的使命，就是最终"将全世界置于法律之下"，即totum sub leges mitteret orbem。罗马政治的创意就在看护着传说中的建城活动的那些原则之中。这一点并不仅仅是根据维吉尔，而且，总的来说是根据罗马人的自我诠释。

然而，在本书中更为重要的是体察到，在这种自我诠释中，甚至罗马建城都没有被理解为一个绝对全新的开端。罗马，是特洛伊的复兴，是某些以前存在的城邦的重建，它们的传统和持续性从未中断。为了了解这种自我诠释对于根据复辟和重建来看待宪法和立国究竟有多么重要，我们只需回顾一下维吉尔另一部伟大的政治诗篇《第四牧歌》就可以了。因为，如果在奥古斯都的统治下"伟大的时代重获新生"（一切标准的现代译法都是这样迻译这一伟大首行诗：Magnus ab integro saeclorum nascitur ordo)，那恰恰是因为"时代秩序"并不是美国"绝对全新的开端"意义上的新秩序时代[1]——在此，维吉尔似乎是在政治领

---

[1] 《第四牧歌》一直被理解为博大的宗教救赎渴望的一种表达。如Eduard Norden在他的经典文章 *Die Geburt des Kindes, Geschichte einer religiösen* 中，逐行诠释维吉尔的诗，硬是将W. Bousset, *Kyrios Christos*, Göttingen (1913) 关于通过全新开端来期待救赎的东西(p. 228及以下)读成是对它主要思想的一种释义(p. 47)。我采纳Norden的翻译和评论，不过对此诗的宗教意义则要存疑。有关最近的一场讨论，参见Günther Jachmann, Die Vierte Ekloge Vergils' in *Annali della Scuola Normale Superiore di Pisa* vol. XXI, 1952, and Karl Kerényi, *Vergil und Hölderlin*, Zurich, 1957。

域，谈论他在另一个完全不同的文本《乔治亚克》中所谈论的东西，那就是"新世界的第一缕阳光"。[1]《第四牧歌》的秩序之所以是伟大的，就在于它返回到并来自之前的开端。下一行诗明言："现在，回到少女，回到萨杜恩的统治。"从中当然可以知道，诗赞美孩子的降生，而这孩子绝不是一个 θεὸς σωτηρ，即从某种超验、超凡领域降临的神圣救星。再清楚不过的是，这个孩子是人类的孩子，诞生于历史的延续性之中。男孩子必须学习 heroum laudes et facta parentis（"英雄的光荣和父辈的事迹"），目的是能够做一切罗马男孩子长大成人后都应该做的事情，那就是"统治这个祖先以美德和平地建立的世界"。毫无疑问，诗是降生的赞美诗，是赞美孩子出生的歌谣，是 nova progenies（新一代）的宣言。但它根本就不是圣孩和救星降临的预言，相反，它是降生本身之神圣性的确证。世界的拯救潜能就在于人类这个物种永远不断地自我再生产这一事实。

我反复琢磨维吉尔的诗是因为，在我看来，似乎公元前一世纪的诗人，以他的方式发展了公元前五世纪基督教哲学家奥古斯丁用概念化和基督教语言表达的东西：Initium ergo ut esset, creatus est homo（人之创造，应为开端）。[2] 最终，这一点在现代革命进程中暴露无遗。在本书中至关重要的，与其说是一切立国都是重建和重构这一深奥的罗马观念，倒不如说是与之有一定联系但又截然不同的一个理念，那就是人要为缔造一个新开端这个在逻辑上自相矛盾的使命未雨绸缪，因为人本身是新开端，再做开端者；开端这一能力扎根于降生之中，扎根于人类经降生而出现在世界中这一事实。并不是在罗马帝国衰落的过程中，伊

---

1 *Georgica* II, 323 及以下：*prima crescentis origine mundi*.
2 *De Civitate* Dei, XII, 20.

西斯崇拜或基督教派这些异教的扩展，促使罗马人更易于接受"孩子"崇拜，而几乎其他一切来自被征服世界的陌生文化都相形见绌。[1]相反，是因为罗马的政治和文明，与在建城中开端的完整性之间，具有无比密切的联系，以孩子——救星的降生为中心的亚洲宗教对他们就具有了巨大的亲和力。让那些深受罗马文化熏陶的人心醉神迷的，不是它们的陌生性本身，而是降生和立国的亲缘关系，也就是以既陌生而又备感亲切的面目出现的熟悉思想。

无论过去或将来如何，当美国人决定从 magnus ordo saeclorum（大秩序时代）转向新秩序时代，对维吉尔的诗大刀阔斧加以修改之时，他们承认，问题不再是建立"新版罗马"，而是建立一个"新罗马"，也就是说，迫使欧洲政治返回永恒之城的建立，将这一立国与希腊和特洛伊的史前记忆再度联系在一起的那种持续性，被打断而无法再重建了。这种承认是不可避免的。直至本世纪欧洲殖民体系的崩溃和新民族崛起为止，美国革命在这一方面都是独一无二的，它在很大程度上不仅是一个新政治体的建立，而且是一部个别民族史的开端。不管殖民地的经验和前殖民地历史如何决定性地影响了美国革命的进程和该国公共制度的形成，它作为独立实体的故事，仅仅始于美国革命和共和国建立之际。如此看来，美国革命者对其事业的绝对创新性之领悟，已经升华为一种迷恋，他们不可避免地沉迷于某种东西而不能自拔。来自他们自身传统的历史或传说的真理，对此都无济于事，无例可循。可是，当读到维吉尔的《第四牧歌》时，他们便隐约意识到这里有一个办法可以解

---

[1] Norden明确指出："Mit der Verbreitung der Isisreligion über grosse Teile der griechisch-römischen Welt wurde in ihr auch das 'Kind'...so bekannt und beliebt wie kaum irgend etwas sonst aus einer fremdländischen Kultur."（"随着伊西斯宗教在希腊—罗马世界的广泛传播，由于她声誉日隆且被人爱戴，这种宗教似乎已不再是一种外来文化的产物。"）前引文章，p.73。

五　立国（二）：新秩序的时代

决开端的难题，而不需要任何绝对性来打破一切原初事物似乎都会陷入的恶性循环。将开端之举从它自身的随意性中拯救出来，是因为它自有其原则，更确切地说，开端与原则、principium 与原则，不仅仅是相互关联的，而且是同时发生的。开端的效力源自绝对性，而绝对性必须拯救开端，可以说是从它固有的随意性中将它拯救出来的。绝对性就是与开端一道，并且使之在世界上呈现出来的原则。不管开端者意欲何为，他们开辟的道路，给那些为了参加并造就一番非凡事业的人，制定了行动之法。可见，原则激发行为，行为听从原则；只要行动持续，原则就始终醒目。不仅是我们自己的语言依然将"原则"取自拉丁语 principium，并为人类事务领域中的绝对性问题，提出了这个解决办法，否则这个问题就无法解决了，须知人类事务领域从定义上是相对的。而且，希腊语也惊人一致地诉说着同样的故事。开端在希腊语中是 ἀρχή，它同时意味着开端和原则。后来的诗人和哲学家对这种一致性内在意思的表达，都不及柏拉图言简意赅。柏拉图在生命行将结束时，漫不经心地说，ἀρχὴ γὰρ καὶ θεὸς ἐν ἀνθρώποις ἱδρυμένη σῴζει πάντα[1]。（为了尽量不失原意，请恕我们冒昧意译："开端因为自有原则，也是一位神明。只要他寓于人之中，只要他激发人的行为，他就拯救了一切。"）数世纪后，同样的经验促使波利比乌斯声称："开端不仅仅是全部的一半，而且一直向终点延伸。"[2] 还是基于对 principium 和原则的一致性持有同样的真知灼见，最终说服了美国共同体审视"它的起源，从而为它的特性寻求一种解释，然后为它的未来提供一盏指路明灯"。[3] 就像它前不

1　参见《法律篇》，book VI, 775。
2　波利比乌斯 V 32.1。"开端不仅仅是整体的一半"是古代的谚语，本身是亚里士多德援引的，《尼各马可伦理学》，1198b。
3　W. F. Craven，见前引书，p.1。

久让哈林顿深信不疑的:"就像没有人给我看过一个生来笔直而变扭曲的国家一样,也没有人给我看过一个生来扭曲而变笔直的国家。"[1] 须知哈林顿肯定对奥古斯丁一无所知,也许对柏拉图的话也是一头雾水。

这些真知灼见是伟大而意义深远的。只有认识到它们与由来已久且依旧大行其道的专断暴力观念是针锋相对的,它们的政治意义才会昭然若揭。这种观念以为,专断的暴力对于一切立国都是必要的,因而据说在一切革命中都是不可避免的。在这一方面,美国革命的进程讲述了一个令人刻骨铭心的故事,正好给人们上了独特的一课。因为,这场革命不是突然爆发的,而是人们经过共同协商,依靠相互誓愿的力量而缔造的。奠基不是靠建筑师一人之力,而是靠多数人之合力。在那些生死攸关的立国岁月中逐渐露出庐山真面目的原则,就是相互承诺和共同协商的互联原则。事件本身其实就决定了,正如汉密尔顿坚持的那样,人们"确实能够……经过反思和选择而成立一个好政府","他们的政治宪法"不再"永远注定要依赖于机缘巧合和强制力量"。[2]

---

1 《大洋国》,edition Liljegren, Lund and Heidelberg, 1924, p. 168。Zera Fink注意到,"哈林顿对持久国家的关注",常常与柏拉图式观念相近,尤其是《法律篇》,"它对哈林顿的影响无法估量"。见前引书,p. 63。

2 参见《联邦党人文集》,no. 1。

六
革命的传统及其失落的珍宝

Notre héritage n'est précédé d'aucun testament.（没有遗嘱的遗产。）
——勒内·夏尔

1

如果说有哪一件事撕裂了新世界和旧大陆国家之间的纽带，那它就是法国大革命了。在当时人们的眼中，如果没有大西洋彼岸的光辉榜样，它是绝不会发生的。不是革命的事实，而是它灾难性的进程及法兰西共和国的崩溃，最终导致美国和欧洲之间强大的精神和政治纽带的断裂，而纵观十七、十八世纪，这一纽带则随处可见。因此，孔多塞在巴士底风暴前三年出版的《论美国革命对欧洲的影响》(*Influence de la Révolution d'Amérique sur l'Europe*)，至少一时间标志了一个大西洋文明的终结而非开端。有人不免会希望十八世纪末产生的裂痕可以在二十世纪中叶得到愈合，显然，当时西方文明在大西洋共同体中尚存最后一线生机。种种迹象之中，能够证明这种希望并非虚妄的，也许还是这样一个事实，那就是，第二次世界大战之后，相比十九世纪早期历史学家们更倾向于将西方世界视为一个整体了。

不管将来如何，十八世纪革命之后两块大陆的疏离，始终是一个反响巨大的不争事实。主要是在这一时代，新世界在欧洲领导阶层的眼中丧失了它的政治意义，美国不再是自由之地，而几乎完全变成对穷人的应许之地。诚然，欧洲上层对新大陆的所谓唯物主义和俗气所持有的态度，乃是上升的中产阶级社会和文化势利行为的自发产物，本身是没有多大意义的。问题在于，十九世纪欧洲革命的传统对美国革命和美利坚共和国的发展并不怎么感冒。与此形成鲜明对比的是，在十八世纪，远在美国革命爆发之前，哲人的政治思想，与新世界的事件和制度是同步协调的；随后十九、二十世纪革命的政治思想继续发展，则仿佛在新世界中从未发生过一场革命；仿佛在值得一提的政治和政府领域中，根本从来就不存在任何美国观念和美国经验。

近来，当革命在几乎一切国家和大陆的政治生活中，成了最普遍的事变时，没有将美国革命纳入革命传统之中从而使得美国的外交政策自食其果，并且该政策开始为世界范围的遗漏和本土的健忘付出昂贵的代价了。甚至连美洲大陆的革命之一言一行，仿佛都对法国和俄国革命的教科书烂熟于心，却从未听说有美国革命这回事儿。这时，美国的位置就颇为尴尬了。相对于世界对美国的遗漏，美国对世界的健忘后果也许没有那么引人注目，却肯定丝毫不假。她自己忘掉了，是一场革命产生了美国，共和国的降临不是基于"历史必然性"，也不是基于有机体的进化，而是基于一种深思熟虑之举：以自由立国。在美国，对革命的强烈恐惧很大程度上要归咎于失忆。因为，正是这种恐惧充分向世界证明了，他们单凭法国大革命来思考革命是多么正确。对革命的恐惧是

六　革命的传统及其失落的珍宝

战后美国外交政策秘而不宣的**主旋律**，它不顾一切地企图维持现状，结果美国的权力和声望都被用于和误用于支持过时的、腐朽的政体，而这些政体在它们自己的公民中，早就已经声名狼藉、人人喊打了。

每当与苏俄之间充满敌意的对话罕有地触及原则问题时，失忆以及相应的不理解就格外突出了。当我们被告知，我们是通过自由来理解自由事业时，我们就不太会去消除这个巨大谬误了。似乎我们太过相信，战后东西方"革命"国家之间冲突，殃及的是财富和富足。这已经见惯不怪了。我们断言，财富和经济健康，乃是自由的果实，而我们本应是第一个懂得，这种"幸福"是革命前美国的福气，它缘于"温和政府"下的地大物博，而不是缘于政治自由，也不是缘于资本主义无拘无束的"私人动机"。在缺乏丰富自然资源的条件下，这些动机在任何地方都只会导致不幸和大众贫困。换言之，自由事业只有在美国是一种不折不扣的福气，与真正的政治自由诸如言论思想、集会结社自由相比，它是次要的，哪怕是在最好的条件下。经济增长也终有一天会被证明是件坏事而不是好事，无论在何种条件下，它都不能带来自由，或者为自由的存在做证。故而，美苏在生产和生活水平，登陆月球和科学发现上的竞争，从很多方面看都是十分有趣的。它的后果甚至可以理解为两国的耐力和才华的攀比，以及炫耀他们各自的社会礼仪和风俗的价值。只有一个问题是这种后果无论如何都无法决定的，即究竟哪种政府形式更好，是专政还是自由共和国。这样，以美国革命观之，对苏联下令在消费品生产和经济增长上赶超西方国家的反应，本应是为展现给苏联人民和苏联卫星国的新的美好前景而欢呼雀跃，为在世界范围内征服贫穷至少可以成为共同关心的话题而感到欣慰；然后提醒我们的对手，严峻的冲突不是来自两个经济体系的悬殊，而只能是来自自由和暴政、自由之制度和各种宰制形式之间的冲突。自由之制度产生于革命的大获全胜,宰制形式则是革命失败的后果。

最后,大多数所谓的革命根本就没能构建自由,甚至也无法产生对公民权利和公民自由的宪法保障这一"有限政府"之福,这是一个千真万确而又令人悲哀的事实。毋庸置疑,对于其他国家及其政府,我们必须牢记,暴政和立宪的有限政府之间的距离,就像有限政府与自由的距离一样大,也许还要大一些。但是,这些顾虑不管有多大的实践意义,我们都没有理由将公民权利误当作政治自由,将文明政府的前奏等同于自由共和国的实质。因为,政治自由一般而言,意味着"成为一名政府参与者"的权利,否则就什么也不是。

冷漠、健忘和失忆的后果显而易见、一目了然,而造成这一切的历史进程却并非如此。只有最近,才有人铿锵有力,有时甚而是理直气壮地再度辩称,一般而言,它是"美国的心灵架构"轻视"哲学"的典型特征之一;具体而言,美国革命不是"书生气"的渊博和启蒙时代的结果,而是殖民地时期"实践"经验的结果,它全凭一己之力造就了共和国。丹尼尔·布尔斯廷博大精深地提出了这一论题,它的优势在于充分强调了殖民地经验在酝酿美国革命和成立共和国中所发挥的巨大作用,可它很难经得起仔细推敲。[1]国父们在一定程度上不信任哲学归纳,这

---

[1] 关于美国革命者反理论的偏见,有一种证据最具有说服力。这种证据可以在对过去的哲学和哲学家的抨击中找到,它虽然不太常见,却十分有力。除了自以为可以驳斥"柏拉图的胡言乱语"的杰斐逊,约翰·亚当斯也埋怨过柏拉图以来的所有哲学家,因为"他们没有一个人实事求是地将人性视为根本"。(参见 Zoltán Haraszti, *John Adams and the Prophets of Progress*, Cambridge, Mass., 1952, p. 258.)事实上,这一偏见本身既不是反理论的,也不是美国人的"心灵构造"所特有的。哲学与政治之间的敌意很难被一种政治哲学掩盖,自从行动的人和思想的人分离,也就是苏格拉底去世之后,它就成了西方治理术和西方哲学传统的魔咒。这种古典的冲突只有在严格的世俗领域才有意义,故而在宗教和宗教关怀支配政治领域的漫长岁月中只扮演了一个次要的角色。但是,在真正的政治领域诞生或重生的过程中,也就是在现代革命的进程中,原本就该恢复它的重要性,这是再自然不过的事了。

关于丹尼尔·布尔斯廷的论题,参见 *The Genius of American Politics*, Chicago, 1953, 特别是他的近著《美国人:殖民经验》, New York, 1958。

六　革命的传统及其失落的珍宝

无疑是他们英国血统的重要组成部分，但是，哪怕只对他们的著作稍有涉猎，也不难看出，如果说有什么不同的话，那就是他们凭借"古典和现代的审慎"，比旧世界的同行更博学，更有可能用书本来指导行动。而且，他们所用的书，与当时影响欧洲思想主流的书并无什么不同。当欧洲文人还在不得不以构建乌托邦或"古史考证"的方式，来检索"政府参与者"的意思时，成为一名"政府参与者"的实际经验其实在革命之前就已经在美国相当普及。同样，在一种情况下，它的内容是一种现实，而在另一种情况下，则只是与之雷同的一帘春梦而已。无法绕开的一个在政治上极其重要的事实就是，几乎在同一个历史时刻，历史悠久的君主制政府形式被推翻，共和国在大西洋两岸成立了。

然而，如果不容置疑饱读诗书和概念思考确实拥有一种高超的本领以树立美利坚共和国框架的话，那么对政治思想和理论的这种兴趣，也同样会在使命达成的那一刻马上干涸。[1]如前所述，我认为，一种对政治争端据说是纯粹的理论兴趣的丧失，并不是美国历史的"天赋"；相反，从世界政治的角度来看，美国革命始终是徒劳无功的，其主要原因就在于此。同样，我总是认为，暂且不论其灾难性的后果，正是欧洲思想家和哲学家对法国大革命不吝笔墨的大量理论关注和概念思考，为它在世界范围的成功做出了决定性贡献。美国人的失忆可以追溯到后革命思想那致命的失败中去。[2]因为，如果一切思想真的都始于记忆的

1　William S. Carpenter正确地指出："不存在美国特色的政治理论。……政治理论的助力在我们制度发展的开端之中最常见。" 见 *The Development of American Political Thought*, Princeton, 1930, p. 164。

2　要找到这种失忆的根源所在，最简单也许是最合理的方法就是，对美国革命后的历史编纂学加以分析。诚然，"美国革命后所发生的事情……就是将焦点（从清教徒）转向朝圣客，与清教徒先辈具有传统联系的一切美德，也随之转向更易于接受的朝圣客。"（Wesley Frank Craven, *The Legend of the Founding Fathers*, New York, 1956, p. 82 ）然而，这一焦点的转移并不持久。美国的历史编纂学越来越转向革命前的做法，强调清教主义对美国政治和道德的决定性影响，除非（转下页）

话，那么，除非记忆凝固和蒸馏为概念框架，它在其中可以进一步检验自身，否则任何记忆都会烟消云散。源于人们自作自受，源于事变事件的经验和故事，除非能够被一遍又一遍地重述，否则就沦为徒劳，而这正是活生生的言语和行动所固有的特性。把凡人事务从固有的徒劳中拯救出来的不是别的，正是喋喋不休地谈论，但这始终也是徒劳的，除非从中产生一定的概念，一定的路标，以供将来回忆，哪怕只是一个索引也好。[1]无论如何，"美国的"对概念的厌恶性思维，结果无非就是，对美国历史的解释，自托克维尔以来就一直服从于那些源于别处经验的理论，到本世纪为止，这个国家已经呈现出一种可悲可叹的倾向：对几乎每一种登上大雅之堂的风尚和鬼话都奉若圭臬、顶礼膜拜。而正是第一次世界大战之后欧洲而非西方政治和社会结构的分崩离析，领着它们走上这个大雅之堂。一大堆伪科学的胡言乱语，被不可思议地顶礼膜拜，有时候被扭曲，尤其是在社会科学和心理学领域。这都归咎于一个事实：这些理论一旦越过大西洋，就丧失了它的现实基础以及通过常识而设下的一切限制。不过，美国显得如此容易接受牵强附会的理念和荒唐透顶的观念，原因却简单得很：如果人的心灵要完全运转起来，就一定需要概念。心灵至关重要的任务，就是广泛了解现实，并与概念达成

（接上页）它完全被欧洲，特别是马克思主义的范畴支配，否认曾在美洲发生过一场革命。无论是非曲直，这种观点顽强的生命力至少部分要归结于下述事实：相形于朝圣客和美国革命者，清教徒极其关注自身的历史。他们相信，即便他们将死去，他们的精神也将会永存，只要他们懂得如何回忆。因此，Cotton Mather 写道："一旦丢弃了基本原则和基本实践，我就当我的国家灭亡了，须知这是它最初建立时的基础。不过，一定有个好办法可以挽救这种灭亡，那就是做些事情，……这个国家如何建立和形成，后来如何维持，这些故事都要事无巨细地流传给后代。"（*Magnalia*, Book II, 8—9）

    1 这些路标乃是为了供后人参照和回忆而设的，它们究竟是怎样从这种滔滔不绝的言谈中产生的呢？——显然不是以什么概念形式，而是以一句句简洁的话，以言简意赅的格言——这可以在威廉·福克纳的小说中体会到。具有高度"政治性"的，是福克纳的文学手法，而不是他的作品内容。尽管人们纷纷效仿他，但据我所知，采用这一手法的作家，始终唯有他一个而已。

六　革命的传统及其失落的珍宝

一致,因此每当这一任务被危及,心灵就会接受几乎一切东西。

由于无法思考和失忆而丢掉的东西,显然就是革命精神了。姑且不论个人动机和实践目标,而将这种精神当作是那些本来在大西洋两岸鼓动了革命者的原则,那么我们就必须承认,法国大革命的传统并不比美国政治思想的自由、民主以及笼而统之、直言不讳的反革命趋势保存得好多少。[1] 而法国大革命的传统,是唯一有影响的革命传统。我们之前已经提到这些原则,沿用十八世纪的政治语言,我们称之为公共自由、公共幸福、公共精神。在美国,革命精神被遗忘之后,它们就剩下公民自由、大多数人的个人福利以及统治一个平等主义的民主社会的最大力量即公共意见,这就是民主社会。这种转型恰好与社会对公共领域的侵犯遥相呼应就好像本来的政治原则被置换为社会价值。但是这种转型在那些受法国大革命影响的国家中是不可能的。在法国大革命的学校里,革命家学到的是,早期鼓动人心的原则,已经被需求这一赤裸裸的力量所压倒。出师之时他们坚信,正是法国大革命揭穿了这些原则,它们实际上不过是一堆垃圾。对于他们来说,将这一"垃圾"斥为下层中产阶级的偏见更是易如反掌,因为社会的确已经垄断了这些原则,将其扭曲为"价值"。他们永远被"社会问题"的巨大的紧迫性,即被贫苦大众的幽灵所纠缠,而每一次革命都一定会将这个幽灵解放出来,于是他们一成不变地,也许是不可避免地抓住了一根稻草,那就是法国大革命最暴力的事件,希望能借暴力征服贫困。诚然,这是一种绝望的祈求。因为,他们若是承认,从法国大革命中吸取的最大教训:

---

[1] 无论在哪里,美国政治思想要想成为革命的理念和理想,要么就步欧洲革命的后尘,以法国大革命的经验以及对大革命的解释为源头;要么就向无政府倾向屈服,须知在拓荒者早期无法无天的状态中,这种倾向是如此引人瞩目(我们要再次提醒一下读者在第三章的注释中提到的约翰·亚当斯的故事)。如前所述,这种无法无天实际上是反革命的,矛头直指美国革命者。在本书中,两种所谓的革命倾向都是可以忽略不计的。

la terreur（恐怖）作为达成 le bonheur（幸福）的一种手段，将革命带入了死胡同；那他们也将不得不承认，在大众满载苦难的地方，不可能革命，也不可能建立一个新政治体。

与十八世纪的先辈们形成鲜明对比的是，十九、二十世纪的革命家是绝望的人，于是革命事业吸引了越来越多的绝望者，也就是说，"一类不幸的人……在常规政府的缓和期沦落到非人的境况，但是，在国内暴力杀气腾腾的场面中，他们崛起而具备了人的特征，将一种力量上的优势赋予他们用来相互联系的党派。"[1]诚哉麦迪逊斯言，但除了有一点，即如果我们将它应用在欧洲革命事务上，那么我们就必须强调，有种不幸与坏蛋的混合体，从好人的绝望中趁火打劫，再度兴起而具有了"人的特征"。历经法国大革命的灾难，好人就应该知道一切形势都对自己不利，但他们还是不能放弃革命事业，这部分是因为他们被同情和刻骨铭心的正义挫败感所驱使，部分是因为他们也懂得"令我们快乐的是行动，而不是休息"。在此意义上，托克维尔的名言时至今日还是有效的："在美国，人们拥有民主的观念和激情；在欧洲，我们拥有的依旧是革命的激情和观念。"[2]但是，这些激情和观念也无法保存革命精神，原因很简单，它们从来就不代表革命精神。相反，恰恰是法国大革命释放出来的这种激情和观念，在那时窒息了本来的革命精神，也就是本来鼓动了行动者的公共自由、公共幸福和公共精神的原则。

抽象且浮光掠影地说，合理定义革命精神这一主要困难，似乎是可以轻而易举地加以克服的，而无须像我们之前所做的那样，不得不完全仰赖革命前炮制的术语。如果说，历次革命最伟大的事件都是立国之

---

1 《联邦党人文集》, no. 43。
2 《论美国的民主》, vol. II, p. 256。

六　革命的传统及其失落的珍宝

举,那么,革命精神就具有两个因素。这两个因素在我们看来是格格不入,甚至是相互矛盾的:一方面建立新政治体和筹划新政府形式之举,兹事体大,涉及新结构的稳定性和持久性;另一方面,参与这一大事的人一定拥有这样的经验,那就是痛快淋漓地体察到了人类开端的能力,体察到始终与新事物在地球上诞生相伴随的高亢精神。这两种因素,一个涉及稳定性,一个涉及新事物之精神,它们在政治思想和术语学上是对立的,即一个被视为保守主义,另一个则被认为是进步的自由主义的专利。必须认识到,这一事实也许就是我们失措的征候之一。毕竟,对于今天来理解政治问题及其意味深长的争端,危害之大者莫过于那种因意识形态惯例而引起的自动的思维反射,这一切都是在革命之后接踵而来的。我们的政治语汇,到底是归于古典,古罗马和古希腊,还是可以毫无争议地追溯至十八世纪革命,这绝不是无关宏旨的。换言之,我们的政治术语学根本就是现代的,就此而言,它本源上就是革命的。这一现代的、革命的语汇的主要特征似乎就是,它一直以对立的双方:右派和左派、反动派和进步派、保守主义和自由主义为依据,姑且就提这么几对吧。当我们目睹民主制和贵族制这些旧词被谱上新意时,这种思维习惯已经随着革命的兴起,变得根深蒂固,一览无遗了。因为,民主派对贵族派的观念,革命之前是不存在的。诚然,这些对立面,都来源于整个革命经验,并以此而正名。可问题的要害在于,在立国之举中,它们不是相互排斥的对立面,而是同一事件的两面,只是在革命以成功或失败的方式走向终结之后,它们才分道扬镳,凝结为意识形态,开始相互对抗的。

从术语学上说,重拾失落的革命精神之努力,一定程度上就在于努力根据对立和矛盾,将我们当前语汇呈现给我们的东西,从意思上进行合并同类项的思考。基于此,就应再次将我们的注意力转向公共精神。

如我们所见,这种公共精神先于革命,并在詹姆斯·哈林顿和孟德斯鸠身上,而不是从洛克和卢梭那里,收获了它的第一批理论成果。如果革命精神真的产生于革命之中而不是之前,我们就不应在那些实际上与现代同步的政治思想中,徒劳地四处搜寻,而人们正是透过这些政治思想来酝酿一件前途未卜的事件。十分引人入胜且令人瞩目的是,现代的这种精神,从一开始就专注于稳定性和一个纯粹世俗化的世间领域的持久性。别的不说,仅此一点就意味着,革命的政治表达,与时代的科学、哲学乃至艺术言论,都处于剑拔弩张的对抗之中,要知道所有这一切领域,都比别的领域更关注创新性。换言之,当人们对于帝国在无休无止的变动中兴衰变幻深感不满时,现代性的政治精神就诞生了。人们之所以希望建立一个可以相信是永远持久的世界,似乎是因为他们知道:他们时代企图做的每一件事情,都是多么富有创新性。

因此,共和政府形式为革命前的政治思想家所心仪,那不是因为它的平等性(让人一头雾水地将共和政府与民主政府混为一谈,乃是始于十九世纪),而是因为它承诺了伟大的持久性。这也解释了何以十七、十八世纪对斯巴达和威尼斯异乎寻常地顶礼膜拜。甚至对于当时有限的历史知识而言,这两个共和国之所以是可取的,也只不过是因为它们被认为是有史以来最稳定和最持久的政府而已。因此,革命者也不可思议地钟爱"参议院",他们将这个词赋予了一种与古罗马甚至威尼斯的原型毫无共同之处可言的制度。但他们热爱它,因为在他们的心目中,它是指一种以权威为基础的无与伦比的稳定性。[1]即便国父们反对民主政府的著名论战,也极少提及它的平等特征。反对民主政府,理由

---

[1] 文艺复兴以来,威尼斯之所以享有盛誉,是因为它证实了,古老的混合政府形式旧理论能够制止变化的循环。具有讽刺意味的是,它在没落之时却成为持久性的原型。对一座潜在的不朽之城的信念究竟有多大必要,也许从中可见一斑。

六　革命的传统及其失落的珍宝

就在于古代史和古代理论业已证明,民主制具有"狂暴"性,还具有不稳定性,民主制"总的来说生也短促,死也暴烈"。[1]民主政府的公民反复无常、缺乏公共精神,容易被民意和大众情感所左右。因此,"只有一个持久的实体,才能制约民主制的轻率。"[2]

对于十八世纪而言,民主制还只是一种政府形式,既不是一种意识形态,也不是阶级偏好的一个晴雨表。如此说来,民主制令人生厌是因为,在应由公共精神主导之处,却由公共意见把持统治。这种扭曲,标志就是公民的全体一致:"当人们冷静而自由地将他们的理性运用于一大堆不同问题上时,他们不可避免地陷入了关于某些问题的不同意见之中。当他们被一种共同的激情驾驭,他们的意见,如果是这样称呼的话,就将是一致的。"[3]这一范本在好几个方面都值得注意。诚然,它的素朴带有欺骗色彩,因为它归咎于一种"启蒙的",事实上是相当机械的理性与激情的对立。这种对立,在人类能力这一伟大主题上,并无太多启蒙性。尽管它拥有一个伟大的实际长处,那就是避开意志的机能。那可是现代概念和误解中最巧言令色而又最危险的东西。[4]不过,这一点与本文相去甚远。在本文中更为重要的是,这些话至少意味着,一种一致持有的"公共意见"的统治,与意见自由之间,定然是不相容

---

[1]　参见《联邦党人文集》,no. 10。

[2]　汉密尔顿,参见 Jonathan Elliot, *Debates of State Conventions on the Adoption of the Federal Constitution*, 1861, vol. I, p. 422。

[3]　《联邦党人文集》,no. 50。

[4]　当然,这并不是否认意志充斥在国父们的言谈和著作中。但是与理性、激情和权力相比,意志的机能在他们的思想和术语学中,只扮演了次要的角色。汉密尔顿似乎比其他人更经常地使用这个词,他大谈"永恒意志",这在术语上实际是一个矛盾,他不过借此来指一种"能够抵制随波逐流"的制度。(参见 *Works*, vol. II, p. 415。)显然,他追求的是一种持久性,而"意志"一词歧义颇多,因为没有什么比意志更不持久,更不可能建立持久性的了。结合当时法国的资料来读这些句子,人们将会发觉,在类似形势下,法国人吁求的并不是一种"永恒意志",而是民族的"一致意志"。这种一致性的兴起恰恰是美国人极力要避免的。

的。因为，事实上，在所有意见都一致之处，是不可能形成意见的。既然不顾及他人持有的众多意见就无人可以形成自己的意见，那么少数有力量但不同流合污者的意见，在公共意见的统治下，就岌岌可危了。一切反对广受拥戴的暴政的意见，都不可思议地贫弱无力，此乃原因之一。它还不是唯一的，甚至也不是首要的原因。因为在多数人势不可当的权力下，少数的声音丧失了一切力量和一切说服力。公共意见基于它的一致同意，煽动一种一致反对，到处扼杀真实的意见。因此，国父们要将基于公共意见的统治等同于暴政。对他们来说，在此意义上的民主，不过是专制的新花样而已。因此，他们对民主制的厌恶，与其说是来自对放任自流和党派斗争的可能性那种由来已久的恐惧，倒不如说是他们深知：一个公共精神丧失殆尽而被一致的"激情"所左右的政府，其基础是不稳定的。

　　为防御公共意见或民主制统治而设的制度本来是参议院。与司法审查不同，司法审查在当时被视为"美国对政府科学独一无二的贡献",[1] 而美国参议院的创新性和独特性，业已被证明更加难以分辨，这部分是因为没有意识到古名是一个错着；部分是因为作为一个上院，会自发地等同于英国政府的贵族院。作为社会平等发展不可避免的结果，上个世纪英国政府的上院政治衰落，这足以证明：这样一种制度在一个缺乏世袭贵族的国家中，或者说是在一个坚持"绝对取缔贵族头衔"[2] 的共和国中，从来就不会有什么意义。其实不是模仿英国政府，而是立国者本来就对意见在政府中的作用洞若观火，促使他们给代表"利

---

[1] W. S. Carpenter 将这一真知灼见归功于麦迪逊，见前引书，p. 84。
[2] 唯一浮现在人们脑海中的美国参议院的先例，就是枢密院。然而它的功能是咨询而不是意见。另一方面，联邦宪法规定的美国政府，显然缺乏一种咨询制度。除了意见，政府也需要咨询，这可以在罗斯福和肯尼迪的"智囊团"中找到证据。

六 革命的传统及其失落的珍宝

益多样化"的下院加了一个上院,专门用来代表最终"作为一切政府基础"[1]的意见。"自由政府"的显著特征是利益多样化和意见分歧,它们的公共代表组成了一个共和国。与民主制判然有别的是,在此"一小撮公民……聚集起来亲自管理政府"。不过,根据革命者们的想法,代议制政府远不止是为人口规模庞大的政府而设的技术装置,而且是局限于一个小规模的、民选的公民机构,充当利益和意见的巨大过滤器,防止"众说纷纭造成的混乱"。

利益和意见是截然不同的政治现象。从政治上说,利益仅仅作为团体利益才有意义。对于过滤这种团体利益,它似乎绰绰有余。在一切条件下,即便是在一个团体的利益碰巧是多数利益的条件下,它们的偏好性都要加以维护,团体利益就是以这种方式被代表的。相反,意见绝不属于团体,而完全属于个人,这些个人"冷静而自由地运用理性"。无论是一部分还是整个社会的群众,从来就无法形成一种意见。每当人们自由地相互交流,并有权利将自己的观点公之于众,意见就会出现;但是这些数不胜数的意见,似乎也需要过滤和代表。本来参议院的特定功能就是"中介",一切公之于众的观点都必须经它传递。[2]尽管意见形成于个人,可以说必须归个人所有,但却没有一个人,无论是智慧的哲人,还是启蒙运动的所有人共有的神启理性,可以胜任筛选意见和经情报过滤网传递它们的任务,将随意的、纯属无稽之谈者筛掉,然后将意见过滤成公共观点。因为,"人的理性,就像人自身一样,独处之时是怯懦和谨小慎微的,只有结成一定数量,才获得力量和信心。"[3]既然意见是在意见反对意见的交换过程中形成和检验的,那它们之间的差异

---

1 关于"利益多样化",参见《联邦党人文集》,no.51;关于"意见"的重要性,参见 no.49。
2 这一段主要以《联邦党人文集》no.10 为基础。
3 同上,no.49。

也只能通过这样一种方式来调和，也就是经过一个由专门为此而选出的人组成的机构来加以传递。这些人，来自他们中间，并非智慧之人，可他们的共同目标是智慧，是在人类心灵之易错性和脆弱性条件之下的智慧。

　　从历史上说，意见———一般而言，它与政治领域有关；具体而言，是指它在政府中所扮演的角色——是在革命这一事件和进程中被发现的。这当然不奇怪。依前文所述，一切权威都建立在意见之上，当一种普遍性的拒绝服从出其不意地将那些后来转化为革命的东西激发出来之际，这一点就以最强有力的方式暴露无遗了。诚然，这一刻，也许是历史上最富戏剧性的，它为所有五花八门的蛊惑人心的东西大开方便之门，但是，即便是革命的煽动所证实的，若非一切新旧政体都"建于意见之上"的必然性，还会有别的东西吗？与人的理性不同，人类的权力不仅仅"在独处时是怯懦和谨小慎微的"，而且，除非它可以依赖他人，否则就不过是一种非存在。如果无人遵从，也就是说，通过遵从来加以支持，那么最有权力的国王以及最肆无忌惮的暴君，都是孤立无助的。因为，在政治上，遵从与支持是一回事。意见被法国大革命和美国革命发现，但只有后者才知道如何建立一种持久的制度来塑造那些进入共和国结构的公共观点，这又一次显示出美国革命高人一等的政治创造力。它的替代选择是什么，看看法国大革命及其追随者的历程就知道了。在所有这一切情况之下，缺乏代表和不经过滤的意见都显得混乱不堪，因为不存在一个传递意见的中介。而一旦形势所迫，这些意见就化身为大量相互冲突的大众情感，等待一位"强人"来将它们塑造成一致的"公共意见"，这样就宣告了一切意见的死亡。事实上，替代选择就是全民公决，这是唯一与无拘无束的公共意见统治密切呼应的制度。正如公共意见是意见的死亡，全民公决也使公民投票、选择和控制自己

六 革命的传统及其失落的珍宝

政府的权利走向终结。

在创新性和独特性方面,参议院制度堪与代表最高法院制度的司法审查的发明相媲美。从理论上说,唯一值得注意的是,在这两种革命成果中,即在基于意见的持久制度和基于判断的持久制度中,国父们超越了自己的概念框架,这些概念框架当然是先于美国革命的。于是,当事件本身为他们打开了更大的经验视域时,他们就对此做出了回应。在那个年代,前革命的思想所仰赖的,在理论上依然支配着革命论争的,是三个关键概念:权力、激情和理性。政府权力据说控制着社会利益的激情,而又被个人的理性所控制。在这一方案中,意见与判断显然都属于理性的机能,但问题的要害在于,这两种在政治上最重要的理性机能,几乎完全被政治和哲学思想的传统忽略。显然,使革命者懂得这些机能之重要性的,并不是理论和哲学的兴趣。他们应该隐约记得,先是巴门尼德然后是柏拉图,都对意见的名声有过猛烈的抨击,从那以后,意见被视为真理的对立面。不过他们不是处心积虑地要重申意见在人类理性能力等级中的地位和尊严。对于判断而言同样如此。在这一问题上,如果我们希望对判断在人类事务领域中的根本特征和惊人程度有一点认识的话,我们就不得不转向康德哲学,而不是转向革命者们。使国父们突破了其狭隘而又受传统束缚的总体概念框架的,是希望确保他们新创作的稳定性,将政治生活的每个要素都稳定化为一种"持久制度"的迫切愿望。

也许没有什么比专心致志于持久性和一种"持久状态"更能清楚地指出,是革命揭示出了新的、世俗的和世间的现代志向。正如殖民者不厌其烦地一再重申的那样,一种"持久状态"是留给他们"子孙后代"的。将这些诉求误解为后来要为子孙提供庇荫的资产阶级欲望,那就大错特错了。在它们背后,是想在地上建立永恒之城的深切欲求,

229 加上对"一个合理有序的国家,本身就可以与世界一样不朽和万寿"[1]的信念。这一信念是非基督教的,与整个时代的宗教精神基本是相悖的,而这个时代将古代末期和现代一刀斩断了。结果,我们就不得不回到西塞罗,看看有没有在侧重点和视野上相似的东西。"以死赎罪"的保罗观念仅仅是从个人出发,回应了西塞罗阐发为统治共同体之法律的东西, Civitatibus autem mors ipsa poena est, quae videtur a poena singulos vindicare; debet enim constituta sic esse civitas ut aeterna sit.[2]["既然一个政治实体必须构建成永恒的,那么死亡就是对共同体(错误行径)的惩罚,同样的死亡似乎是废除对个人的惩罚。"]从政治上说,基督教时代的特点就在于,世界与人的这一古典观念被颠倒了:古典观念认为是凡人游走于一个永恒的或潜在是永恒的世界之中;基督教时代则认为,人拥有一种永恒的生命,他在一个不断变化的世界中游走,而这个世界的最终命运就是死亡;现代的特点就是,它再一次转回古代,为自己所怀有的一种新的关怀,即关怀地上人造世界的未来,去寻找一个先例。显然,在任何一个既定的年代,世界的世俗性和人的世间性最好的衡量标准就是:在人的心目中关注世界的未来胜于关注自己来世的终极命运之程度。这样,什么时候连十分信教的人民都不仅渴望有一个让他们自由地去筹划个人救赎的政府,而且希望"建立一个政府……更符合人性的尊严,……永远保护它、维持它,将这样一个政府传给子孙后代"[3],那么,它就是新时代世俗性的标志了。无论如何,这就是约翰·亚当斯归因于清教徒的那种深层动机。他到底有多正确,就取决于甚至清教徒都不再是单纯世间朝圣者的程度,而是"清教徒前辈移民"。所谓

---

1 哈林顿,《大洋国》,ed. Liljegren, Heidelberg, 1924, pp. 185—186。
2 《论共和国》,III 23。
3 约翰·亚当斯, Dissertation on Canon and Feudal law。

六　革命的传统及其失落的珍宝

"清教徒前辈移民",就是殖民地的奠基者,他们的赌注和诉求都不在来世,而在凡人的此世。

对于现代的、前革命的政治思想,对于殖民地的奠基者而言是真实的东西,对于革命和国父们而言,就更加千真万确了。现代的"关注持久状态",在哈林顿的著作中,是如此真切。[1] 正是这一点,促使亚当斯把虑及"持续多代的制度"的新政治科学称作是"神圣"的。正是在罗伯斯庇尔"死亡是不朽的开端"中,那种在革命中表露无遗的和现代特有的对政治的侧重,找到了它最言简意赅而又最气势恢宏的定义。在一个不扬不抑的层次上,我们发现,对持久和稳定性的关注,就像一根红线贯穿了立宪争论。立宪争论相得益彰的对立两端,分别站着汉密尔顿和杰斐逊。汉密尔顿坚持宪法"必然是持久的,并且无法去预计事物可能的变化",[2] 杰斐逊尽管丝毫不乏对"一个自由、持久和昌明的共和国之牢固基础"的关注,却坚信唯有人固有的和不可分离的权利是不变的,因为它们不是人而是创世者的作品。[3] 于是,作为立宪争论的焦点,分权制衡的整个讨论,在一定程度上依然是按照由来已久的混合政府形式观念来进行的。混合政府形式,就是在同一个政治体中结合君主制、贵族制和民主制的因素,它能够制止帝国兴衰这一动荡不休的循环,建立一个不朽之城。

通俗易懂的和学术上的意见都认为美利坚共和国两个全新的制度装置,参议院和最高法院,代表了政治体中最"保守"的因素,这毫无疑

---

[1] 在十七世纪政治思想中,对政治体持久性的那种关怀,究竟扮演了什么样的角色,Zera Fink 的重要研究令我受益匪浅,*The Classical Republicans*, *Evanston*, 1945。Fink 的研究,其重要意义就在于他表明了,这种关怀如何超越了单纯对稳定性的关心,这可以通过那个世纪的宗教斗争和内战来解释。

[2] Elliot,见前引书,vol. II, p. 364。

[3] 参见 *The Complete Jefferson*, ed. Padover, Modern Library edition, p. 295 及以下。

问是对的。它们为了稳定性而设,并且很好地回答了现代早期对持久性的关注,问题仅仅在于,它们是否足以保持在美国革命本身中所揭示出来的精神。显然,事实并非如此。

2

革命后的思想对革命精神的失忆,以及无法概念化地来理解革命精神,这都是步革命无法为革命精神提供一种持久制度的后尘。革命除非是终结于恐怖的灾难,否则都会以一个共和国的成立而告终。根据革命者,共和国乃是"永远不会公开或秘密地与人类权利开战的唯一政府形式"。[1]但是在这种共和国中,正如它现已证明的那样,恰恰没有给那些为共和国的建设奉献了绵薄之力的品质留下任何发挥的空间和余地。这显然不单单是一种疏忽,似乎那些深知如何为国家权力和公民自由、为判断与意见、为利益与权利做好准备的人,仅仅是忘记了他们实际上最珍爱的东西,那就是行动的潜能以及一份令人自豪的和成为全新事物开端者的特权。当然,他们并不想否认这种对于后人的特权,但他们也很不希望否定自己的工作,尽管比其他人更关心这一难题的杰斐逊,在这方面几乎走到了极端。这个难题十分简单,根据逻辑用语来说,它似乎是无解的:如果立国是革命的目的和终结,那么革命精神就不仅仅是发端新事物的精神,而且是开启持久事物的精神;一种体现这种精神和鼓舞它走向新成就的持久制度,将是自拆台脚的。很不幸,从中似乎可以得出结论,没有什么比带来革命成就的精神,对革命成就的威胁更危险、更尖锐了。自由,最高意义上的行动自由,难道是

---

[1] 杰斐逊致威廉·亨特的信,1790年3月11日。

为立国而付出的代价吗？换言之，没有公共自由和公共幸福的原则，革命就无从发生，而这又始终是立国者那一代的特权，这个难题不仅产生了罗伯斯庇尔那进退两难而孤注一掷的理论，就如同前已述及的，它要在革命政府和立宪政府之间加以区分；而且，从此以后该理论就缠上了一切革命思考。

在美国，没有人比杰斐逊更清楚、更全神贯注地察觉到了共和国结构中这一似乎是不可避免的缺陷。他偶尔地、甚至时不时狂暴地与联邦宪法相对抗，尤其是对抗那些"惺惺作态地看待宪法，对之奉若约柜，以为神圣而不可侵犯"[1]者。激发这种对抗的，是对非正义的一种义愤感。这种非正义就是，只有他这一代人，才能以自己的权力"重新发端这个世界"。与潘恩一样，对他来说，这是彻头彻尾的"虚荣自负，死后还要（统治）"，而且，它是"一切暴政中最荒谬、最目空一切者"。[2]当杰斐逊说"我们还无法让我们的宪法尽善尽美，怎敢让它们永远不变"时，显然是因为害怕这种可能的完美，他立刻加上一句："它们可以永远不变吗？我想不行。"结论就是："唯一永远不变的，是人固有的、不可分离的权利。"他把造反和革命的权利也算在内。[3]当谢斯在马萨诸塞造反的消息传到杰斐逊的耳朵时，他还身在巴黎，丝毫没有大惊失色，尽管他承认，造反的动机"扎根于愚昧无知"，可他还是热情洋溢地向它致以敬意："上帝不容我们足足二十年都没有这样的叛乱。"人民揭竿而起这一事实，足以令他不问对错。因为"自由之树的常青无时无刻不需要以爱国者和暴君的鲜血来滋养。这是它天然的养料"。[4]

---

1 致Samuel Kercheval的信。1816年7月12日。
2 分别援引于潘恩的《常识》和《人的权利》。
3 致Major John Cartwright的著名信件，1824年6月5日。
4 这一大段引自致Colonel William Stephens Smith的信，此信来自巴黎1787年11月13日。

最后一句话，以一种在杰斐逊晚期著作中无与伦比的方式[1]，写于法国大革命爆发前两年。它提供了一条线索，指出了那蒙蔽着革命者头脑的谬误，这个谬误一定会使革命者看不清行动全部问题的庐山真面目。从自身经验的性质出发而看到的行动现象，只能是破坏和建设。尽管革命之前，他们就已经懂得了公共自由和公共幸福，无论是在梦中，还是在现实之中。如果一种自由不是随解放而来的，不是从解放之举中获得感召力，那么关于这种自由的一切观念，都经不住革命经验的冲击。同样道理，当革命者们具备了一种积极的自由观念，超越了从暴君和必然性中成功解放的理念时，这种自由观念就无异于立国之举，也就是一部宪法之制定。因而，当杰斐逊从法国大革命的灾难中吸取教训时，他从早期的将行动等同于造反和破坏，转化为重建和建设。须知在法国大革命中，解放的暴力挫败了为自由建造一个安全空间的一切努力。杰斐逊遂提出，要让联邦宪法本身有"定期修正"的可能，使之大体上能与时俱进。他的道理是：每一代人都"有权利自行选择他们认为最能促进自身幸福的政府形式"。这听起来太过异想天开（尤其是当考虑到后来普及的死亡统计表时，据此，每隔十九年就会出现"新的多数"）了，不值得当回事儿。而且，死也不允许后代有权利建立非共和政府形式的，不是别的什么人，偏偏就是杰斐逊。在他心目中至关重要的，根本就没有政府形式的真正改变，甚至也不是一种"一代接一代定期修正，直至时间尽头"的立宪准备，因此不能使宪法代代相传；而毋宁说是为每一代保留"向国会委派代表的权利"，为全体人民的意

---

[1] 晚年，尤其是在采纳街区体系，视之"甚合吾意"之后，杰斐逊对骚乱的"可怕的必然性"大放厥词的可能性大大增加了（特别是他致 Samuel Kercheval 的信，1816 年 9 月 5 日）。杰斐逊认定，其他那些必然的但又可怕的东西，它们的替代选择就是街区体系。从这一事实观之，指责一位垂垂老者被情绪左右而掉转矛头是不公允的，况且他也没有走得太远。

见,找到一种"通过社会共同的理性,公平、充分、和平地加以表达、讨论和决定"的方法和手段。[1]要做到这一点,谈何容易。换言之,杰斐逊希望做好准备,以精确地复制伴随着美国革命进程的整个行动过程。在他的早期著作中,他首先是根据解放,根据《独立宣言》前后的暴力来看待这一行动的,而他后来则更关注制宪和成立一个新政府,也就是说,更关注自行构建了自由空间的那些活动。

毋庸置疑,只有重大的难题和现实的灾难可以解释,以通晓常识和随机应变而著称的杰斐逊,居然会提出这些反复革命的计划。其中,最不极端的就是针对"压迫—造反—改良的无穷循环"而提出的疗法了,而即便是这样,它们也要么让整个政治体周期性地陷入失常状态,要么也更有可能的是将立国之举贬低为一种单纯的常规表演,在这种情形之下,就连杰斐逊最衷心渴望保留的记忆("直至时间尽头,若是谁可以如此长寿的话")也将丧失殆尽。但是,杰斐逊终其漫长一生,之所以被这些不切实际的想法冲昏了头脑,其原因在于,他隐约知道美国革命将自由给予人民的同时,却无法提供一个空间使这种自由得到践履。只有人民的代表而不是人民自己,有机会从事"表达、讨论和决定"的活动,这些东西在一个积极的意义上就是自由的活动。州政府和联邦政府,是最令人骄傲的革命成果,它们利用本职事业的绝对分量定会令市镇和市政厅黯然失色,直到有一天,爱默生还认为是"共和国单元"和政治问题的"人民学校"的东西一去不复返了,[2]那么,有人甚至会得出结论,与英国殖民地相比,在美利坚共和国,践履公共自由和享受公共幸福的机会更少了。刘易斯·芒福德最近指出了市镇的政治意义是如何从此被立国者抛却的;而无法将它纳入联邦或州的宪法之中,则是

---

[1] 在此以及下面的章节中,我是再次援引杰斐逊致Samuel Kercheval的信,1816年7月12日。
[2] 参见爱默生的 *Journal*,1853。

"革命后政治发展的悲剧性疏忽之一"。立国者之中,只有杰斐逊清醒地预感到这一悲剧,因为他最担心的,其实就是"抽象的民主政治体系缺乏具体的操作机构"。[1]

立国者没有将市镇会议和市政厅会议纳入联邦宪法,或毋宁说,他们在形势剧变的条件下没有找到使之转型的方式和手段,这是完全可以理解的。他们主要的注意力,都投在最最棘手的即时问题上,那就是代议制问题。事情已经到了这样一个地步,他们要按照代议制政府来定义共和国,以区别于民主制。显然,直接民主制是行不通的,只因"屋子里装不下所有的人"(约翰·塞尔登早在一百多年前,就是这样描述议会诞生的主要原因的)。在费城,依然大谈代议制原则,而讨论的依据无非就是这些东西。代议制是指人民自己直接政治行动的纯粹替代品,他们选举的代表据说将根据从选举人那里接到的旨意来行动,而不会自作主张、见机行事。[2]然而,与殖民地时代民选的代表不同,立国者应当是懂得这一理论离开现实有多远的第一人。"要搞清楚人民的情感,"詹姆斯·威尔逊在会上称,"谈何容易。"麦迪逊深知:"在座各位没有哪位能够说出,此刻他的选民的意见是什么,至于他们一旦掌握了在座各位拥有的信息和内情的话,会作何感想,就更说不出来了。"[3]于

---

1 参见 Lewis Mumford's *The City in History*, New York, 1961, p. 328 及以下。

2 William S. Carpenter, 见前引书, pp. 43—47, 指出了当时英国和殖民地有关代议制的理论之间的分歧。在英国,阿尔格尼·西德尼和柏克称:"在代表们回到下院坐下来之后,他们就不应再依赖于那些他们所代表的人。这种理念正在成长。"在美国则相反,"人民指导代表的权利是殖民地代议制理论的特色"。为了支持这一观点,Carpenter 援引了当时宾夕法尼亚的资料:"指导的权利属于选民,也只属于选民。代表一定要将它们当作是主人的指令,不存在自以为是地决定遵从或拒绝它们的自由。"

3 引自 Carpenter, 见前引书, pp. 93—94。当然,今天的代表,要想解读他们所代表的人的念头和情感,也不见得更加容易,"政客本人也绝不知道他的选民希望他做什么。他无法进行不间断的民意调查,虽然这对发现选民希望政府做什么很有必要"。他甚至十分怀疑,这些希冀根本就不存在。因为,"实际上,他为了赢得选举,承诺要满足那些他自己创造出来的愿望"。参见 C. W. Cassinelli, *The Politics of Freedom: An Analysis of the Modern Democratic State*, Seattle, 1961, pp. 41 and 45—46。

是，当本杰明·拉什提出一种充满危险的新教义，称尽管"一切权力源于人民，但他们只在选举日拥有它，此后它就归统治者所有"[1]时，附和之声四起，尽管其中不乏忧虑。

　　上述援引种种，一言以蔽之，作为革命以来现代政治最为棘手的关键争端之一，代议制的全部问题实际上不单单意味着对政治领域本身尊严的一种决断。代议制有两种情形：一种是作为人民直接行动单纯的替代品，另一种是人民代表对人民实施的大众化控制式统治。这两者之间传统的两可选择：构成了其中一个无法解决的难题。如果民选代表受制于人民的旨意，以至于他们聚集在一起，只是执行他们主人的意志，那么，他们依然可以做出选择：是当一名光荣的信使，还是当一名受雇的专家，就像律师一样，是代表当事人利益的专家。不过在两种情形中，当然都假设了，选民的事务比他们自己的要更加迫切、更加重要；人民出于各种原因，无法或不愿意参加公共事务，他们就是受雇于人民的代理人。如果相反，代表被理解为在一个有限时间内成为选举人的指定统治者——轮流执政，严格说来当然就不存在什么代议制政府了——那么，代议制就意味着投票人让渡自己的权力，虽然这是自愿的；意味着"一切权力属于人民"的古老格言仅仅在选举日是真实的。在第一种情形中，政府堕落为单纯的行政机关，公共领域消失了；既不存在让人在行动中看与被看的那个空间，约翰·亚当斯的通过人的行动来判断的空间，也不存在讨论与决策的空间，杰斐逊作为"一名政府参与者"的骄傲，都根本不存在了。政治问题就是必然性支配的东西，由专家来决策，而不是向意见和名副其实的选择开放。这样的话，就不需要麦迪逊"民选的公民机构这一中介"来传递意见将其过滤为公共

---

[1] 参见Carpenter，见前引书，p.103。

观点了。第二种情形更为接近现实,美国革命打算通过成立一个共和国来废除统治者与被统治者之间由来已久的区别,可它却死灰复燃;人民再度被拒于公共领域大门之外,政府事务再度成为少数人的特权,他们孤立地"践履(他们的)高尚情操"(杰斐逊依然称之为人的政治天分)。结果,人民要么就陷入"冷漠,这是公共自由死亡的前兆",要么人民对他们选举的任何政府都"保持反抗精神",因为他们留下的唯一权力就是"革命这一保留权力"。[1]

这些恶是无可救药的,因为立国者奉为圭臬又小心求证的轮流执政,充其量只能防止统治的少数组成一个独立的群体,谋求自身的既得利益。轮换制绝不可能给每个人,哪怕是大部分人口提供机会,使之定期成为"一名政府参与者"。鉴于共和政府与君主制或贵族制政府之间的全部争端,都转而围绕平等准入公共和政治领域的权利这一事实,如果这种恶仅限于广大人民,那它可以说是糟糕透顶。可是有人怀疑,立国者轻而易举就可以从下述念头中找到自我安慰,即美国革命至少已经向某些人打开了政治领域的大门,这些人对"高尚情操"的向往十分强烈,追求个性的激情足够殷切,因而义无反顾投身于政治生涯这一非比寻常的冒险之中。然而,杰斐逊拒绝从中聊以自慰。他害怕一种"选举专制",认为它与他们奋起反抗的暴政无异,或者更坏:"一旦(我们的人民)对公共事务变得漠不关心,你和我,国会和州议会,法官和总

---

[1] 这当然是杰斐逊对此问题的意见,主要在书信中详述。特别是前面提到的致 W. S. Smith 的信,1787年11月13日。关于"践履高尚情操"和"磨炼道德感",他饶有兴味地写于1771年8月3日致 Robert Skipwith 的一封早期信件中。对于他来说首要的是锻炼想象力。这样一来,这种锻炼的伟大督导,就是诗人而不是历史学家了,因为"莎士比亚戏剧中邓肯王被麦克白谋杀的虚构故事"激起了我们"对坏蛋的极大憎恶,亨利五世的真实故事也不外如是"。正是通过诗人,"人类想象力的领域才能为我们所用"。它是这样一个领域,如果它为现实生活所限,那么其中能够记住的事件和举动就所剩无几了——历史的"教训将是凤毛麟角的"。无论如何,"通过阅读《李尔王》,一种生动而持久的孝顺感,将让子女刻骨铭心,比起以前写的干巴巴的伦理学和神学书卷,要有效得多了"。

督,都会变得如狼似虎。"[1]如果说美国的历史发展几乎没有证实这一忧虑,那么这也几乎完全要归功于立国者在建立政府的过程中采用的"政治科学",其中,分权通过制衡而达到了自我控制。最终将美国从杰斐逊担心的危险中拯救出来的,乃是政府机器。但是这一机器无法将人民从对公共事务的麻木和冷漠中拯救出来,因为联邦宪法本身只为人民代表提供公共空间,而并未为人民自己提供一个这样的空间。

革命一旦结束,该如何保持革命的精神这么明摆着的问题,美国革命者中只有杰斐逊扪心自问过,这似乎有点奇怪。不过,不能用他们自身根本不是革命者来解释这一点。相反,问题就在于他们视这种精神为理所当然,因为它是整个殖民地时期形成和培育的一种精神。而且,由于人民始终泰然自若地拥有那些成为革命发源地的制度,因此他们很难意识到,联邦宪法的致命失败就是无法将其权力和公共幸福之本源纳入,正式加以构建和翻新。正是因为建立一个新政治体的宪法和经验事关重大,无法将国家一切政治活动的本源,即市镇会议和市政厅会议纳入联邦宪法之中,这就等于宣判了它们的死刑。听起来自相矛盾的是,实际上就是在美国革命的冲击之下,革命精神在美国开始败落。正是联邦宪法本身这一美国人民最伟大的成就,最终骗走了他们最骄傲的财产。

为了更加精确地理解这些问题,也为了正确评价杰斐逊被人忘却的提议中所蕴含的非凡智慧,我们必须再一次将视线转向法国大革命的进程,在那儿发生了正好相反的事情。对于美国人民是前革命的经验故而似乎无须正式认可和确立的东西,在法国则成为大革命本身一发不可收拾的意外后果。巴黎公社著名的四十八区正是源于缺乏正式

---

1 致Colonel Edward Carrington,1787年1月16日。

构建的民间机构来选举代表和委派委托人到国民议会。然而，这些区旋即组成了自治团体，他们并未从中选出委托人到国民议会，而是形成了革命的市政委员会，即巴黎公社。它在大革命中扮演了一个决定性的角色。而且，我们还发现了大量自发形成的俱乐部和社团，即sociétés populaires（民间社团），它们与这些市政团体并肩作战，又相互独立。它们根本不是源于代议使命，也就是正式委任委托人到国民议会的使命，它们的唯一目的就是，用罗伯斯庇尔的话来说，"根据真正的宪法原则，指导、启蒙它们的公民同胞，传播光明，没有它宪法将无法存活"。因为，宪法的存活依赖"公共精神"，而公共精神也只有在"公民（可以）共同投身于这些（公共）问题，投身于祖国最可贵利益的集会"中才得以存在。罗伯斯庇尔在1791年9月的国民议会前夕声称要防止委托人篡夺俱乐部和社团的权力，对他来说，这种公共精神就相当于革命精神。因为，国民议会的前提假设就是：大革命已经结束，大革命带来的社团不再需要了，"是鸟尽弓藏的时候了"。这并不是说罗伯斯庇尔否认这一假设，虽然他强调过，他不是十分理解国民议会想用这一假设来证明什么。因为，如果他们像他那样假设，革命的目的是"夺取和保护自由"，那么，他就要强调，在这个国家中，这种自由可以实实在在地自我展示和被公民践履的唯一场所，就是俱乐部和社团了。因此，它们是真正的"宪法支柱"，不单是因为从中走来"大量有朝一日取我们而代之的人"，而且因为它们正是在"以自由立国"。谁干预它们的聚会就犯下了"攻击自由"的罪行。在反革命的罪行之中，"罪莫大者乃是对社团的迫害"。[1]

---

[1] 引自罗伯斯庇尔在国民议会所作的关于社团和俱乐部权利的报告，1791年9月29日（in *Oeuvres*, ed. Lefebvre, Soboul, etc., Paris, 1950, vol. VII, no. 361）；关于1793年的内容引自Albert Soboul, "Robespierre und die Volksgesellschaften", in *Maximilien Robespierre, Beiträge zu seinem 200. Geburtstag*, ed. Walter Markov, Berlin, 1958.

六 革命的传统及其失落的珍宝

然而,罗伯斯庇尔一上台,成为新的革命政府的首脑,就完全颠倒了自己的位置。这是发生在1793年夏天的事情,他发表上述所引言论之后才过了几个礼拜,甚至连一个月都不到。现在,是罗伯斯庇尔在无情地打击他偏要叫作"所谓民间社团"的东西,还号召统一而不可分割的"全体法兰西人民伟大的民间社会"来反对它们。啊,和手工业者或居民的小型民间社团相对照,后者从来就不可以在某一场所集会,因为没有"地方可以装下所有的人";它只能以代议制的形式存在,存在于代理人的一个会议室中,这些代理人据说将法兰西民族不可分割的中央权力掌握在手中。[1] 罗伯斯庇尔现在准备制造的唯一例外,是有利于雅各宾派的,这不仅仅是因为他们的俱乐部属于他自己的党派,更为重要的是因为雅各宾派绝不会成为一个"民间"的俱乐部或社团;它在1789年从三级会议的初会中发展而来,从此就成为了代理人的俱乐部。

政府与人民之间、执政者与扶助者之间、代表和被代表者之间的这种冲突,转化为统治者和被统治者之间的旧式冲突,从根本上说是权力斗争。这已经够真实、够明显的了,故无须赘述。罗伯斯庇尔本人,在成为政府首脑之前,曾一度谴责"人民的代理人反人民的阴谋",以及"人民代表独立于"他们所代表的人。他把这等同于镇压。[2] 不错,这种指责对卢梭的信徒来说是再自然不过的了,他们一开始就不信任代议制:"被代表的人民不是自由的,因为意志是不能被代表的。"[3] 但是,由于卢梭的教义要求神圣的一致,清除一切差异和个性,包括人民与政府的

---

1 参见Soboul,前引书。
2 引自 *Le Défenseur de la Constitution*, 1792第11条, *Oeuvres Complètes*, ed. G. Laurent, 1939, vol. IV, p. 328。
3 公式是Leclerc的,引自Albert Soboul, "An Den Ursprüngen der Volksdemokratie: Politische Aspekte der Sansculottendemokatie im Jahre II", in *Beiträge zum neuen Geschichtsbild: Festschrift für Alfred Meusel*, Berlin, 1956。

差异,从理论上说,这一立论也可以反过来用。当罗伯斯庇尔颠倒了自己,转而反对社团时,他可以再次求助卢梭,信奉库东,称只要社团存在一天,"意见就不会统一"。[1]实际上,罗伯斯庇尔根本就不需要什么伟大理论,只要对大革命的进程有一个现实的估计,就可以得出结论:国民议会难以染指更重大的事件和事务,革命政府处于巴黎各区和社团的压力下,已经到了任何政府、任何政府形式都忍无可忍的地步。只要看一眼当年铺天盖地的陈情书和议论(现在已经第一次付梓出版),[2]其实就足以发现革命政府的困境了。他们被告知,要铭记"只有穷人曾经帮助过他们",现在穷人希望从劳动中"开始收获果实",如果穷人"面有菜色、衣不蔽体",如果他的灵魂"行尸走肉、缺乏活力、不求美德",那"总归是立法者的错"。是时候向人民展示宪法是如何"使他们真正获得幸福"的了,"因为仅仅告诉他们幸福来临是不够的。"简言之,人民以自身政治社团的方式,在国民议会之外组织起来,正告他们的代表:"共和国必须确保每个个人的生计",制定法律者的首要任务就是通过立法消除苦难。

然而,这个问题还有另外一面。当罗伯斯庇尔从社团中第一次领教了自由和公共精神时,他并没有错。"幸福"其实是自由的一个前提,但不幸的是,政治行动不能传送"幸福"。我们发现一种截然不同的精神,以及对社团使命截然不同的定义。譬如,在巴黎某区的章程中,我们知道了人民是如何自己组织成一个社团的:有会长、副会长、四名秘书、八名监察官、一名财司、一名档案员,有十天三次的常规会议,有轮

---

1 引自 Soboul, "Robespierre und die Volksgesellschaften", 前引书。
2 *Die Sanskulotten von Paris: Dokumente zur Geschichte der Volksbewegung 1793—1794*, ed. Walter Markov and Albert Soboul, Berlin (East), 1957. 该版本是用两种语言写的。后面我主要引自 nos. 19, 28, 29, 31。

流执政，每届会长任期一个月；知道了他们是如何定义他们的主要任务的，即"社团将涉及一切关于自由、平等、联合以及共和国统一的事情，（它的成员）将互相启蒙，特别是每当法律和法令颁布时互相提醒"；知道了他们是如何企图在讨论中保持秩序的，例如如果一位发言者离题或累乏，听众就要起立。从另一个区我们则听到了一场名为"应鼓励发展民间社团的共和原则"的演讲，由其中一位公民发表，奉成员之名印刷。有一些社团在章程中明令禁止"侵犯或试图影响全民公会"。上述种种，显然都将议论一切关乎公共事务的问题，当成了主要的任务，即使不是唯一任务。他们谈论和交换意见，而不求形成计划、请愿、议论等。正是从信誓旦旦不给国民公会直接施加压力的其中一个社团中，我们听到了对制度本身最理直气壮、最感人肺腑的赞美，这看来绝非偶然："公民们，'民间社团'一词业已成为一个庄严的词儿，……如果结社的权利可以被取缔甚至被变更的话，那么，自由就仅仅是一句空话，平等就是一种妄想，而共和国将丢掉它最坚固的堡垒，……我们刚接受的那部不朽的宪法……已经赋予一切法国人在民间社团集会的权利。"[1]

圣鞠斯特说，"巴黎地区构建了一种民主制，如果他们以本色精神来指导自己，而不是沦为党派斗争的牺牲品，它就将改变一切。最具独立性的科尔德利区，也是最水深火热的一个"。——因为它反对和抵制那些当权者的计划。[2]当他这样说的时候，他萦怀于心的是共和国这些

---

[1] *Die Sanskulotten von Paris: Dokumente zur Geschichte der Volksbewegung 1793—1794*, ed. Walter Markov and Albert Soboul, Berlin(East), 1957. 该版本是用两种语言写的。后面我主要引自 nos. 59 和 62。

[2] 载于 *Esprit de la Révolution et de la Constitution de France*, 1791; 参见 *Oeuvres completes*, ed. Ch. Vellay, Paris, 1908, vol. I, p. 262。

新生的前景一片光明的组织，而不是无套裤汉的压力集团。这些话，写于罗伯斯庇尔还在捍卫社团的权利，抵御国民议会几乎同一时候。但是，圣鞠斯特与罗伯斯庇尔相比有过之而无不及，一俟上台，便来了个一百八十度大转弯，转而反对社团。雅各宾政府的政策成功地将区转化为政府机关和恐怖工具，根据这些政策，圣鞠斯特在一封致斯特拉斯堡民间社团的信中，征求他们对于该省"行政机关各位成员的爱国主义和共和国美德的意见"。这封信石沉大海，圣鞠斯特开始大肆搜捕整个行政集团，然后，他收到了一封来自尚未取缔的民间社团措辞强硬的抗议信。在回信中，他一本正经地解释说，他对付的是一个"阴谋集团"。显然，圣鞠斯特再也用不着民间社团了，除非要找他们为政府做密探。[1] 这种大转弯立竿见影的也是再自然不过的效果，就是他现在所强调的："人民的自由在私人生活之中，不要去打扰它。让政府成为一种力量，仅仅是为了保护这种本真状态不受力量本身的侵害。"[2] 这些话其实宣判了一切人民组织的死刑，并且它们极其明确地表示对革命所抱的一切希望都已化为泡影。

毫无疑问，巴黎公社及其各区以及大革命期间遍布法国的民间社团，构成了强大的穷人压力集团，它是迫切的必然性"锐不可当"的一把"金刚钻"（阿克顿勋爵）。但是它们也蕴含了一种新型政治组织的萌芽状态和一个让人民成为杰斐逊的"政府参与者"的体系的萌芽状态，这是它最初的开端，还处于软弱无力的状态。尽管前者的影响远胜

---

[1] 1793年秋天他在Alsace战争委员会期间，似乎给斯特拉斯堡一个民间社团寄了一封信。信中写道："Frères et amis, Nous vous invitons de nous donner votre opinion sur le patriotisme et les vertus républicaines de chacun des members qui composent l'administration du département du Bas-Rhin. Salut et Fraternité."（"同志们，朋友们，诚挚邀请你们对下莱茵河省政府各成员的爱国主义和共和美德发表意见。此致敬礼。"）*Oeuvres*, vol. II, p. 121。

[2] 参见 *Fragments sur les institutions Républicaines*, *Oeuvres*, vol. II, p. 507。

六　革命的传统及其失落的珍宝

于后者,不过基于这两个方面的原因,公社运动与革命政府之间的冲突可以有双重解释:一方面它是街区与政治体之间的冲突,冲突的一方是那些"不求个人飞黄腾达,只为一切人之屈辱而行动"[1]的人;另一方则是那些被革命浪潮抛得老高,想入非非的人。他们随声附和圣鞠斯特:"罗马以降,世界就空出来让罗马人的回忆将它填满。那是我们现在唯一的自由预言。"或者附和罗伯斯庇尔:"死亡是不朽的开端。"它另一方面是人民与无情的中央权力机关之间的斗争。中央权力机关以代表国家主权为借口,实际上剥夺了人民的权力,继而不得不迫害一切由革命带来的自发而又软弱无力的组织。

在本书中,令我们感兴趣的首先是后一个方面的冲突。故而十分重要的是指出,社团区别于俱乐部特别是雅各宾俱乐部之处,就在于它原则上是非党派的,以及它们"公开要成立一个新的联邦制"。[2]罗伯斯庇尔和雅各宾政府因为对分权观念深恶痛绝,不得不削弱社团以及巴黎公社各区的力量。社团以及公社的自治政府都自成一个小型权力结构,在中央集权的条件下,它们对于中央集权的国家权力,显然都是一种威胁。

提纲挈领地说,雅各宾政府与革命社团之间在三个不同的事端上起冲突。第一个争端是,共和国为求生存而与来自无套裤党的压力开战,也就是以公共自由之卵,击私人苦难之石。第二个争端是雅各宾派为求绝对权力而与社团的公共精神开战。从理论上说,这是为统一的

---

[1] "Après la Bastille vaincue...on vit que le peuple n'agissait pour l'élévation de personne, mais pour l'abaissement de tous"("推翻巴士底狱之后……我们看到人民并不是为了个人的升华,却是为了把所有人拉到同一水平而行动")这一评语出自圣鞠斯特,真是令人称奇。参见前注所引其早期著作,vol. I, p. 258。

[2] 这是Collot d'Herbois的判断,引自Soboul,前引书。

公共意见和为"公意"而战，反对公共精神，反对思想言论自由固有的多样性；从实践上说，它是党派与党派利益反对公共事务共同福祉的权力斗争。第三个争端是政府的权力垄断向分权的联邦原则开战，也就是民族国家向一个真正共和国的初生开战。所有这三个争端都揭示了，缔造了大革命并借此升入公共领域的人，与人民自己关于革命应该和可以做什么的观念之间，存在一个深刻的裂痕。不错，人民自己的革命观念中，排在第一位的就是幸福。圣鞠斯特正确地指出，幸福在欧洲是一个新词。必须承认，在这方面，人民以迅雷不及掩耳之势击溃了他们领袖头脑中陈旧的、前革命的动机，这些东西，人民既无从理解也无法分享。前已述及，何以"在一切武装了大革命的理念和情感中，公共自由的观念与喜好，严格说来是第一个烟消云散的"（托克维尔），因为它们抵挡不住悲惨状况的冲击。大革命将这种悲惨状况摆在人们眼前，从心理上说，正是对人类苦难的同情，将它们冲得一干二净。然而，大革命侧重教给人民的是幸福，表面上却以"公共自由的观念和喜好"来给人民上第一堂课。争执、指导、相互启蒙和交换意见，尽管这一切始终无法对那些当权者产生立竿见影的效果，却在各区和社团中让人如痴如醉，一发不可收拾。若各区人民只能根据自上而下的指令，听党的话，唯唯诺诺，那它们只会日趋黯淡。最终，出乎意料的是，仅仅凭人民有组织的自发努力，联邦原则初露端倪，人民发明了它，甚至连它确切的名字都还不知道呢。联邦原则实际上在欧洲是不为人知的，知道它的人也几乎是一致地排斥。如果说，巴黎各区最初是为了国民议会选举而自上而下形成的，那么同样也就可以说，这些选举人的集会主动转变为市政团体，从内部构建了巴黎公社伟大的市政委员会。正是这个公社委员会制度而不是选举人的集会，以革命社团的形式遍布法国全境。

六　革命的传统及其失落的珍宝

关于这些夭折的最初的共和国组织的可悲结局，寥寥数语便可知。它们被中央集权政府碾得粉碎，不是因为它们构成了实质性威胁，而是因为它们只要存在一天，其实就是公共权力的竞争者。在法国，谁都不可能忘记米拉波的话，"十人合力，可令万人战栗。"用来清除它们的方法简单而富有创意，以至于以法国大革命为伟大榜样的很多革命，都难以推陈出新。十分有趣的是，社团和政府之间一切冲突的焦点中具有决定性的，最终证明就是社团的非党派特征。党派，或毋宁说是派别，在法国大革命中扮演了灾难性的角色，后来成为整个大陆政党制度的根源。它们源于国民议会，但从中发展起来的野心和狂迷，是让广大人民无从理解也无法分享的东西，这比革命者的前革命动机甚至过之而无不及。然而，由于议会派别之间不存在妥协的余地，对于每一个派别来说，能否支配其他一切派别，就成为生死攸关的问题。做到这一点的唯一办法，就是在议会之外组织群众，以这种压力从体制外部胁迫国民议会。因此，支配国民议会的办法就是渗透并最终占领民间社团，宣布只有一个议会派别——雅各宾派是真正革命的；只有隶属于雅各宾派的社团能堪大任；其他一切民间社团都是"混账社团"。在此，我们可以看到，在政党制度的开端，一党专政是如何从多党制中发展出来的。罗伯斯庇尔的恐怖统治其实不是别的，正是企图将全体法国人民组织到一个庞大的政党机器中来，"伟大的民间社会就是法国人民"，借此雅各宾俱乐部将一个党派细胞网络扩散至整个法国，它们的任务不再是对公共事务进行讨论、交换意见、互相指导和交流信息，而是相互监视，对成员与非成员一视同仁地检举揭发。[1]

---

[1] "雅各宾派以及隶属于它的社团，就是在暴君和贵族之间散播恐怖者"，这是Collot d'Herbois的判断，引自Soboul，前引书。

经过一场俄国革命，这些事情已经变得耳熟能详。在俄国革命进程中，布尔什维克党以完全相同的方法扭曲了革命的苏维埃制度。然而，这种可悲的似曾相识无法不让我们认识到：我们甚至在法国大革命中就已经面临现代政党制度与新的革命性自治政府组织之间的冲突。这两种制度截然不同，甚至水火不容，却诞生于同一时刻。政党制度惊天动地的成功与委员会制度同样惊天动地的失败，都归因于民族国家的兴起。它扶植了一个，却打倒了另一个。可见，左派和革命的政党对委员会体系显出的敌意，毫不逊色于保守或反动的右派。我们习惯根据党派政治来思考国内政治，以致我们不免忘记了，两种制度之间的冲突，实际上一直是作为政党制度的权力宝座和源泉的议会，与让渡权力给代表的人民之间的冲突。不管一个党派如何成功地与街上的群众结盟，转而反对议会体系，一旦它决定攫取权力建立一党专政，它就绝不会否认自己根源于议会的党派斗争，也绝不会否认它因此而始终是一个从外部和自上而下地接近人民的团体。

当罗伯斯庇尔建立了雅各宾派的暴政力量以针对非暴力的民间社团时，他同时也维护和重拾了法兰西议会的权力，及其内部一切的不和与派别斗争。不管他知道与否，权力宝座再次落入了议会之手，而不是人民之手，一切革命的花言巧语都是枉然。这样，罗伯斯庇尔就打破了人民最旗帜鲜明的政治抱负，那就是对于平等的抱负，以骄傲的"人人平等"一词，要求能向代表或整个国会署名发表议论和请愿，就像它在社团中所表现出来的那样。一旦"雅各宾恐怖"意识到了社会友爱，并被这种社会友爱冲昏了头脑，它就必定要取缔这种平等——结果，轮到雅各宾派在国民议会无休无止的党派斗争中落败时，人民始终袖手旁观，巴黎各区也没有施与援手。兄弟情谊，原来不是平等的替代品。

六 革命的传统及其失落的珍宝

3

"就像加图以Carthago delenda est（消灭迦太基）一词作为每次演讲的结语一样，我的每个意见，一言以蔽之，'将县划分为街区'是也。"[1]杰斐逊曾经以此道破他最钟爱的政治理念。可惜，无论是后人还是他的同辈，都对此不甚了了。对加图的此番比附，并非引用拉丁文的一时口误；它的意思是强调，杰斐逊认为缺乏对国土的这种细分，对共和国的生存构成了主要的威胁。正如加图所说，只要迦太基存在一天，罗马就不得安宁；据杰斐逊所说，缺乏街区体系，共和国的根基也一样是不安全的。"我对此一旦豁然开朗，就视之为拯救共和国的曙光。用老西蒙的话来说，就是'Nunc dimittis Domine'（除了神之外，谁也不可号令他人）。"[2]

如果杰斐逊的"初级共和国"计划付诸实施，那么它将远胜于我们可以在法国大革命期间的巴黎各区和民间社团中，觉察到的那种新政府形式软弱的萌芽状态。然而，即使杰斐逊的政治想象力在远见卓识上超过了他们，他的思想却依然与之殊途同归。无论是杰斐逊的计划，还是法国的sociétés révolutionaires（革命委员会），都极其匪夷所思地准确预见到了这些委员会、苏维埃和Räte（委员会），它们将在整个十九和二十世纪每一场名副其实的革命中崭露头角。每次它们都作为人民的自发组织产生和出现，不仅外在于一切革命党，而且完全出乎它们和它们的领袖意料之外。跟杰斐逊的提议一样，委员会完全被政治家、历史

---

[1] 致John Cartwright，1824年6月5日。
[2] 引自稍微早前的一个时期，其时杰斐逊建议将县分割成"数以百计"。（参见致John Tyler，1810年5月26日）显然，他心仪的街区将是由一百人左右构成的。

学家、政治理论家,最重要的是被革命传统本身忽略掉了。即便是那些显然对革命持同情态度,忍不住要将民间委员会的涌现载入其故事记录之中的历史学家,都认为委员会本质上不过是为解放而进行革命斗争的临时组织而已。换言之,他们无法理解,站在眼前的委员会制度,在多大程度上是一种全新的政府形式;也无法理解它是一种为了自由、由革命进程本身构建和组织的新的公共空间。

上述说法必须做些保留。有两个相关的例外:一是时值巴黎公社在1871年短命的革命中复兴之际,马克思所做的一些评论;一是列宁不以马克思的教科书为依据,而以俄国1905年革命的实际进程为基础所做的一些反思。不过,在我们转到这些问题上来之前,最好尽量去理解,当杰斐逊极其自信地说"任凭人的才智再高,也无法为一个自由、持久和昌明的共和国,找到比这更坚固的基础"[1]时,他念念不忘的到底是什么。

也许值得指出的是,在杰斐逊的正式著作中,我们均未发现他提到过街区体系。更为重要的是,他重点提到这一问题的少数几封信,日期都在他生命的暮年。不错,他曾经一度希望,弗吉尼亚,因为是"地球上第一个和平地集智慧者之力而形成了根本宪法的部落之一",也将第一个"采取将县细分为街区"。[2] 但是问题在于,整个理念似乎仅仅是在他自己从公共生活中退休,在他从国家事务中撤离之时,才得以形成的。他对联邦宪法的批评如此毫无保留,皆因联邦宪法没有将《权利法案》纳入,他却从未触及联邦宪法无法将市镇纳入的问题。可市镇显然是杰斐逊"初级共和国"的原型,在那里,"全体人民的呼声将会公平、充

---

[1] 致 Cartwright,前引文。
[2] 同上。

分而和平地加以表达和讨论",凭一切公民的"共同理性来决定"。¹按照他本人在该国事务和美国革命的成果中所发挥的作用,街区体系的理念明摆着是一种事后思考。按照他个人经历的发展,对这些街区的"和平"特征的一再重申,表明这一体系对他来说,是他关于应当反复革命的早期观念唯一可能的非暴力替代选择。无论如何,对于他念念不忘的东西,我们仅仅是在他1816年写的信中,才发现有详尽的描述。这些信与其说是相互补充,倒不如说是啰嗦重复。

杰斐逊本人再明白不过了:他提议"拯救共和国"的那些东西,实际上是以共和国来拯救革命精神。他对街区体系的讲解,总是先来一番回顾:"我们的革命一开始就生气蓬勃"是如何归功于"小共和国"的;它们如何"促使整个民族干劲十足地投入到行动之中";后来他又是如何感到,"新英格兰的市镇""使政府的根基在(他的)脚下动摇"的,"这种组织的能量"如此巨大,以致"所在州没有一个人的身体不被全力推入行动之中"。因此,杰斐逊期待街区允许公民继续做他们在革命岁月中可以做的事情,也就是主动请缨参与那日复一日被处理的公共事务。鉴于联邦宪法,整个民族的公共事务归华盛顿,由联邦政府处理,杰斐逊依然认为它是共和国的"外交部",共和国的内部事务则由州政府料理。²但是,州政府乃至县的行政机器都太庞大、太臃肿了,容不得及时参与。在所有这些制度中,是人民的委托人而不是人民自己构建了公共领域,而那些将权力委托给他们的人,那些在理论上是权力的源泉和支撑的人,却始终被挡在公共领域的大门之外。如果杰斐逊确实相信(他有时候承认)人民的幸福唯有存在于私人福利之中,那

---

1 致Samuel Kercheval的信,1816年7月12日。
2 该引文来自刚才所引信件。

么这样的秩序也就足够了。因为，基于联盟政府构建的方式，以分权、控制、制衡而构成的中央权力，暴政产生的概率微乎其微，当然也不是完全没有可能。从此，可能并且真的一次又一次发生的事情，就是"代议机构走向腐败堕落"，[1]不过这种腐败不太可能归咎于（并且很少归咎于）代议机构对所代表人民的阴谋。这种政府中的腐败，更像是来自社会之中，也就是来自人民自身。

　　腐败堕落在一个平等的共和国比在其他任何政府形式都更为致命，同时也更有可能发生。提纲挈领地说，当私人利益侵入公共领域之时，腐败就产生了。换言之，它们是自下而上，而不是自上而下地发生的。正因为共和国原则上排除了统治者与被统治者的旧式二分法，政治体腐败不会与人民无涉。在其他政府形式中，只需殃及统治者或统治阶级，而"清白"的人民其实先是受苦，然后有朝一日，发动一场骇人听闻而又是必然的暴动。有别于人民代表或一个统治阶级的腐败，人民自身的腐败只有在一个让人民分享公共权力并教他们如何支配公共权力的政府中才是可能的。在那里，统治者与被统治者的裂痕弥合了，公共领域与私人领域的界线一直存在被模糊的可能，并最终被抹杀。现代和社会领域兴起之前，共和政府固有的这种危险，常常从公共领域中产生，从公共权力向私人利益扩张并践踏私人利益的趋势中产生。对于这种危险，由来已久的补救办法是尊重私人财产，也就是说，构筑一个法律体系，私人权利借之得到公开保障，公共领域和私人领域之间的界线得到合法保护。美国宪法的《权利法案》，为私人领域对抗公共权力塑造了最后的也最彻底的法律堡垒。杰斐逊对公共权力的危险性和这种补救办法的关注，天下闻名。然而，不是在

---

[1] 致 Samuel Kercheval 的信，1816年9月5日。

六　革命的传统及其失落的珍宝

繁荣本身的条件下,而是在经济持续快速增长,也就是私人领域持续不断地扩张的条件下(这些当然是现代条件),腐败堕落的危险更有可能从私人利益而不是公共权力中产生。尽管关注的是更古老和妇孺皆知的那种政治体腐败的威胁,杰斐逊却能够察觉,可见其政治才华非同凡响。

对公权谋私唯一的补救办法,就在于公共领域本身,在于照亮公共领域范围内每一个行为的光明,在于那种使进入公共领域的一切都暴露无遗的可见性。尽管当时还不知道什么秘密投票,杰斐逊却至少有一个预感:若不同时给人民提供比计票箱更多的公共空间,比选举日更多的其他时间公开发表言论的机会,让人民分享公共权力该是多么的危险。杰斐逊发觉,共和国致命的危险就是,联邦宪法将一切权力赋予公民,却不给他们**做**共和主义者和以公民之身**行动**的机会。换言之,危险就在于,一切权力都赋予身为私人的人民,却没有为身为公民的他们建立任何空间。在生命暮年,对于自己洞若观火的私德和公德的要旨,杰斐逊一言以蔽之:"爱邻及于爱己,爱国甚于爱己。"[1] 此时,他深知,除非"国家"可以像"邻人"出现在同胞的爱中一样,出现在公民的"爱"中,不然这一准则始终是空洞的说教。如果某个人的邻居像幽灵一样深居简出,每隔两年才出现一次的话,那么邻人之爱就没有什么实质意义,同样,除非国家在它的公民之中活灵活现,不然告诫人们爱国甚于爱己也就没有多大实质意义。

因此,按照杰斐逊的观点,正是共和政府的原则要求"将县细分为街区",也就是创建"小共和国"。通过它,"州的每一个人"都可以成为"共同政府的行动一员,竭尽所能,亲身协调大部分实为琐屑却又重

---

[1] 致Thomas Jefferson Smith的信,1825年2月21日。

要的权利和义务"。[1] 正是"这些小共和国,将成为大共和国的主要力量"。[2] 由于联盟的共和政府建立在权力属于人民这一假设之上,它合理运作的条件就在于"将(政府)划分为许多部分,按能力配置功能"的方案。没有这一点,共和国的原则就会落空,美国政府就只是一个有名无实的共和国而已。

当考虑共和国安全这个方面时,问题是如何防止"我们的政府腐化"。任何政府,只要将一切权力集中在"一个人、少数人、出身好的人或者多数人手中",杰斐逊都称之为腐化。这样一来,街区制度的用意不是加强多数人的权力,而是加强"每一个人"在其能力限度内的权力。只有化"多数"为集会,在那里每一个人都得到重视,"我们才会像一个大社团那样共和"。当考虑共和国公民的安全时,问题就是如何使每个人都感到"他是政府的事务性参与者,不仅仅是在选举年的选举日,而且天天如是。当州里没有一个人不成为大大小小各种委员会的一名成员时,他宁愿将心肝从身体中掏出,也不愿意恺撒或波拿巴将权力从他手中夺走"。最后,关于如何将这些为每个人而设的最小组织,整合成为所有人而设的联盟政府结构的问题,杰斐逊的回答是:"街区的初级共和国、县的共和国、州的共和国以及联盟的共和国,将形成一个权威分级,各依其法,各掌其相应份额的委托权力,名副其实地为政府构建一个根本上制衡的体系。"然而有一点,杰斐逊却始终奇怪地保持沉默,就是初级共和国的特定功能究竟是什么的问题。他偶尔提及,"我提出的街区划分的优势之一",是和代议政府机制相比,它们提供了一个更好的办法来搜集人民的呼声。但是他大致相信,如果有人"仅仅

---

1 致 Cartwright 的信,前引文。
2 致 John Tyler 的信,前引文。

是为了某一个目标而开始分区",那么它们"不久就会表明,对于其他目标自己也是最好的工具"。[1]

目标的模糊,绝非讳莫如深之故,它也许比杰斐逊提议的其他任何一个方面都更加大张旗鼓地指出了,在事后思考中,杰斐逊讲述了自己最珍爱的美国革命记忆,并赋予它实质意义。这一思考实际上涉及新政府形式,而不只是改革一下政府形式或补充一下现存制度了事。如果革命的终极目的是自由,是自由可以呈现的一个公共空间的构建,是构建自由,那么,街区的初级共和国,作为人人皆得以自由的唯一实物场所,实际上就是大共和国的目的所在。这个大共和国在国内事务上的主要目标,本应是给人民提供这样的自由场所,并加以保护。不管杰斐逊知道与否,街区体系的基本假设就是:不享有公共幸福就不能说是幸福的;不体验公共自由就不能说是自由的;不参与和分享公共权力就不能说是幸福或自由的。

4

尚待讲述和回忆的,是一个奇怪而可悲的故事。它不是历史学家用来将十九世纪欧洲历史串起来的革命故事,[2]这种革命故事的源头可以回溯至中世纪,根据托克维尔的观点,"数世纪以来不管任何障碍"都无法阻挡它的前进步伐,马克思概括几代人的经验,称之为"一切历史的火车头"。[3]我丝毫也不怀疑,革命乃是我们之前的时代深藏不露的

---

[1] 该引文来自1816年2月2日致Joseph C. Cabell的信,以及前引致Samuel Kercheval的两封信。
[2] George Soule, *The Coming American Revolution*, New York, 1934, p. 53.
[3] 关于托克维尔,参见作者在《论美国的民主》之导言;关于马克思,参见《1840—1850法兰西阶级斗争》,Berlin, 1951, p. 124。

主旋律,尽管我对托克维尔和马克思的概括都心存疑惑,特别是他们坚信革命是一种势不可当的力量的结果,而不是特定行为和事件的产物。没有"革命的穿针引线",历史学家再也无法讲述本世纪的故事了,这一点倒像是毋庸置疑的。不过,这个故事由于结局依然未卜,尚不宜讲述。

革命具体的一面,在一定程度上也是如此。这就是新政府形式在革命进程中有规律地涌现。我们现在必须正视了。它惊世骇俗,却与杰斐逊的街区制度十分相像。无论在何种情形下,它似乎都只是在重复1789年后遍及法国的革命社团和市政委员会。这一面吸引我们注意的众多原因之中,首先要指出的就是,我们在这里涉及的是令整个时代最伟大的两位革命家都最为刻骨铭心的现象。这两位革命家就是马克思和列宁。他们目击它自发兴起,前者是在1871年巴黎公社期间,后者则是在1905年第一次俄国革命期间。令他们深受打击的,不仅是他们自己对这些事件完全没有准备这一事实;而且,他们知道自己面对的是一件不算数的刻意模仿来的复制品,甚至纯粹是对过去的一种追忆而已。诚然,他们对杰斐逊的街区制度几乎一无所知,但是他们十分清楚第一代巴黎公社各区在法国大革命中所扮演的革命性角色,只是从未想过它们可能是新政府形式的萌芽,而以为它们仅仅是一旦革命走向结束就要被铲除掉的工具。然而,现在他们面对着显然打算在革命之后继续生存下去的民间组织——公社、委员会、Räte、苏维埃。这与他们的一切理论都是矛盾的,更为重要的是,这与关于权力和暴力性质的那些假设是公然冲突的。他们的这些假设,与垂死的或沦亡的政体的统治者如出一辙,尽管这是无心之失。囿于民族国家的传统,他们视革命为攫取权力的一种手段,视权力为暴力手段的垄断。然而实际情形却是旧权力迅速瓦解,对暴力手段的控制瞬间消失,同时石破天惊地形成

六 革命的传统及其失落的珍宝

了一种新的权力结构,它的存在归功于人民自己的组织冲动,而别无其他。换言之,革命来临之际,原本就已经没有什么权力可以夺取了,以致革命家们发现自己面临尴尬的抉择:要么将自己前革命的"权力"即党组织植入沦亡政府腾出的权力中心;要么就索性加入不假他们之手而形成的新革命权力中心。

对于意料之外的事情,马克思纯粹是一位目击者。在那一瞬间他理解了,1871年巴黎公社的Kommunalverfassung(公社),因为据说成了"最小乡村的政治形式",便将成为"为劳动的经济解放而最终发现的政治形式"。但是,他不久就明白了,这一政治形式在多大程度上与一切"无产阶级专政"观念是矛盾的。这一专政依靠一个社会主义政党或共产主义政党,它们对权力和暴力的垄断,是模仿民族国家高度中央集权的政府。马克思得出结论:公社委员会毕竟只是革命的临时性组织。[1] 经过一代人,我们在列宁身上找到几乎一模一样的态度。列宁一生中在1905年和1917年两次处于事件本身的直接冲击之下,也就是

---

[1] 1871年马克思称公社die endlich entdeckte politische Form, unter der die ökonomische Befreiung der Arbeit sich vollziehen könnte(是终于被发现的,可以使劳动在经济上获得解放的政治形式),称这是它的"真正秘密"[参见《法兰西内战》(1871), Berlin, 1952, pp. 71 and 76]。然而仅仅过了两年,他写道:"Die Arbeiter müssen...auf die entschiedenste Zentralisation der Gewalt in die Hände der Staatsmacht hinwirken. Sie dürfen sich durch das demokratische Gerede von Freiheit der Gemeinden, von Selbstregierung usw. nicht irre machen lassen."("工人们必须坚决地将权力集中在国家权力机关手中。工人们如果相信所谓的获得乡镇的自由、实行自我管理等民主谎言,就将误入歧途。")[《揭露科隆共产党人案件》(Sozialdemokratische Bibliothek Bd. Ⅳ), Hattingen Zürich, 1885, p.81]。因此,Oskar Anweiler——他对委员会体系的重要研究,*Die Rätebewegung in Russland 1905—1921*, Leiden, 1958,令我受益匪浅——正确地坚持说:"Die revolutionären Gemeinderäte sind für Marx nichts weiter als zeitweilige politische Kampforgane, die die Revolution vorwärtstreiben sollen, er sieht in ihnen nicht die Keimzellen für eine grundlegende Umgestaltung der Gesellschaft, die vielmehr von oben, durch die proletatische zentralistische Staatsgewalt, erfolgen soll."("对于马克思来说,革命的乡镇苏维埃不应再作为推动革命的临时性政治斗争组织,因为这些组织不是彻底改变社会的细胞,相反应自上而下实现无产阶级的集中的国家政权。")(p. 19)

说,他从一种革命意识形态的影响中被暂时解放出来。因此,在1905年,列宁可以由衷地赞扬"人民的革命创造力",他们在革命中自发地开始建立一种全新的权力结构,[1]就如同十二年后,他能够以"一切权力归苏维埃"的口号发动和赢得十月革命一样。但是,在两场革命之间的年月里,列宁并没有做什么来重新定位他的思想,将新的组织纳入众多党纲中的任何一个。结果,在1917年,一样是自发的事态发展,而列宁和他的党也跟1905年一样毫无准备。最后,在喀琅施塔得叛乱中,当苏维埃奋起反抗党的专政,新委员会与政党制度之间的不协调暴露无遗之时,列宁立刻决定打倒委员会,因为它们对布尔什维克党的权力垄断构成了威胁。从此,"苏联"这个名字对于革命后的俄国就变得不实。但是,这个不实之词也从此具有了一层意思,那就是勉为其难地默认了苏维埃制度势不可当的民间性:这种民间性不是来自布尔什维克党,而是来自被党弱化了的苏维埃。[2]要么调整自己的思想和行动以适应新的、无法逆料的情况,要么是铤而走险实行专政,在这一两难选择面前,他们毫不犹豫地选择了后者。除了一些微不足道的时刻,他们的行为自始至终都被党派斗争的念头支配着。党派斗争在委员会中不起作用,但在前革命的议会中其实是举足轻重的。当共产主义者在1919年决定"唯有拥立一个苏维埃主义者已经成为共产主义多数的苏维埃共和国"[3]时,他们实际上是像普通的党派政客那样行事。他们对人,甚至

---

1 我赞同Anweiler,前引书,p. 101。

2 在二十世纪所有的革命中,委员会大受欢迎已经是有口皆碑的了。在1918年和1919年德国革命期间,甚至保守党在竞选中也不得不向委员会做出让步。

3 出自莱维纳。他是一位声名显赫的职业革命家,在巴伐利亚革命期间说:"Die Kommunisten treten nur für eine Räterepublik ein, in der die Räte eine kommunistische Mehrheit haben."("共产主义者主张建立一个拥有共产主义多数的苏维埃共和国。")参见 Helmut Neubauer, "München und Moskau 1918—1919: Zur Geschichte der Rätebewegung in Bayern", *Jahrbücher Für Geschichte Osteuropas*, Beiheft 4, 1958。

六 革命的传统及其失落的珍宝

对最激进、最不守旧的自己人,对没见过的事物,对没思考过的思想,对没尝试过的制度怀有多大的恐惧啊。

革命传统之所以无法对唯一产生于革命的新政府形式给予认真的思考,一定程度上可以通过马克思沉迷于社会问题,不愿认真关注国家和政府问题来加以解释。不过这种解释是软弱无力的,一定程度上甚至是在回避问题,因为它想当然地以为,马克思对革命运动和革命传统具有至高无上的影响力;而这种影响力本身就尚待解释。毕竟,芸芸革命者中,又岂止马克思主义者,对革命事件的现状根本没有准备。这种毫无准备,十分值得注意,因为这肯定不能归咎于思想贫乏或对革命缺乏兴趣。众所周知,法国大革命中诞生了政治舞台上一位全新的人物:职业革命家。他的生命不是耗费在发动革命上,因为发动革命的机会寥寥无几;而是用在研究和思考上,用在理论和论战上,这些行为只有一个对象,那就是革命。实际上,缺少一部十九、二十世纪职业革命家的历史,欧洲有闲阶级的历史将是不完整的。十九、二十世纪的职业革命家与现代艺术家和作家一道,成为十七、十八世纪文人的真正传人。艺术家和作家加入革命家行列那是因为,"资产阶级一词逐渐具有了一种在审美上丝毫不亚于政治的怨恨之意"。[1]他们一起成立了波希米亚,这是奔波劳碌的工业革命时代中纯净的休闲孤岛。即便是在这种新有闲阶级的成员之中,职业革命家也享有专门的特权,因为他的人生道路不要求任何专业工作。如果有一件事是他没有理由抱怨的,那就是没有时间思考。这种从根本上是理论式的人生道路,是在伦敦和巴黎著名的图书馆中度过;抑或在维也纳和苏黎世的咖啡店中打发掉;又或是在各种旧政体相对舒适和宁静的监狱中度过,可见都没有什么分别。

---

[1] 参见 *The Paris Commune of 1871* 这一出色研究,London,1937,by Frank Jellinek, p. 27。

职业革命家在一切现代革命中所扮演的角色足够伟大和辉煌，但它不在于酝酿革命。他们观察和分析国家与社会之间日增月累的分化，他们很少或者说没有资格去促进和引导这种分化。甚至1905年蔓延俄国并导致"一次革命"的罢工浪潮，也完全是自发的，没有得到任何政治组织或工会组织的支持，相反，它们仅仅是在革命进程中才产生的。[1]大多数革命的爆发都令革命家集团和党派大吃一惊，他们惊诧的程度并不亚于其他人。几乎没有一场革命的爆发，要归咎于他们的活动。通常是相反的：革命爆发，可以说从牢房、咖啡馆或图书馆中解放了职业革命家。甚至列宁的职业革命家党派也未能"缔造"一场革命；适逢政府垮台的那一刻他们最好是别走开，或赶紧回家。托克维尔在1848年观察到，君主制"是在胜利者的打击之前而不是打击之下"垮台的，"胜利者于胜利之诧，不稍逊失败者于失败之惊"。这一次又一次得到了证实。

职业革命家的作用通常不在于缔造革命，而在于革命爆发后上台。他们在权力斗争中的巨大优势，不在于他们的理论、他们的头脑或组织准备，而在于一个简单的事实，即他们是唯一名满天下的。[2]引发革命的一定不是阴谋集团，而秘密社团通常过于秘密而无法让自己的声音公之于众，尽管它们也成功地实施了一些滔天罪行，这通常是在秘密警察的帮助之下去做的。[3]往昔权力之权威的丧失，其实先于一切革命，它实

---

1 参见Anweiler，前引书，p. 45。

2 莫里斯·迪韦尔热，他的著作 *Political Party: Their Organization and Activity in the Modern State* (French edition, 1951), New York, 1961。取代和远远超越了之前所有关于这一主题的研究。他提到一个有趣的例子。在1871年国民议会的选举中，法国的投票权是自由的。但是由于没有政党，新的投票人只愿意给他充分了解的候选人投票，结果新的共和国成为"公爵的共和国"。

3 秘密警察扶植的记录而不是阻止革命活动的记录，在第二帝国时代的法国和1880年后的沙皇俄国特别令人震惊。例如，在路易·拿破仑的统治下，似乎没有一项反政府行动不是由警察发起的。战争和革命之前的俄国，更为重要的恐怖主义袭击似乎全是警察干的。

六　革命的传统及其失落的珍宝

际上对任何人来说都不是什么秘密,因为它昭然若揭并有迹可寻,尽管并不一定要惊天动地。不过,它的征候,如普遍不满、到处蠢蠢欲动、对当权者的轻蔑,则由于意义模糊而神出鬼没。[1]然而,轻蔑,虽很少算入典型职业革命家的动机,却一定是最具潜力的革命源泉之一。拉马丁称1848年革命是"轻蔑的革命",很少有革命与这是完全不搭界的。

然而,职业革命家在革命爆发中扮演的角色,常常微不足道得可以忽略不计,他对一场革命实际进程的影响,却被证明是十分巨大的。由于他在过去革命的学校中度过了他的学徒期,他不断施加这种影响并不利于意外的新事物的出现,而有利于与过去保持一致的某些行动。由于确保革命的延续性乃是他的使命,他不免要根据历史先例来论战。我们前面提到的,对过去事件刻意而有害的模仿,至少一定程度上在于他的职业性质。在职业革命家从马克思主义中发现了他们解释和说明过去、现在和未来一切历史的官方指导之前,托克维尔在1848年就已经指出:"模仿(即模仿1789年前后革命的国民议会)的痕迹是如此鲜明夺目,以致掩盖了事实可怕的原创性。他们是在法国大革命中演戏,根本就不是在延续它,这种印象令我挥之不去。"[2]又,在1871年巴黎公社(马克思和马克思主义对它没有影响)期间,至少有一份新办杂志《杜申老头》(*Le Père Duchêne*),还采用过去的革命月历名字。以往革命的每一次事故,都被反复琢磨,仿佛它是神圣历史的一部分,在这种氛围中,革命史中唯一全然自发的全新制度则被忽略以致被遗忘,这真是咄咄怪事。

---

[1] 举个例子,第二帝国触目惊心的动乱,与拿破仑三世的全民公决获得压倒性优势的结果明显矛盾。全民公决就是我们今天民意调查的雏形。最后一次全民公决是在1869年,帝国又一次大获全胜。当时并没有引起注意而在一年后证明具有决定性意义的是,武装力量中将近15%对帝国投了反对票。

[2] 引自Jellinek,前引书,p. 194。

拥有事后智慧的人，不免要对上述观点说三道四。在乌托邦社会主义者，尤其是在蒲鲁东和巴枯宁的著作中，有某些段落可以较为容易地读到对委员会制度的认识。可是真相在于，这些本质上是无政府主义的政治思想家，对这种现象手足无措，猝不及防。这种现象清楚地表明，一场革命绝不是以消灭国家和政府而告终，相反是以建立一个新国家和成立一个新政府形式为目的。最近，历史学家指出，委员会十分类似于中世纪的市镇，如瑞士的州、十七世纪英国的"鼓动者"，或毋宁按它们最初的称谓"调节者"，还有克伦威尔军队中的全民委员会。但是问题的关键在于，除了中世纪市镇可能是例外，[1] 其他的都不曾对那些在革命进程中自发组织成委员会的人的头脑，产生过任何哪怕是最轻微的影响。

因此，没有任何传统（无论是革命的还是革命之前的）有资格去解释法国大革命以来委员会制度有规律的反复涌现。如果我们将1848年巴黎二月革命搁置一旁——在那里，政府自己成立了一个 commission pour les travailleurs（工会），革命几乎只涉及社团立法的问题——那么，这些行动组织和新国家萌芽出现的主要日期就是：1870年，法国首都处于普鲁士军队围攻之下，"自发组织了一个微型的联邦实体"，后来成为1871年春巴黎公社政府的核心；[2] 1905年，俄国自发的罢工浪潮突然在所有革命党和革命集团之外，产生了自己的政治领导，工厂里的工人自行组织成委员会即苏维埃，为的是代议制的自治政府；1917年俄国

---

[1] 巴黎公社一份官方声明对这一关系强调如下："C'est cette idée communale poursuivie depuis le douzième siècle, affirmée par la morale, le droit et la science qui vient de triompher le 18 mars 1871."（"正是十二世纪以来由道德权力和自然知识确立的这种公社理念，取得了1871年3月18日的胜利。"）参见 Heinrich Koechlin, *Die Pariser Commune von 1871 im Bewusstsein ihrer Anhänger*, Basel, 1950, p. 66.

[2] Jellinek, 前引书, p.71.

六　革命的传统及其失落的珍宝

二月革命，"尽管俄国工人中政治倾向不一，苏维埃这个组织本身却是无可争议的"；[1] 1918年和1919年在德国，军队战败之后，士兵和工人公然倒戈，自行构建了工人和士兵苏维埃（Arbeiter-und Soldatenräte），在柏林，要求让这种委员会体系成为新的德国宪法的基石，在慕尼黑，1919年春天与咖啡馆的波希米亚人一起，成立了短命的巴伐利亚苏维埃共和国（Bavarian Räterepublik）；[2] 最后是在1956年秋天，匈牙利革命从一开始就在布达佩斯如法炮制了委员会体系，"不可思议地迅速"[3]席卷全国。

单单是列举这些日期，就说明实际上从来都不存在什么延续性。正是缺乏延续性、传统和有组织的影响，致使这些现象惊人地雷同。委员会众多共同特征之中，突出的当然就是它们产生方式的自发性，因为它与理论上的"二十世纪革命模式——由职业革命家筹划、酝酿和实施，庶几接近于冷冰冰的科学精确性"[4]之间的矛盾可谓昭然若揭。真的，无论在哪里，只要革命没有被打败，没有带来某种复辟，一党专政，也就是职业革命者的模式，就将最终占上风，但这只有经过一场与革命本身的组织和制度进行的暴力斗争才有可能。而且，委员会总是身兼秩序组织和行动组织二任，其实正是它们拟定新秩序的冲动，使之与职业革命者集团之间产生冲突，后者希望将委员会贬为革命活动的单纯执行机构。再真实不过的是，委员会的成员并不满足于对政党或议会采取的措施，即进行讨论和"自我启蒙"，他们处心积虑、明目张胆地意

1　Anweiler, 前引书, p.127, 引述了托洛茨基这句话。
2　后者参见 Helmut Neubauer, 前引书。
3　参见 Oskar Anweiler, "Die Räte in der ungarischen Revolution", in *Osteuropa*, vol. VIII, 1958。
4　Sigmund Neumann, "The structure and Strategy of Revolution: 1848 and 1948", in *The Journal of Politics*, August 1949.

欲让每位公民都直接参与国家的公共事务。[1]只要它们一天不死，毫无疑问"每个个人都会发现自己的行动范围，可以说亲眼看见自己对平日事件的贡献"。[2]目睹它们运作的目击者，对于革命让"民主制直接复兴"的程度，看法常常是一致的。唉！这样一来就意味着一切诸如此类的复兴都是在劫难逃的，因为，由人民直接掌握公共事务，在现代条件下显然是不可能的。在他们眼中，委员会仿佛是一个罗曼蒂克的梦想，某种美妙的乌托邦在一个转瞬即逝的时刻化为现实，可以说流露出了那些显然还不谙世事的人民心中绝望的罗曼蒂克渴望。这些现实主义者从政党制度中找到了自己的定位，理所当然地假设代议制政府是别无选择的，他们轻而易举就忘记了，旧政体的垮台，其中一点正是归咎于这一制度。

与委员会有关的引人瞩目的事情，当然不仅仅是它们穿越了一切党派界限，以及各党派成员在委员会中坐到了一起；而且还有这种党派成员身份不起任何作用了。委员会实际上是不属于任何党派的人民的唯一政治组织。这样一来，委员会与一切集会，无论是旧的议会还是新的"制宪会议"都一概是相互冲突的。原因很简单，后者即便到了最

---

[1] Anweiler, 前引书, p. 6, 列举了以下普遍特征："1. Die Gebundenheit an eine bestimmte abhángige oder unterdrückte soziale Schicht, 2. die radikale Demokratie als Form, 3.die revolutionäre Art der Entstehung."（"1. 紧密联系坚定的、非独立的或受压制的社会阶层；2. 以激进民主作为手段；3. 形成革命方式。"）继而得出结论："Die diesen Räten zugrundeliegende Tendenz, die man als 'Rätegedanken' bezeichnen kann, ist das Streben nach einer möglichst unmittelbaren, weitgehenden und unbeschränkten Teilnahme des Einzelnen am öffentlichen Leben..."（"在人们看来，这种以委员会为基础的倾向，只是对个人最直接、最广泛和不受限制地参与公共生活的一种追求……"）

[2] 出自奥地利社会主义者马克斯·阿德勒的话，载小册子 *Demokratie und Rätesystem*, Wien, 1919。这本写于革命期间的小册子相当有意思，因为，阿德勒尽管对委员会如此大受欢迎的原因洞若观火，却立刻继续重复旧的马克思主义公式，根据这一公式，委员会只不过仅仅是 "eine revolutionäre Uebergangsform"（革命的过渡方式）, 顶多也只是 "eine neue Kampfform des sozialistischen Klassenkampfes"（一种新的社会主义阶级斗争方式）而已。

六 革命的传统及其失落的珍宝

极端的地步,也只是政党制度的产儿。事情到了这一步,也就是在革命中,正是党纲而不是其他任何东西,将委员会从党派中分离出来。因为这些纲领不管有多么革命,都是"现成公式",不求行动只求执行,正如卢森堡对于你死我活的斗争洞若观火,指出要"全力落实。"[1]今天,我们知道理论教条在实际执行中消失得是多么的快。但是,如果教条在执行中幸免于难,甚至被证明无论对社会抑或政治之恶,都是包治百病的良药,委员会也一定会反抗任何这样的政策,因为"博学"的党的专家与要应用这种知识的人民群众之间的裂痕,使普通公民行动和形成自己意见的能力被忽略了。换言之,如果革命党的精神占了上风,委员会必定变得多余。无论在哪里,只要知行分裂,自由的空间就会丧失。

显然,委员会就是自由的空间。据此,它们一贯拒绝承认自己是革命的临时性组织,相反,它们竭尽全力让自己成为持久的政府组织。它们根本就不希望使革命持久下去,故旗帜鲜明的目标就是"为一个备受拥戴的共和国,为唯一将永远结束侵略和内战时代的政府奠定基础"。被期待作为斗争的目的的"报偿",不是地上天国,不是无阶级社会,不是社会主义或共产主义友爱的梦想,而是成立"真正的共和国"。[2]1871年的巴黎如此,1905年的俄国也是这般。第一个苏维埃"不仅是破坏而且是建设"的意图是如此昭然若揭,以致当时的目击者"可以体会

---

[1] 罗莎·卢森堡的小册子《俄国革命》,Betram D. Wolfe译,1940。我所引用的这本书,写于四十多年前。它对"列宁—托洛茨基专政理论"的批评,锋芒和现实性丝毫不减当年。诚然,她无法预见斯大林政体的影响,但她说不要压制政治自由,也不要借此压制公共生活。她这些预言般的话语,今天读来就像是对赫鲁晓夫统治下的苏联的现实描述:"没有普选、没有不受限制的出版和集会自由、没有一种自由的意见斗争,每一种公共制度都会死气沉沉,成为一副臭皮囊,其中只有官僚机构还保持活跃性。公共生活逐渐休眠,一小撮精力充沛、不知疲倦、经验丰富的党魁在指挥和统治。在他们之中,实际上只有为数不多的出类拔萃者起领导作用,工人阶级的精英不时被邀请……为领导者的发言鼓掌,一致同意所提出的决议——那其实就是一个小集团的事务……"

[2] 参见Jellinek,前引书,p.129及以下。

到,一种终有一天能够实现国家转型的力量,正在涌现和形成"。[1]

恰恰是这种对国家转型,即对新政府形式的期盼,这种让现代平等社会的每一位成员都成为一名公共事务的"参与者"的期盼,在二十世纪革命的灾难中被埋葬了。个中原因纷繁复杂,各国不一,但是,被众口一词称为反动和反革命的力量,却不是突出原因。回顾本世纪革命的记录,令人刻骨铭心的不是这些力量的强大,而是它们的软弱:它们的屡战屡败,革命的易如反掌,和非常重要的是希特勒的欧洲破产之后重建的大多数欧洲政府,都异常无能和缺乏权威。无论如何,职业革命者和革命党在这些灾难中所扮演的角色都是举足轻重的,在本书中则是决定性的。没有列宁"一切权力归苏维埃"的口号,就绝不会有一场俄国十月革命,但是不管列宁宣告成立苏维埃共和国是否发自内心,事实就是,不久他的口号就与布尔什维克党公然宣告的"夺权"的革命目标截然矛盾,这个革命目标就是用党组织置换国家机器。如果列宁真的希望将一切权力归苏维埃,他就应当使布尔什维克党与苏维埃大会一样萎弱。这种萎弱现在是苏维埃大会的显著特点,它的党代表和非党代表都是党提名的,没有了竞争对手,投票者不需要选择,而只用欢呼。但是,当党和委员会之间的冲突,因为争当俄国革命和人民的唯一"真正"代表而十分尖锐之时,你死我活的斗争就具有了更加耐人寻味的意义。

委员会挑战的是各种形式的政党制度本身,一旦诞生于革命中的委员会转而反对一直以革命为唯一目标的党或党派,这种冲突就将剧化。从一个真正苏维埃共和国的先锋立场来看,布尔什维克党只会比沦亡政体的一切其他党派更加危险。就政府形式——与革命党对立的

---

[1] 参见 Anweiler,前引书,p.110。

六 革命的传统及其失落的珍宝

各地委员会,对革命政治方面的兴趣远甚于社会方面。[1]一般而言,一党专政只是民族国家发展的最后阶段;具体而言,则是多党制发展的最后阶段。在二十世纪,这听起来像是一种陈词滥调,欧洲的多党民主制已经衰落到这步田地,法国和意大利的每一次选举,都使"国家的根基和政体的性质"风雨飘摇。[2]故而,看到大致相同的冲突甚至在1871年巴黎公社期间就已经存在,是颇发人深思的。当时,奥蒂斯·巴罗极其精确地勘定了两种政府形式在法国史上的主要差别,一是新政府形式,巴黎公社以之为目标;一是旧政体,它不久将以一种非君主制的另类面目复辟:"En tant que révolution sociale, 1871 procède directement de 1793, qu'il continue et qu'il doit achever...En tant que révolution politique, au contraire, 1871 est réaction contre 1793 et un retour à 1789...Il a effacé du programme les mots 'une et indivisible' et rejetté l'idée autoritaire qui est une idée toute monarchique...pour se rallier à l'idée fédérative, qui est par excellence l'idée libérale et républicaine."("作为社会革命,1871年步1793年的后尘,是它的延续,不达目的誓不罢休……相反,作为政治革命,1871年与1793年是相互对立的,它又重新回到了1789年……它从它的计划中抹去了唯一而不可分割的这个概念,而且抛弃了完全是君主制的独裁理念……让自己跟联邦理念站到了一起,这种理念是完美的绝对自由和共和的理念。")[3]

这些话令人啧啧称奇,因为写下它们的时候,还没有迹象表明革命精神与联邦原则之间具有内在联系。对美国革命进程一无所知的人

---

[1] 别具一格的是,1956年12月在为解散工人委员会辩护时,匈牙利政府抱怨说:"布达佩斯工人委员会的成员希望只关心政治问题。"参见Oskar Anweiler的前引书。
[2] 迪韦尔热,前引书,p.419。
[3] 引自Heinrich Koechlin,前引书,p.224。

民,则更是如此。为了证实奥蒂斯·巴罗的感觉是对的,我们必须求助于1917年俄国的二月革命和1965年的匈牙利革命,两者都持续了足够长的时间。因此一个政府如果建立在委员会制度的原则基础之上会是什么样子,以及这样的一个共和国又该如何运作,在两场革命中都一目了然。在这两种情形中,委员会或苏维埃到处蔓延,相互之间完全保持独立。在俄国有工人、学生和农民委员会,匈牙利的委员会则是各种完全不同的:在所有居民区涌现的居民委员会;在街上并肩作战而产生的所谓革命委员会;诞生于布达佩斯的咖啡馆的作家和艺术家委员会;大学里的学生和青年委员会;工厂中的工人委员会;军队、公务员中的委员会,等等。这些互不相关的群体,各自都形成了自己的委员会,将多少有些不约而同的东西转化为政治制度。这些自发的发展最惊世骇俗的一面就是,在两种情形中,俄国不到几个星期,匈牙利只用了几天,这些相互独立和高度分散的组织,就开始了一个合作和整合的过程,形成了带有地区或省特征的更高级委员会。代表整个国家的议会,它的委托人最终也从中选出。[1] 在北美殖民史早期约法、"联盟"和邦联中,我们可以看到,联邦原则,即独立单元之间联合和结盟的原则,是如何从行动本身这一初级条件中产生出来的,并不受任何关于大国搞共和政府之可能性的理论臆测影响,甚至也不是在一个共同敌人的威胁之下才凝聚起来的。共同的目标是建立一个新政治体,即一种新的共和政府,它以"初级共和国"为基础,方式就是中央权力不剥夺成员国本来构建的权力。换言之,委员会唯恐失掉它们行动和形成意见的能力,必定会发现权力的可分割性,及其最重要的结果,必要的政府分权。

---

[1] 关于俄国这一进程的详情,参见 Anweiler,前引书,pp. 155—158,也可参见同一作者关于匈牙利的文章。

六 革命的传统及其失落的珍宝

经常有人指出，美英是政党制度运作良好从而保证了稳定和权威的少数国家之一。之所以如此，皆因两党制与建立在政府各部门分权基础之上的宪法是一致的。当然，它的稳定性主要归因于将对立视为一种政府制度。然而，这种认识只有基于以下假设才是可能的：国家不是统一而不可分割的，分权不会带来无能，反而会产生和稳定权力。促使大不列颠得以将她的辽阔领地和殖民地组织成一个英联邦的，归根结底就是使北美的英国殖民地联成一个联邦政府体系的那个原则。不管这些国家的两党制存在多少差异，将它们的两党制从欧洲民族国家的多党制中决定性地加以区分的，不是一个技术问题，而是对渗透于整个政治体权力的一种截然不同的概念。[1]如果我们依据政体赖以建立的权力原则来划分当代政体，那么一党专政与多党制的区别，远不如它们各自与两党制之间的区别，显得更具有决定性。在十九世纪的国家"穿绝对君主的老鞋"之后，在二十世纪中，就轮到政党穿国家的老鞋了。这样一来，理所当然地，现代政党的显著特征，独裁和寡头结构、缺乏党内民主和自由、"极权主义"倾向和号称自己一贯正确，这些在美国显然都是不存在的，在大不列颠呢，则没有那么厉害。[2]

然而，作为一种政府装置，如果只有两党制被证明是可行的，且它同时具有保障宪定自由的能力，那么同样，两党制最大的成就也就是使被统治者对统治者形成某种控制，但它绝没有让公民成为公共事务

---

[1] 迪韦尔热，前引书，p. 393，他正确地评论道："两党制的大不列颠及其自治领，与多党制的欧洲大陆国家大相径庭，……而更接近于美国，尽管美国是总统制政体。实际上，一党制、两党制和多党制之间的区别，可能会成为当代政体划分的基本模式。"然而，不相应承认反对党是一种政府工具，那两党制就是一种单纯的技术手段，例如在今天的德国，也许它将证明，自己的稳定性比起多党制来也好不到哪里去。

[2] 迪韦尔热注意到盎格鲁—撒克逊国家与大陆民族国家之间的这一差别。他将一种"过时的"自由主义誉为两党制的优点，窃以为大错特错。

的"参与者"。公民最多也只能希望被"代表"。这样就很明显了,唯一能够被代表和委托的东西是利益,或者说是选民的福利,而不是他们的行动,也不是他们的意见。在这种体系下,人民的意见其实是搞不清楚的,理由很简单:它们根本就不存在。意见是在一个公开讨论和公众论战的过程中形成的。没有机会形成意见的地方,有的只是情绪,而不是意见。这是大众情绪和个人情绪,后者比前者更反复无常、更不可靠。因此,代表能做的事情顶多就是,像他的选民自己一有机会就去行动那样行动。利益和福利问题却不是这样,它们可以被客观地测定,在这些问题上,行动和决策的需要来自利益集团之间的各种冲突。通过压力集团、议员分组投票厅和其他装置,投票者其实可以在利益方面影响其代表的行动,也就是说,他们可以强迫代表执行他们的意愿,牺牲其他投票集团的意愿和利益。在所有这些情形中,投票者的做法都是出于私人生活和私人康乐的考虑,他还握在手中的剩余权力,倒像是一个敲诈者用来强迫受害人服从的肆无忌惮的高压,而不像来自集体行动和集体协商的权力。不管怎样,无论一般而言的人民,还是具体而言的政治科学家,都毫不怀疑,党派因为垄断了提名权,不能被当作民间组织;相反,它们是一种十分有效的工具,用来剥夺和控制人民的权力。代议制政府实际上变成了寡头政府,这是千真万确的,尽管不是在代表少数利益的少数统治这一阶级意义上的那种寡头政府。我们今天叫作民主制的东西,据说至少是一种代表多数利益的少数统治的政府形式。这种政府是民主的,因为平民福利和私人幸福是它的主要目标;但是,在公共幸福和公共自由再次成为少数特权这一意义上,它也可以被叫作寡头的。

　　这种体系,实际上就是福利国家体系。它的捍卫者如果是自由主义的,且具有民主信念,就必须否认公共幸福和公共自由的存在。他们必须坚持政治是一种负担,它的目的本身不是政治的。他们会赞同圣鞠斯特:"La liberté du peuple est dans sa vie privée; ne la troublez point. Que le gouvernement...ne soit une force que pour protéger cet état de simplicité contre la force même."("人民的自由在私人生活之中,不要去打扰它。让政府成为一种力量,仅仅是为了保护这种本真状态不受力量本身的侵害。")另一方面,如果他们从这一个世纪的极度混乱中受到教育,抛弃了人民本善的自由主义幻觉,那么他们可能会得出结论:"人民自己统治自己,乃是闻所未闻";"人民的意志极度无政府,它想为所欲为";以及人民对一切政府都抱有"敌意"态度,因为"政府与强制须臾不可分",并且强制从定义上"外在于被强制者"。[1]

这些说法难以证实,并且反驳更难,但却不难指出它们立论的假设。从理论上说,其中最重要、最有害的是将"人民"与大众混为一谈。对于生活在大众社会之中饱受其刺激的每一个人来说,它听起来是非常合理的。对我们所有的人来说都是如此。不过,我所援引的作家除此之外,他还生活在这样的国家之中的一个,在那里,党派堕落为大众运动已经很久了,这种大众运动在议会之外运作,已经侵入家庭生活、教育、文化和经济问题这一切私人领域和社会领域。[2]在这些情况下,将"人民"和大众混为一谈的合理性就变得不言而喻了。运动的组织原则确实与现代大众的存在遥相呼应,但它们的巨大吸引力在于人民对现存政党制度和主导的议会代议制持有的怀疑和敌意。不存在这种不

---

[1] 我又一次引用了迪韦尔热——前引书,p. 423及以下——然而,他在这些章节中创见不多,而只是表达了战后法国和欧洲一种普遍的情绪。

[2] 迪韦尔热著作最大的也有些令人费解的缺陷就是,他拒绝区分党派和运动。他应当知道,不指出职业革命家党派转化为一场群众运动那一个时刻,他甚至就无法讲述共产党的故事了。法西斯主义、纳粹运动与民主政体的政党之间的巨大差别就更加显而易见了。

信任的地方，例如在美国，大众社会的条件并未导致大众运动的形成；而大众社会根本就不发达的国家，例如法国，只要对政党制度和议会体系存在足够的敌意，就将沦为大众运动的牺牲品。从术语学上，可以说政党制度的失败越是令人侧目，一场运动就越容易将人民发动和组织起来，而且越容易将他们转化为大众。实际上，当时的"现实主义"，对人民的政治能力充满绝望，它与圣鞠斯特的现实主义并没有什么两样。它必须以此为基础，那就是故意地或下意识地决心无视委员会的现实，想当然地以为现在，乃至从来就不存在任何替代选择。

历史的真相是，政党制度和委员会体系几乎是同时存在的，两者在革命之前都不为人知，都是一条现代的和革命的宗旨的结果，这条宗旨就是，既定地区的一切居民均有权进入公共的政治领域。委员会与政党不同，它们总是在革命期间涌现的，它们源于人民，作为行动和秩序的自发组织。最后一点值得强调一下。古谚有云：若无政府之强制，人民就只剩下"自然"倾向，无法无天。其实，委员会的涌现无比尖锐地驳斥了这一说法。委员会出现的地方，处处都涉及国家政治和经济生活的重组和一种新秩序的建立，最明显的是在匈牙利革命期间。[1] 党派与一切议会和集会特有的派别之间的区别，在于世袭抑或代表。迄今为止，党派从来都不是在革命期间涌现出来的，它们要么是在革命之前出现，如二十世纪；要么就伴随普选权的扩大而发展起来。因此，不管是议会派别的扩展还是议会之外的产物，党派业已成为一种制度，为议会制政府提供它所需要的人民支持。于是习惯成自然，人民通过投票去支持，行动则始终是政府的特权。如果党派变得好斗起来，积极地步

---

[1] 这是对联合国1956年《匈牙利问题的报告》的评估。关于说明同一个问题的其他例子，参见 Anweiler，前引书。

入了政治行动的领域，就会违背自己的原则，还有它们在议会制政府中的功能，也就是说，不管它们的教义和意识形态是什么，党派都具有了破坏性。议会制政府的分裂一再表明，即便是支持现状的党派，一旦越过制度雷池是怎样实际为削弱政体推波助澜的，例如在一战后的意大利和德国，在二战后的法国。处理和参与公共事务，此乃委员会天然的追求，在一种以代议为首要功能的制度之中，它们显然不是健康和活力的标志，而是衰败堕落的标志。

其实，政党制度千差万别，却具有一个根本特征，那就是"为选任官员或代议制政府'提名'候选人"，而"提名举动本身就足以产生一个政党"，[1] 则更是千真万确。因此，从一开始，党派作为一种制度就预设了要么由其他公共组织来保障公民参与公共事务；要么这种参与就是不必要的，新晋阶层应对代表制心满意足；要么福利国家一切政治问题最终都是行政问题，由专家们处理和决定，在这种情况下，即使是人民的代表，也难以拥有一个真正的办公地点，而只有行政官员才能做到这一点，他们的业务尽管涉及公共利益，却与私人管理之业务没有质的区别。如果其中最后一个预设证明是正确的话——谁能否认，在我们的大众社会中，政治领域已经衰落，从而被恩格斯预言的无阶级社会的"物的管理"所取代？——那么，毫无疑问，委员会将不得不被当作是一种返祖的制度，而与人类事务领域无关。但是，同样或类似的事情，不久也会在政党制度身上应验。因为，由于其业务被构成一切经济过程基础的必然性所支配，行政和管理从根本上不仅是非政治的，甚至是非党派的。在一个富足的社会中，相互冲突的群体利益不再以牺牲他

---

[1] 参见 C. W. Cassinelli 对政党制度引人入胜的研究，前引书，p. 21。该书似乎就针对美国政治。它太技术化了，对欧洲政党制度的讨论有些肤浅。

者为代价来解决。只有存在真正的选择，对立原则才是有效的。真正的选择超越客观的、可证明有效的专家意见。当政府真的变成了行政机关，政党制度也只能走向无能和多余。可以想象，在这种政体中，政党制度履行的功能中，唯一不会过时的，就是使政体不受公务员腐败之害，可是即便是这一功能，也还不如由警察来履行更好、更可靠呢。[1]

在二十世纪的一切革命中，都形成了政党制度和委员会体系之间的冲突。你死我活的一方是代议制，另一方是行动和参与。委员会是行动之组织，革命党则是代议之组织，尽管革命党假惺惺地组织起委员会来作为"革命斗争"的工具，但它们甚至在革命中就试图从内部统治委员会。他们清楚地知道，无论本身如何革命，没有一个党派可以在政府转化为一个真正的苏维埃共和国之后幸存下来。对党派而言，对行动本身的需要只是权宜之计；它们丝毫也不怀疑，在革命胜利之后，进一步的行动只是证明不必要的或破坏性的。促使职业革命家转而反对人民的革命组织的决定性因素，并不是恶念和权力欲，而毋宁说是革命党与其他一切党派共有的基本信念。他们都同意，政府的目的是人民的福利，政府的本质不是行动而是行政。在这一方面，唯一合理的说法就是，从左到右一切党派相互之间的共同点，较之革命集团与委员会之间的共同点要多得多。而且，最终使决战的天平倾向于党和一党专政的，绝不仅仅是通过无情地动用暴力手段将委员会碾碎的最高权力或

---

[1] Cassinelli，前引书，p. 77，他用一个搞笑的例子说明，超乎个人利益，真正关心公共事务的投票人群体是多么的微不足道。他说，让我们假设一下，政府中有一个重大丑闻，结果反对党当选而上台执政。"例如，如果全体选民中有70%投票给两者，该党55%的选票是在丑闻之前获得的，45%的选票是在这之后获得的，那么，把政府的诚实放在第一位的选民，贡献了不到全体选民7%的选票。这种计算方法还不把其他一切可能的改变偏好的动机计算在内。"应该说，这只不过是一个假设而已，但它肯定很接近现实。问题的关键倒不在选民显然没做好发现政府腐败的准备，而在于投票罢免腐败是不可信的。

六 革命的传统及其失落的珍宝

最高决策。

如果说革命党从未理解,委员会体系在多大程度上相当于新政府形式的涌现;那么,委员会也同样无法理解,在极大程度上,现代社会的政府机器其实务必履行行政功能。委员会的致命错误向来就是,它们本身并没有在参与公共事务和涉及公共利益之事的行政管理之间做出明确区分。工人一再企图以工人委员会的形式接管工厂,所有这些努力都以一败涂地而告终。"工人阶级的愿望,"我们得知,"已经达成。工厂将由工人委员会管理。"[1]这种所谓工人阶级的愿望,听起来倒更像是革命党消磨委员会政治抱负的一种企图,要将委员会成员从政治领域驱逐出去,赶回工厂。这种怀疑来自两个事实:一向以来委员会首先是政治的,社会和经济要求只扮演次要的角色;对社会和经济问题缺乏兴趣,在革命党眼中,恰恰是委员会"中下层阶级的、抽象的、自由主义的"思维的确凿标志。[2]实际上,这正是委员会政治上成熟的标志,而工人自己管理工厂的愿望却是个人欲望的标志,虽然可以理解,但毫无政治意义。这种个人欲望无非就是要上升到当时只对中产阶级开放的地方。

毋庸置疑,工人出身的人并不缺少管理天分;问题仅仅在于,工人委员会一定是它可能找到的组织中最糟糕的。因为,他们信任的从自己人中挑选出来的人,是根据政治标准来选择的,取决于他们的可信度、人品正直、判断能力,通常还有身体的勇气。同样是这些人,他们完全能够凭借一种政治能力来行动,若是委以工厂管理或其他行政职责,

---

[1] 看来凭这些话匈牙利工会在1956年参加了工人委员会。当然,我们从俄国革命还有西班牙内战中,也知道同样的现象。

[2] 这是南斯拉夫共产党对匈牙利革命的责难。参见Anweiler的书。这些反对殊无新意。它们不过一而再、再而三地重弹俄国革命的老调。

却一定会失败。因为,政治家或政治人的素质,与管理者或行政人员的素质不仅迥然有别,而且很少有一个人能两者兼备。一种人据说懂得如何在人际关系领域与人打交道,而人际关系领域的原则是自由;另一种人必须懂得在生活领域如何管理物和人,而生活领域的原则是必然性。工厂的委员会将一种行动元素带入物的管理之中,这其实只会造成混乱。正是这些注定失败的努力,使委员会体系背上恶名。但是,如果说委员会体系无法组织或毋宁说是无法重建国家的经济体系,那么同样,委员会体系失败的主要原因也就不是什么人民的无法无天,而是它们的政治性。另一方面,党组织尽管存在诸多弊端,包括腐败、无能、不可思议的浪费,却最终在委员会失败之处大获成功,原因就在于它们本来寡头的甚至是独裁的结构使得它们对一切政治目标都完全是不可靠的。

　　自由,在它作为现实存在之处,在空间上总是有限的。对一切消极自由中最伟大也最基本者,也就是活动自由而言,这一点尤为清楚。国土的边界或者城市国家的围墙,都包含和保护着一个空间,在这个空间中,人们可以自由走动。条约和国际担保使这种受地区限制的自由,为国土之外的公民扩展。但是,即便在这些现代条件下,自由和有限空间本质上的一致性,也始终是有目共睹的。在很大程度上,对活动自由来说是真的东西,对一般自由来说也是有效的。只有在平等的人之中,积极意义上的自由才是可能的,而平等本身绝不是一个普遍有效的原则,它也只在有限的,甚至在空间限度内才适用。自由空间,若是按照约翰·亚当斯的大致意思(虽然不是什么术语),我们也可以叫作呈现的空间。如果我们将这些自由空间等同于政治领域本身,我们就不免会将它们想成是茫茫大海中的孤岛,或无边大漠中的绿洲。我相信,这一形象之所以浮现在我们的脑海之中,不仅是因为这个隐喻的精辟,同样

六 革命的传统及其失落的珍宝

也是有史为证的。

我在这里所关涉的现象,通常被称为"精英"。我对这个术语不以为然,并不是说我怀疑政治的生活方式过去没有,将来也绝不会成为多数人的生活方式,尽管政治业务从定义上不仅关系多数人,严格说来,还关系公民的全体。政治激情,就是勇气;追求公共幸福;喜好公共自由;不仅不顾社会地位和仕途,甚至也不论成败毁誉,都要追求卓越的一种抱负。在一个将一切美德都扭曲为社会价值的社会之中,政治激情也许并不如我们想象中的那样稀缺。但它无论如何一定是卓尔不群的。我对"精英"不以为然是因为这个词意味着一种寡头政府形式,意味着多数人被少数人支配。从中人们只能得出这样一个结论:政治的本质就是统治,占主导地位的政治激情就是统治或宰制他人的激情。这其实就是我们整个政治思想传统的结论。我对此大不以为然。政治"精英"一直都决定着多数人的政治命运,在大多数情况下,还对多数人实施一种支配。这一事实表明:一方面,少数人苦苦需要保护自己不受多数人的侵害,或毋宁说是保护他们栖居的,处于必然性茫茫大海包围下的自由孤岛;另一方面,天降大任于斯人,他们先天下之忧而忧。但是,无论是上述的这种需要还是责任都不触及本质,触及他们生活的实质是自由。就孤岛本身有限空间内实际进行的事情而言,两者都是从属的和次要的。放到现在的制度中观之,正是在他穿梭于同侪之间的州议会和国会中,一位代议制政府成员的政治生活化为现实,而不管他有多少时间是花在竞选上,花在谋求选票和聆听投票者的声音上。问题的关键不仅仅在于,现代政党政府中的这种对话显然是假惺惺的。在此,投票者对于一项不是由他制定的选择(美国的初选除外)只能同意或拒绝认可。对于那些明目张胆地滥用权力,诸如将麦迪逊大道方法引入政治,使代表和选民之间关系转化为买者和卖者的关系,现代政党政府连过问都不会过问一下。尽管代表与投票人之间,国民与议会之间有沟通,要知道这种沟通的存在,是英美政府判然有别于西欧政府的标志,可是这种沟通从来就不是平等者之间的沟通,而是渴望统治者与同意被统治者之间的沟通。以"从人民中来的精英统治的人民政府"这一公式取代"人民统治的人民政府",[1] 其实正是政党制度的性质。

据说,"政党最深刻的意义"必须从它们提供了"使群众从自己人中录用精英的必要框架"这一点来看。[2] 不错,正是党派率先为底层阶级成员开辟了政治生涯。毫无疑问,政党作为民主政府的独特制度,与现代的主要趋势之一是遥相呼应的,这一趋势就是不断且普遍增长的社会平等。但这绝不意味着它也与现代革命最深刻的意义相呼应。"来自人民的精英"取代了前现代基于出身和财富的精英;作为人民的人民进入政治生活,成为公共事务的参与者,根本就没门儿。统治精英与人民之间的关系,自己构建了一个公共空间的少数人与生活在这个公共空间之外且默默无闻的多数人之间的关系,始终都没有改变。从革命的立场和保留革命精神的立场来看,问题并不在于一帮新精英在事实上兴起了;企图否认大部分人对于政治问题本身明显无能为力且不感兴趣的,不是革命精神,而是一个平等社会的民主思维。问题就在于缺乏公共空间,让广大人民有权进入,使精英从中被挑选出来,或毋宁说它在那里能够自己进行选择。换言之,问题就是政治变成了一种职业,一种生涯,是故"精英"根据本身完全非政治的标准和尺度而被遴选出来。基于一切政党制度的性质,真正政治性的才华难以得到发扬,特别政治化的素质,在党派政治的鸡毛蒜皮中更难以为继,后者只要求

---

1 迪韦尔热,前引书,p. 425。
2 同上,p. 426。

六 革命的传统及其失落的珍宝

稀松平常的推销术便足矣。当然,坐在委员会中的人也是精英,他们甚至是现代世界有史以来唯一的政治精英,他们来自人民,是人民的政治精英。但他们并不是自上而下提名的,也不是自下而上获得支持的。对于人民生活和工作的地方所产生的初级委员会,有人不禁要说,他们是自我遴选;那些将自己组织起来的人,也就是关心和拾起了创制权的人。他们是被革命公开化了的人民的政治精英。从"初级共和国"中,委员会人接着就为下一个更高级的委员会选出了他们的委托人,这些委托人再由他的同侪来挑选,他们不受制于任何自上而下或自下而上的压力。他们的头衔不仰赖别的什么,而只仰赖与之平等的人的信心,这种平等不是自然的,而是政治的,不是与生俱来的。这是那些投身于并且现在正从事于一项集体事业的人之间的平等。一旦被选中并派往下一个更高级的委员会,委托人就会发现自己再度处于同侪之中,因为,在这一体系中,任何既定层次上的委托人,都是那些获得一种特别信任的人。毫无疑问,这种政府形式如果充分发展起来,又将具有一种金字塔形式,这当然在本质上是一种权威政府的形态。但是,在我们了解的一切权威政府中,权威都是自上而下灌注的,而在这种情形中,权威却既不是产生于顶端,也不是产生于底部,而是在金字塔的每一层中产生的。这显然可以解决一切现代政府最为严重的问题之一,这个问题不是如何协调自由与平等,而是如何协调平等与权威。

(为避免误解必须指出:在委员会体系中提出的最佳者的遴选原则,在基层政治组织中自我遴选的原则,以及人格信任的原则,在它们发展为联邦政府形式的过程中,并不是普遍有效的,它们只适用于政治领域之内。一个国家的文化、文学、艺术、科学、职业甚至社会精英,都取决于不同的标准,在这些标准之中显然没有平等标准。权威原则也是如此。例如,一位诗人的级别既不是由他的诗人同行们投信任票,也不是由公认掌门的上谕来决定的；相反是由那些只是热爱诗歌，但可能一行诗都写不了的人来决定的。另一方面，一位科学家的级别的确取决于他的科学家同行，但并不是以高尚的人品和素质为基础的。在这种情形中，标准是客观的，是无可争议、让人心悦诚服的。最后，社会精英至少在一个平等社会中，不是通过出身和财富，而是通过辨别的过程而形成的。）

人们不禁要进一步拓展委员会的潜力，但恐怕更明智的做法是赞同杰斐逊："创始它们只为一个目标；而对于其他目标，它们不久就会表明自己也是最好的工具。"例如，现代大众社会具有一种走向伪政治的大众运动的危险倾向，而委员会是打破现代大众社会最好的工具；或毋宁说，基层拥有一种不是被选出来而是自我构建的"精英"，而委员会是将大众社会分散到基层的最好、最自然的办法。公共幸福的乐趣和公共事务的责任，那时将为少数人所享有，这些人来自各行各业，他们喜好公共自由，无公共自由则无法感到"幸福"。从政治上说，他们是最好的。确保他们在公共领域中的合适位置，是一个好政府的任务，也是一个各得其所的共和国的标志。诚然，这样一种"贵族制"政府形式将宣告我们今天所理解的普选权的终结。因为，只有那些作为一个"初级共和国"志愿成员的人，才显示出他们不仅仅关心一己之幸福，他们关心的是世界的境况；只有他们才有权利要求在经营共和国业务时听取他们的意见。然而，政治生活的这种排他性不容低估，因为一名政治精英绝不等同于一名社会、文化或职业精英。而且，这种排他性不依赖于一个外部的实体；如果自己人自我遴选，那么非我族类的人就自我排斥了。这种自我排斥根本就不是什么任意辨别。实际上，自从古典世界终结以后我们就一直享有的最重要的消极自由之一，正是从这种自我排斥中获得了其实质和现实性。这就是摆脱政治的自由。罗马和雅

六 革命的传统及其失落的珍宝

典对这种自由一无所知,它也许是我们基督教遗产中在政治上最有意义的部分。

革命精神,是一种新精神,是开创新事物的精神,当革命精神无法找到与之相适应的制度时,这一切都失落殆尽了。也许失落的还不止这些。除了记忆和缅怀,没有什么能够弥补这种失败或阻止其走向终结。由于记忆的仓库是由诗人来看管的,寻找和制造我们赖以过活的语言,是他的业务,因此,明智的做法是在最后求助于两种诗人(一种是现代诗人,一种是古典诗人),以发现一种贴切的说法,来表达我们所失落的珍宝的实际内容。现代诗人就是勒内·夏尔,他也许是众多参加二战抵抗运动的法国作家和艺术家中最具有表现力的。他的格言书写于战争的最后一年,在书中,他毫不讳言对解放怀有一种忧心忡忡的期待。他知道,对他们而言,这不仅仅是从德国铁蹄占领下解放,这固然令人雀跃;但同样也是从公共事务的"负担"中解放。他们将不得不返回私人生活和私人追求的 épaisseur triste(多愁善感)中去,返回战前岁月的"颓废"中,那时他们所做的一切,仿佛都笼罩在一种挥之不去的阴影之中:"如果我活下去,我就知道,我将不得不与这些花样年华的沁人芳香诀别,默默地抛弃(而不是掩埋)我的珍宝。"他寻思,这些珍宝就是,他"**发现了自我**",他不再怀疑自己"不坦诚",他不再需要戴着面具,假模假式地出现在他人面前,无论走到哪里,他都一如对他人和对自己那样呈现出来,他可以"赤裸行走"。[1] 这些反思意味深长,它们使行动所固有的东西,即那些不自觉的喃喃独语,那种以不需矫饰、不假思索的言行呈现自己的乐趣,都一一得以证实。不过,它们也许太

---

[1] 勒内·夏尔,*Feuillets d'Hypnos*,Paris,1946。英译本参见 *Hypnos Waking: Poems and Prose*,New York,1956。

"现代",太自我中心了,不能一针见血地指出留给我们的那份"没有遗嘱的遗产"。

索福克勒斯在他晚年的戏剧《俄狄浦斯在科洛诺斯》(*Oedipus at Colonus*)中,写下了一段流芳千古、惊世骇俗的诗行:

> Μὴ φῦναι τὸν ἅπαντα νι-
> κᾶ λόγον. τὸ δ' ἐπεὶ φαυῇ,
> βῆναι κεῖσ' ὁπόθεν περ ἥ-
> κει πολὺ δεύτερον ὡς τάχιστα.

"切勿生而无法言表;生命中次好的东西,其来也急,其逝也疾。"他借传说中雅典的奠基者,以及由此而成为雅典代言人的忒修斯之口,也让我们懂得了使普通人,无论老老少少,去承受生命之重负的究竟是什么。它就是城邦,是人们无拘无束的自由行为和活生生的语言的空间,它让生命充满华彩——τὸν βίον λαμπρὸν ποιεῖσθαι.

索 引

（条目后的数字为原书页码，见本书边码）

Absolutism, 绝对主义, 24, 26, 39, 91, 122, 124, 146, 148, 155—160, 171, 179, 188—189, 190, 194—197, 218

Absolute monarchy, 绝对君主制, 参见"绝对主义"

Abundance, 丰饶, 22, 64, 70, 139, 166

Achilles, 阿基里斯, 209

Action, 行动, 173, 212—213, 234, 273, 281; 和权力, 175

Acton, Lord, 阿克顿勋爵, 104, 109, 112, 244

Adams, John, 约翰·亚当斯, 23, 34, 39, 46, 67, 69—70, 77, 84, 118—121, 129, 136, 140, 141—142, 146, 152, 175, 181, 185—186, 190—191, 195—196, 203, 207, 230—231, 237, 275; 论权力, 152

Adams, John Quincy, 约翰·昆西·亚当斯, 198

Adams, Samuel, 塞缪尔·亚当斯, 178

Adler, Max, 马克斯·阿德勒, 263

Administration, 行政管理, 91, 273—274; 和党派, 272

Aeneas, 埃涅阿斯, 187, 205, 209

Africa, 非洲, 73

Afterlife, 来世, 131—132, 230

Alcibiades, 亚西比德, 35

Alexandria, 亚历山大, 69

America, 美洲；美国, 121, 132; 和欧洲, 24—25, 68, 71—72, 92, 138, 195, 215, 220, 222, 235; 和社会契约, 171; 和俄国, 217—218; 也参见"北美", "美利坚合众国", "美洲殖民地"

American colonists, 美洲殖民者, 173, 177—178

American Dream, 美国梦, 139

American foreign policy, 美国外交政策, 217

American frontier, 美利坚边远地区, 93

American primaries,美国初选,276
Ancien régime,旧政体,50,109,117,259
Antiquity,古代,21—22,27,34,123,186,197,223,230;希腊,12,19,30—31,101—102,129,186—187,196;罗马;古罗马,12—13,37,39,45—46,74,107,117—118,187—188,196,202,206—207
Aquinas,Thomas,托马斯·阿奎那,131
Arbeiter-und Soldatenräte,工人和士兵苏维埃,262
Argenson,Marquis de,马奎斯·阿冉松,78
Aristocracy,贵族制,223,226,279
Aristocrats,贵族,122
Aristotle,亚里士多德,16,19,22,34,36,150
Aron,Raymond,雷蒙·阿隆,16
Articles of Confederacy,邦联的条款,145
Asia,亚洲,73
Atheism,无神论,191
Athens,雅典,196—197,281
Atlantic Civilization,大西洋文明,121—122,195
Augustine,奥古斯丁,27,124,211,213
Augustus,奥古斯都,210
Aulard,Alphonse,阿方索·奥拉德,98
Authoritarian government,威权政府,278
Authority,权威,37,117—118,195,199;其美国概念,200;其罗马概念,179—202;其丧失,260,265;和宗教,159—160;和革命,116;和权力,155—156,178—179,200

Bacon,Francis,弗兰西斯·培根,112
Bagehot,Walter,瓦尔特·白哲特,162,198
Bakunin,巴枯宁,261
Barrot,Odysse,奥蒂斯·巴罗,266
Bastille,巴士底,47—50,99,215
Bavarian Räterepublik,巴伐利亚苏维埃共和国,262
Beard,Charles,查尔斯·比尔德,99
Beginning,开端,20,21,198,204—206;和出生,211—112;拉丁语,201;希腊语,213;其罗马概念,213;其希伯来概念,206
Being and appearance,存在与表象,101—102
Berlin,柏林,262
Bible,圣经,190,205
Bill of Rights,权利法案,32,108,143,147,152,194,250,252
Blackstone,William,威廉·布莱克斯通,32,162,185
Blanc,Louis,路易·勃朗,98
Bodin,Jean,让·布丹,24,36,156
Bolshevik party,布尔什维克党,66,99—100,247,258,265
Boorstin,Daniel,丹尼尔·布尔斯廷,219
Bourbons,波旁,51
Bracton,布莱克顿,154,190—191
British Commonwealth,英联邦,268
British constitution,英国宪法,145,156,

177—178
British government, 英国政府, 226, 277
British history, 英国史, 147
British monarchy, 英国君主制, 162
Budapest, 布达佩斯, 262, 267
Bureaucracy, 官僚制, 91
Burke, Edmund, 埃德蒙·柏克, 45, 108, 110, 117—118, 148
Burnaby, Andrew, 安德鲁·伯纳比, 68

Cain and Abel, 该隐与亚伯, 20, 38, 87—88
Cambridge Agreement, 剑桥协议, 107
Capitalism, 资本主义, 217
Catiline, 喀提林, 35
Cato, 加图, 201, 248—249
Char, René, 勒内·夏尔, 215, 280
Checks and balances, 制衡, 151, 152, 238, 251
Christianity, 基督教; 基督徒, 25—27, 33, 36, 45, 70, 83, 95, 101, 104, 161, 194, 211, 230, 280
Cicero, 西塞罗, 36, 202, 207, 230
Civil rights and liberties, 公民权利与自由, 32, 34, 115, 126—127, 133—135, 143, 221
Civil war, 内战, 17, 34
Class consciousness, 阶级意识, 63
Classless society, 无阶级社会, 272
Class society, 阶级社会, 163
Colonial America, 美洲殖民地, 174, 180, 268
Colonization, 殖民, 92—93

Commandments, the Ten, 十诫, 189
Commune, 公社, 参见"巴黎公社"
Communism, 共产主义, 218, 258
Compact, 契约, 181; 也参见"立约"
Compassion, 同情, 71, 72, 75, 79—90, 94—95, 222, 246; 和暴力, 86—87
Condorcet, 孔多塞, 18, 29, 31, 183, 215
Confederacy, 邦联, 153
Congress, 国会, 131, 276
Connecticut, 康涅狄格, 167—168
Conscience, 良知, 102—103
Consent, 同意, 76, 171—172, 177, 181
Conservatism, 保守主义, 41, 44, 162, 197, 223
Conspiracy, 阴谋, 182
Constituent Assembly, 制宪会议, 参见"国民议会"
Constitutional government, 立宪政府, 132—133, 137, 143, 145—146, 151, 158—159
Constitutional monarchy, 立宪君主制, 134
Constitution, American, 美国联邦宪法, 68, 95, 125, 136, 142, 145—146, 150, 153—158, 165, 183—184, 191, 193, 197—198, 200, 203—204, 234—235, 239, 250—251, 252—253; 和它的修正案, 202; 和宗教, 198
Constitution-making, 制宪, 126, 141—144, 166, 235
Constitutions, 宪法, 121, 125—126, 132, 158, 164, 166; 欧洲的, 144—146, 164; 法国的, 75; 成文的, 157, 164

Constitution-worship, 宪法崇拜, 198, 203—204

Constitution, 宪法, 145, 203

Copernicus, 哥白尼, 42

Corruption, 腐败, 67, 80, 98, 104—107, 251—251, 273; 和贫困, 67

Council system, 委员会制度, 247—255, 256, 261—263; 和政党制度, 258, 265—266, 273; 和工人委员会, 274—275; 在匈牙利, 266; 也参见 "苏维埃"

Counter-revolution, 反革命, 18, 45, 49, 54, 100, 183, 265

Coup d'état, 政变, 34

Court society, 宫廷社会, 104—105, 122

Couthon, 库东, 241

Covenant, 立约; 约法, 167—171, 175; 殖民的, 168; 以色列的, 172; 也参见 "契约"

Crèvecœur, Hector St. John de, 赫克特·圣约翰·德·克雷夫科尔, 24, 46, 92, 135, 140

Cromwell, Oliver, 奥利弗·克伦威尔, 43, 196, 208, 261

Danton, 丹东, 58

Declaration of Independence, 独立宣言, 24, 95, 126—132, 141, 148, 149, 157, 166, 177, 183, 185, 191—193, 199, 234—235

Declaration of the Rights of Man, 人权宣言, 45, 148, 183

Democracy, 民主制, 22, 30, 36, 120, 140, 151, 223, 269; 和公共意见, 225; 和政党制度, 277; 和共和, 164, 224, 226, 236

Descartes, 笛卡尔, 46, 97

Desmoulins, 德慕兰, 48

Deterrent, 威慑, 15—16

Dickinson, John, 约翰·迪金森, 128, 141, 169, 176

Dictatorship, 专政, 158—159, 163; 其罗马概念, 207, 208; 革命的, 121, 158; 也参见 "一党专政"

Dictatorship of the proletariat, 无产阶级专政, 257

Division of power, 分权, 参见 "分权"

Dostoevski, Feodor, 费奥多尔·陀思妥耶夫斯基, 82—88, 96

Duverger, Maurice, 莫里斯·迪韦尔热, 266, 268, 270, 277

Economics, 经济学, 62—63

Education, 教育, 72—73

Egalitarian society, 平均主义社会, 113, 277, 279

Elite, 精英, 275—280

Emerson, Ralph Waldo, 拉尔夫·沃尔多·爱默生, 235

Engels, Friedrich, 弗里德里希·恩格斯, 73, 272

England, 英格兰, 43, 127, 134, 148, 168, 180, 268

English civil wars, 英国内战, 43, 158

Enlightened absolutism, 开明专制, 参见 "绝对主义"

Enlightenment, 启蒙, 51, 80, 95, 124, 174, 185, 191—192, 197, 219, 227
Equality, 平等, 25, 30—31, 40, 45, 72, 108, 135, 164, 166, 170, 172—173, 193, 248, 278; 和权威, 279
Euclid, 欧几里得, 192
Europe, 欧洲, 23—24, 53, 55, 66, 71, 94, 116—117, 138—139, 145—146, 266, 277; 和美洲, 138, 216
Evil, 恶, 81—82, 174
Executive branch of government, 行政部门, 199
Exploitation, 剥削, 62

Faction, 派别, 93
Federal Convention, 联邦会议, 165
Federal government, 联邦政府, 251
Federalism, 联邦主义, 150, 166, 169, 171, 245, 267, 278—279; 在欧洲, 246; 和共和国, 168
First World War, 第一次世界大战, 13, 14—15, 18, 144, 146, 271
Forms of government, 政府形式, 56, 91
Forster, Georg, 乔治·福斯特, 49
Foundation, 立国; 奠基, 38, 41, 92, 160—161; 也参见"宪法"; 其行动, 175, 195—196, 199, 202—205, 222—223; 其过程, 175; 其传说, 204—207; 其罗马概念, 198, 203, 207—208; 和型构, 208
Founding Fathers, 国父, 24, 55, 68, 70, 73, 93, 121, 129, 137, 139, 147, 199, 203, 225, 228—231; 和民主, 226; 和哲学, 219; 其现实主义, 73, 174
France, 法兰西, 48, 52, 67, 74, 104, 110, 117, 118—119, 125, 132—133, 146, 216, 266, 270—271; 其立宪史, 163
Franco-Prussian War, 普法战争, 15
Franklin, Benjamin, 本杰明·富兰克林, 44, 67
Freedom, 自由, 和富足, 137, 138—139; 和平等, 31。275; 和立国, 232—234; 和幸福, 113; 和解放, 29—33, 234; 和必然性, 54, 59—60, 63—64; 和权力, 137, 150—151; 以自由立国, 111, 125, 142; 从政治中获得自由, 280; 追求自由, 125; 公共的, 118, 123—125; 和暴力, 114, 116—117
Free enterprise, 自由事业, 217
Friedrich, Carl J., 卡尔·弗里德里希, 143
Fundamental Orders of Connecticut, 康涅狄格基本法, 167—168, 266

Galileo, 伽利略, 46
General will, 公意, 60, 76—79, 97, 156, 183
German Idealism, 德国唯心主义, 52
Germany, 德国, 52, 262, 271; 和法兰西, 146
Gironde, 吉伦特派, 49, 75
Gladstone, William E., 威廉·格莱斯顿, 144
Goodness, 善良, 81—82, 98, 111
Glorious Revolution, 光荣革命, 43, 136

Goethe, Johann Wolfgang von, 歌德, 54
Grotius, Hugo, 雨果·格劳秀斯, 192

Hamilton, Alexander, 亚历山大·汉密尔顿, 49, 153, 200, 214, 225, 231
Happiness, 幸福, 61, 75, 115—140, 246; 公共的和私人的, 128; 在欧洲作为一个新词, 75, 245; 也参见"公共幸福"
Harrington, James, 詹姆斯·哈林顿, 22, 119, 164, 171, 196, 202, 207—208, 213, 224, 230—231
Hébert, 埃贝尔, 58, 110
Hector, 赫克托耳, 209
Hegel, Georg Friedrich Wilhelm, 黑格尔, 51—52, 54, 64, 113, 228
Herodotus, 希罗多德, 30, 31
Higher Law, 更高法律, 161—163
Hiroshima, 广岛, 17
Historiography, 历史编纂工作, 美国的, 99, 219—220; 法国的, 98
History, 历史, 其概念, 27, 51, 55; 其哲学, 52, 113
Hitler, Adolf, 阿道夫·希特勒, 65, 265
Hobbes, Thomas, 托马斯·霍布斯, 46, 171
Holy Roman Empire, 神圣罗马帝国, 117
Homer, 荷马, 209
House of Lords, 上院, 226
Hume, David, 大卫·休谟, 202
Hungarian Revolution, 匈牙利革命, 112, 271
Hungary, 匈牙利, 267

Hypocrisy, 伪善, 81, 96—106

Ideologies, 意识形态, 11, 57, 223
Immigrants, 移民, 136, 138—139, 148, 168
Industrial Revolution, 工业革命, 63, 259
Interest, 兴趣, 22, 135—136; 和意见, 226—227; 和代议制, 269
Intimacy, 亲密关系, 88
Isis cult, 伊西斯崇拜, 211
Isonomy, 法律面前人人平等, 30
Italy, 意大利, 36, 266, 271
Italian city-states, 意大利城市国家, 40, 159

Jacobin club, 雅各宾俱乐部, 245, 247
Jacobin government, 雅各宾政府, 243, 245
Jacobins, 雅各宾派, 75, 241
James, Henry, 亨利·詹姆斯, 124
Jay, John, 约翰·杰伊, 33
Jefferson, Thomas, 托马斯·杰斐逊, 25, 33, 67—68, 71, 72, 93, 126—131, 136, 139, 176, 191—194, 231—239, 244, 249—255, 279; 论联邦宪法, 233, 235; 论共和国, 232
Jesus of Nazareth, 拿撒勒的耶稣, 82, 85
Joachim di Fiore, 菲奥雷的约阿希姆, 26
Jones, Howard Mumford, 霍华德·芒福德·琼斯, 128
Judgement, 审判, 229
Judicial control, 司法审查, 200, 226
Judiciary, 司法, 199—200

Kant, Immanuel, 伊曼纽尔·康德, 54, 229
Kingship, 君权, 参见"君主制"
Kierkegaard, Sœren, 索伦·克尔凯郭尔, 96

Lamartine, Alphonse, 阿方索·拉马丁, 260
La Rochefoucauld, 拉罗什福科, 104—105
Latin America, 拉丁美洲, 73
Law, 法律; 律法, 84, 90; 其希腊概念, 186; 其希伯来概念, 189—190; 其罗马概念, 186—188, 210; 其传统概念, 195; 其源泉, 157, 161; 数学上的, 193; 和权力, 151, 156, 159, 163, 166, 183
Lawmaking, 立法, 161; 也参见"立法"
Law of Suspects, 嫌疑法, 96
Legislation, 立法; 立法活动, 古代的, 187
Legislators, 立法者, 39, 207; 其古代概念, 186—187
Legislative branch of government, 立法部门, 199
Leisure, 闲暇, 123
Le Mercier de la Rivière, 勒梅西耶·德拉里维埃, 192
Lenin, 列宁, 11, 65, 79, 100, 250, 256, 259; 和苏维埃, 257, 265
Levellers, 平等派, 43
Leviné, Eugen, 奥根·莱维纳, 258
Liancourt, Duc de La Rochefoucauld, 拉罗什福科公爵利昂古尔, 47—48, 104
Liberalism, 自由主义, 72, 140, 221
Liberation and freedom, 解放与自由, 40—41, 74—75, 142
Livingstone, William, 威廉·利文斯通, 161
Livy, 李维, 13
Locke, John, 约翰·洛克, 23, 39, 169, 171, 185, 224
Louis XIV, 路易十四, 105
Louis XVI, 路易十六, 47—48, 91, 105, 110
Luther, Martin, 马丁·路德, 26, 184
Luxemburg, Rosa, 罗莎·卢森堡, 264

Machiavelli, Niccolo, 尼科洛·马基雅维里, 36—39, 101—104, 197, 202, 207—208
Madison, James, 詹姆斯·麦迪逊, 93, 127—128, 136—138, 152—153, 165, 168—169, 199—200, 203, 222, 226, 236; 论州政府, 152—153
Magna, Charta, 大宪章, 143
Maistre, Joseph de, 约瑟夫·德·迈斯特, 18
Maitland F. W., 梅特兰, 155
Majority rule, 多数统治, 164—165
Marx, Karl, 卡尔·马克思, 22, 25, 50, 54, 61—66, 69, 73, 106, 113, 250, 255—257, 258
Marxism, 马克思主义, 61, 65, 261
Massachusetts, 马萨诸塞, 149, 167

Mass movement,大众运动,270,279
Mass society,大众社会,139,270,279
Mathiez,Albert,阿尔贝特·马迪厄,98
Mayflower Compact,《五月花号公约》,167,173
Melville,Herman,赫尔曼·梅尔维尔,80—88,101
Men of letters,文人,120—132,219,259
Michelet,Jules,儒勒·米什莱,98
Middle Ages,中世纪,26,49,197,255
Mill,John Stuart,约翰·斯图亚特·密尔,140
Milton,John,约翰·弥尔顿,196,208
Mirabeau,Comte de,孔德·德·米拉波,116,246
Misfortune,不幸,94—95,109—114
Mixed form of government,混合政府形式,150—151,231
Monarchy,君主制,30,33,36,49—50,136,178;对共和国,91,129—130,134,219,238
Monroe,James,詹姆斯·门罗,66—67
Montaigne,Michel de,蒙田,96,122
Montesquieu,孟德斯鸠,24,90,116—118,122,150—152,156,169,185,196,224;论法,188—189;论共和国,153
Multi-party system,多党制,266
Munich,慕尼黑,262
Mutatio rerum,动荡,21,36

Napoleon Bonaparte,拿破仑·波拿巴,50,52,73,163,254

National Assembly(French),国民议会(法国的),109—110,163,187,222—223,241—242,246—247,254
Nationalism,民族主义,77,158
Nation-state,民族国家,24,53,77,156,158—159,160,166,171,174,195,197,245,247,257;和政党制度,265
Natural Law,自然法,129,185—186,189—190
Necessity,必然性;必需性,13,132;生物的,59,64—65,110,114;和自由,112;其教义,113;历史的,48,51—53,56,59,100;和解放,39—40,74,142—143;和暴力,63—64,115
Negro slavery,黑奴制,71—72
New England,新英格兰,67,168;镇,251
Newton,Isaac,伊萨克·牛顿,150
Nietzsche,Friedrich,弗里德里希·尼采,96
North America,北美,23,55,118,127,135—136,168,177—178,268;其殖民史,267
Novelty,创新性,34,41,46—48,212
Novus ordo saeclorum,新秩序的时代,26,46,68,172,210—212
Nuclear warfare,核战争,13,15—16

Oath of the Tennis Court,网球场宣誓,120,125
Obedience,服从,228
October Revolution,十月革命,参见"俄国革命"

Old Testament,旧约,172,190,205
Oligarchy,寡头制,21,30,36
One-party dictatorship,一党专政,247—248,258,263,266,268,273
Opinion,意见,268—269;和权威,227—228;在政府中,226;和真理,229;也参见"公共意见"
Original sin,原罪,87
Oxford,牛津,107

Paine, Thomas,托马斯·潘恩,45,68,145,196,203,233
Paris,巴黎,48,67,73,113,259
Parisian Commune,巴黎公社,89,239,242,246;各区,111;1871年的,64,250,256—257,261,266
Parmenides,巴门尼德,229
Party,党派,94,270—271;和委员会,257—258,265—266,271,273;和民主,277;和议院,247—248;也参见"多党制"、"一党专政"、"两党制"
Pascal, Blaise,布莱斯·帕斯卡尔,96,122
Pasternak, Boris,鲍里斯·帕斯捷尔纳克,17
Paul, Saint,圣保罗,230
Pendleton, Edmund,埃德蒙·彭德尔顿,138
Penn, William,威廉·佩恩,71
Pennsylvania,宾夕法尼亚,200
People,人民,其神化,182;其美国概念,93—94;其法国概念,74—78,93—94,106—107,157,179;和大众,270;其罗马概念,166,178,188
Pericles,伯里克利,177
Permanent revolution,不断革命,51,133—134,144
Persona,人物,106—108
Philosophes,哲人,124,216;也参见"文人"
Philosophy,哲学,和法国大革命,53;和美国革命,219,229
Pilgrim Fathers,清教徒前辈移民,167,230
Pity,怜悯,85,94;和同情,89
Plato,柏拉图,21—22,102,129,131,187,192,213,229
Plebiscite,全民公决,228
Political science,政治科学,52,121,149,177,231,238,255
Polybius,波利比乌斯,21,42,150—151
Popular societies,民间社团,239—244,254
Poverty,贫困,23,60,66,74,91,94,108,112,114,123,137,221;在美国,67—70
Power,权力;大国,91,150,170—171;其美国概念,166—167;和权威,155—157,179,200;和自由,150;其法国概念,181—182;其宪法,150;和法律,159,163;对权力的不信任,146—147;也参见"均势"、"分权"
Professional revolutionists,职业革命家,参见"革命者"
Promise,承诺,170—171,175—177,214
Property,财产,60,180,252

Protestantism, 新教, 190
Proudhon, Pierre-Joseph, 皮埃尔—约瑟夫·蒲鲁东, 51, 261
Prudence, 审慎, 219
Public happiness, 公共幸福, 72, 119, 126—135, 141, 234, 235, 255, 269, 279
Public opinion, 公共意见, 76, 93, 221—228, 245
Purges, 清洗, 99—100
Puritans, 清教徒, 139, 172, 230

Radicals, 激进派, 162
Raison d'état, 国家理由, 77
Raynal, Abbé, 雷奈神父, 23, 284
Realpolitik, 现实政治, 105
Reason and passion, 理性与激情, 95, 225, 229
Rebellion, 叛变；造反, 39—40, 47—48；和革命, 142
Reformation, 宗教改革, 26
Reign of Terror, 恐怖统治, 99, 105, 108
Religion, 宗教, 161；其罗马概念, 198, 201；和政府, 162
Religious sanction, 宗教禁令, 171, 185—186, 189—191, 196
Renaissance, 文艺复兴, 36—38, 43, 196
Representation, 代议制；代表制, 69, 143, 226, 236, 237, 240, 268, 272—273；对行动, 273；在殖民地, 236；和民主, 166；和政党制度, 270
Representative government, 代议制政府, 226, 251—252, 263, 269；和街区制度, 254—255
Republic, 共和国, 33, 91, 121, 129, 134, 169, 171, 182—184, 219；对贵族制, 226；和腐败, 251；和民主, 164, 166, 223, 236
Resistance movement, French, 法国抵抗运动, 280
Restoration, 复辟, 37, 43—45, 154—155
Revolution, 革命, 其历史, 50—51, 61, 70, 255—256；其景象, 51；革命一词, 35, 41—43, 47, 48—49, 55；欧洲的革命, 222；二十世纪的革命, 115
Revolution of 1848, 1848年革命, 260—262
Revolutionary calendar, 革命历法, 29, 36
Revolutionary government, 革命政府, 60, 133—134, 137, 141, 144, 233, 242；和公社运动, 244
Revolutionary law, 革命法律, 183
Revolutionary parties, 革命党, 248—249, 257, 259, 264—265, 274；和委员会, 273
Revolutionary spirit, 革命精神, 46, 126, 132—133, 142, 174, 221—222, 231, 239；和联邦制, 266；和立国, 222—223, 231—232；和街区制度, 232
Revolutionary tradition, 革命传统, 79, 90, 95, 105, 216, 221, 249, 258
Revolutionary wars, 革命战争, 258
Revolutionists, 革命者, 24, 54, 57, 59, 79, 90, 111, 115, 134, 221, 257—260, 262, 265, 273
Rights of Man, 人权, 32, 53, 61, 84, 108—

109,148—149,233；也参见"人权宣言"

Robespierre, Maximilien, 马克西米利安·罗伯斯庇尔, 29, 37, 39, 46, 49—50, 57—59, 65, 74—75, 82, 85, 89—90, 93—96, 110, 120—121, 132—134, 137, 141, 158, 182—187, 190—191, 207, 208, 231—233, 241—247; 和民间社团, 240—241; 和卢梭, 97; 和美德, 97

Roman Empire, 罗马帝国, 117, 155, 161, 194, 201

Roman Republic, 罗马共和国, 117, 188, 197

Romanticism, 浪漫主义, 80, 197

Rome, 罗马, 38, 201, 208; 其立国, 210

Romulus and Remus, 罗慕路斯与雷穆斯, 20, 38, 209

Rossiter, Clinton, 克林顿·罗西特, 128, 169, 172

Rotation in office, 轮流执政, 238

Rousseau, Jean-Jacques, 让—雅克·卢梭, 71, 76—81, 94, 97, 106, 109, 150, 156, 183—184, 224, 241

Rousseauism, 卢梭主义, 120

Rousselin, Alexandre, 亚历山大·鲁斯兰, 110

Royal Charters, 皇室特许状, 167—168, 177

Royalists, 保皇派, 49

Rush, Benjamin, 本杰明·拉什, 141, 149, 236

Russia, 俄国, 52, 216, 266

Russian Revolution, 俄国革命, 52, 58, 65, 99, 144, 155, 158, 247, 257, 262, 265—266

Russian Revolution of 1905, 1905年俄国革命, 15, 250, 256, 257, 259, 262, 264

Russo-Japanese War, 日俄战争, 15

Saint-Just, Louis de, 路易·德·圣鞠斯特, 49—50, 56, 58, 75, 77, 80, 91, 112, 196, 243—244, 269—270

Saint-Simon, Louis de Rouvroy, duc de, 圣西门, 104

Sans-culottes, 无套裤汉, 61, 243, 245

Scandinavia, 斯堪的纳维亚, 146

Scipio, 西庇阿, 207

Second Empire (French), 法兰西第二帝国, 15

Second World War, 第二次世界大战, 17, 144, 146, 215, 271, 280

Secret police, 秘密警察, 260

Secularization, 世俗化, 26, 36, 159—161, 230

Selden, John, 约翰·塞尔登, 236

Self-government, 自治政府, 41

Senate, 参议院; 元老院, 224; 美国的, 200, 226—228, 231; 罗马的, 178, 199—200

Separation of powers, 分权, 150—152, 156, 238, 251, 267

September Massacres, 九月大屠杀, 99

Shay's Rebellion, 谢斯叛乱, 233

Sieyès, Abbé, 西耶士神父, 75, 156, 158, 161—164, 183

Slavery, 奴隶制, 63, 71, 114
Smith, Adam, 亚当·斯密, 23
Social contract, 社会契约, 169—173
Social question, 社会问题, 22—24, 56, 59—114, 221; 也参见"贫困"
Socialism, 社会主义, 65
Socrates, 苏格拉底, 101—103, 132
Sophocles, 索福克勒斯, 281
Sovereignty, 主权; 统治权, 24, 153, 156, 160, 168, 185
Soviet Parliament, 苏维埃议会, 265
Soviet Republic, 苏维埃共和国, 265, 273
Soviet Russia, 苏联, 217, 258
Soviets, 苏维埃, 65—66, 247, 249, 257—258, 264—265
Sparta, 斯巴达, 224, 315
Stalin, Joseph, 约瑟夫·斯大林, 65, 79
State, 州, 39
State constitutions, 州宪法, 145, 165, 191
State governments, 州政府, 153, 165—166, 251
State of nature, 自然状态, 19, 21, 45, 165—166, 180—181, 185, 188
Strasbourg, 斯特拉斯堡, 243
Stuarts, 斯图亚特王室, 43
Supreme Being, 最高存在, 其崇拜, 184, 190
Supreme Court, 最高法院, 200, 228, 231
Suspicion, 嫌疑分子, 96—97
Switzerland, 瑞士, 146

Technology, 科技, 65, 114
Terror, 恐怖, 57, 60, 99—100, 110, 112, 221, 243, 247; 和腐败, 106; 美德的, 100; 也参见"恐怖统治"
Theseus, 忒修斯, 281
Third Estate, 第三等级, 108, 125
Third Republic (French), 法兰西第三共和国, 15, 146
Thompson, J. M., 汤普森, 120, 190
Thucydides, 修昔底德, 12
Tocqueville, Alexis de, 亚历克斯·德·托克维尔, 30, 45, 52, 57, 61, 113, 118, 125, 132, 137, 166, 177, 220, 222, 245, 255, 260
Totalitarianism, 极权主义, 18
Townships, 市镇, 38, 166, 236, 239, 250—251, 261
Tradition, Hebrew-Christian, 希伯来—基督教传统, 206; 其罗马概念, 201; 西方的, 162, 195, 197
Trojan war, 特洛伊战争, 209
Trotsky, Leon, 利昂·托洛茨基, 262
Troy, 特洛伊, 187, 205, 208—209, 212
Turgot, Robert Jacques, 罗贝尔·雅克·杜尔哥, 24
Twelve Table Law, 十二铜表法, 188
Two-party system, 两党制, 267—268
Tyranny, 暴政, 33, 45, 73—74, 91—92, 119—120, 130, 133, 143, 151, 225—226; 其古典概念, 186

United States of America, 美利坚合众国, 55, 67, 125, 134, 168, 181, 216, 235, 238, 267—268, 270; 和革命, 216
Utopian Socialists, 空想社会主义, 261

Venice,威尼斯,199,224
Vergniaud,维尼奥,49,58
Versailles,凡尔赛,68,99
Vice,丑恶,81—82
Vico,Giovanni,吉奥瓦尼·维科,55
Violence,暴力,18—20,35,37—39,64—65,83—84,87—88,91,115,151,208—209,221—222;和美国革命,213;和自由,114;和必然性,113—115;和权力,91
Virgil,维吉尔,187,205—212
Virginia,弗吉尼亚,250
Virginia Company,弗吉尼亚公司,167
Virtue,美德,81;和罗伯斯庇尔,90;和同情,85—86

War,战争,11—20;其罗马概念,210
War of Independence,独立战争,67,141,176

Ward system,街区制度,248—255
Warren,Joseph,约瑟夫·沃伦,123
Washington,George,乔治·华盛顿,56,57
Webster,Daniel,丹尼尔·韦伯斯特,73
Will,意志,76,225;和利益,78,163
William and Mary,威廉与玛丽,英国国王与王后,43
Wilson,James,詹姆斯·威尔逊,154,196,236
Wilson,Woodrow,伍德罗·威尔逊,198,200
Women's march to Versailles,妇女进军凡尔赛,112
Working class,工人阶级,274
Workers' Councils,工人委员会,274—275
World history,世界历史,53

Young,Arthur,阿瑟·扬,144

译后记

承蒙洪涛先生错爱,力荐我译著名政治哲学家汉娜·阿伦特的代表作之一《论革命》,接到这个任务,真是受宠若惊,寝食难安。从执笔翻译至今,不觉六载寒暑,也曾六易其稿,不敢稍有怠慢,个中甘苦只有自知。《论革命》中文译本付梓之际,我首先想感谢洪涛先生,他不仅对我寄予深望,也时常就本书一些烦难之处,予以指点,令我受益匪浅。另外,胡雨春教授帮助我翻译了《论革命》中所有的德文;彭俞霞女士帮助我翻译了《论革命》中的法文和拉丁文;张骥博士帮助我找有关专家,解决了一些棘手的拉丁文翻译;李辉博士在我赴美期间,承担了琐碎而繁重的样稿校对工作。本书的出版,与他们的努力是分不开的,所以我在此一并予以感谢。

最早承担《论革命》翻译任务的是王寅丽女士,她是阿伦特研究的专家。王女士在翻译了前三章(不包括注释)之后,由于身怀六甲而不得不中途辍笔。我接手后,仔细阅读了她的译稿,十分叹服。不过,为了译文风格的统一,我还是忍痛割爱,另起炉灶。无论如何,王寅丽女士为本书所付出的艰辛劳动,是不容抹杀的。

译后记

  我的导师林尚立教授,不以我忙于译事为忤,释我以暇。我留校任教数载,由于此事耽搁,无暇顾及其他,于心甚为有愧。

  我的妻子申剑敏,她翘首以盼《论革命》中文译本久矣!须知在翻译过程中,我最大的心愿,就是丢下手中译稿,与她一起去享受哪怕一刻的悠闲……

  译事永无止境,有过此般经历的人都知道,非但耗时耗力,还吃力不讨好。《论革命》我每易其稿都会发现错误,这样下去如何得了?索性将此艰巨任务交给读者诸君。译文有不妥之处,那是由于译者见识水平都有限,力有不逮。学术乃天下公器,望各位不吝批评指正,一起来完善对《论革命》的理解。

陈周旺

2007年春于美国纽约州立大学阿尔巴尼分校

人文与社会译丛

第一批书目

1. 《政治自由主义》(增订版),[美]J. 罗尔斯著,万俊人译　118.00 元
2. 《文化的解释》,[美]C. 格尔茨著,韩莉译　89.00 元
3. 《技术与时间:1. 爱比米修斯的过失》,[法]B. 斯蒂格勒著,
   裴程译　62.00 元
4. 《依附性积累与不发达》,[德]A. G. 弗兰克著,高铦等译　13.60 元
5. 《身处欧美的波兰农民》,[美]F. 兹纳涅茨基、W. I. 托马斯著,
   张友云译　9.20 元
6. 《现代性的后果》,[英]A. 吉登斯著,田禾译　45.00 元
7. 《消费文化与后现代主义》,[英]M. 费瑟斯通著,刘精明译　14.20 元
8. 《英国工人阶级的形成》(上、下册),[英]E. P. 汤普森著,
   钱乘旦等译　168.00 元
9. 《知识人的社会角色》,[美]F. 兹纳涅茨基著,郏斌祥译　49.00 元

第二批书目

10. 《文化生产:媒体与都市艺术》,[美]D. 克兰著,赵国新译　49.00 元
11. 《现代社会中的法律》,[美]R. M. 昂格尔著,吴玉章等译　39.00 元
12. 《后形而上学思想》,[德]J. 哈贝马斯著,曹卫东等译　58.00 元
13. 《自由主义与正义的局限》,[美]M. 桑德尔著,万俊人等译　30.00 元

14.《临床医学的诞生》,[法]M.福柯著,刘北成译　　　　55.00元
15.《农民的道义经济学》,[美]J.C.斯科特著,程立显等译　42.00元
16.《俄国思想家》,[英]I.伯林著,彭淮栋译　　　　　　35.00元
17.《自我的根源:现代认同的形成》,[加]C.泰勒著,韩震等译
　　　　　　　　　　　　　　　　　　　　　　　　128.00元
18.《霍布斯的政治哲学》,[美]L.施特劳斯著,申彤译　　49.00元
19.《现代性与大屠杀》,[英]Z.鲍曼著,杨渝东等译　　　59.00元

第三批书目

20.《新功能主义及其后》,[美]J.C.亚历山大著,彭牧等译　15.80元
21.《自由史论》,[英]J.阿克顿著,胡传胜等译　　　　　89.00元
22.《伯林谈话录》,[伊朗]R.贾汉贝格鲁等著,杨祯钦译　48.00元
23.《阶级斗争》,[法]R.阿隆著,周以光译　　　　　　　13.50元
24.《正义诸领域:为多元主义与平等一辩》,[美]M.沃尔泽著,
　　褚松燕等译　　　　　　　　　　　　　　　　　　24.80元
25.《大萧条的孩子们》,[美]G.H.埃尔德著,田禾等译　　27.30元
26.《黑格尔》,[加]C.泰勒著,张国清等译　　　　　　　135.00元
27.《反潮流》,[英]I.伯林著,冯克利译　　　　　　　　48.00元
28.《统治阶级》,[意]G.莫斯卡著,贾鹤鹏译　　　　　　98.00元
29.《现代性的哲学话语》,[德]J.哈贝马斯著,曹卫东等译　78.00元

第四批书目

30.《自由论》(修订版),[英]I.伯林著,胡传胜译　　　　69.00元
31.《保守主义》,[德]K.曼海姆著,李朝晖、牟建君译　　58.00元
32.《科学的反革命》(修订版),[英]F.哈耶克著,冯克利译　58.00元

33.《实践感》,[法]P. 布迪厄著,蒋梓骅译　　　　　　75.00元
34.《风险社会:新的现代性之路》,[德]U. 贝克著,张文杰等译　58.00元
35.《社会行动的结构》,[美]T. 帕森斯著,彭刚等译　　　80.00元
36.《个体的社会》,[德]N. 埃利亚斯著,翟三江、陆兴华译　15.30元
37.《传统的发明》,[英]E. 霍布斯鲍姆等著,顾杭、庞冠群译　68.00元
38.《关于马基雅维里的思考》,[美]L. 施特劳斯著,申彤译　78.00元
39.《追寻美德》,[美]A. 麦金太尔著,宋继杰译　　　　68.00元

第五批书目

40.《现实感》,[英]I. 伯林著,潘荣荣、林茂译　　　　30.00元
41.《启蒙的时代》,[英]I. 伯林著,孙尚扬、杨深译　　35.00元
42.《元史学》,[美]H. 怀特著,陈新译　　　　　　　89.00元
43.《意识形态与现代文化》,[英]J. B. 汤普森著,高铦等译　68.00元
44.《美国大城市的死与生》,[加]J. 雅各布斯著,金衡山译　78.00元
45.《社会理论和社会结构》,[美]R. K. 默顿著,唐少杰等译　128.00元
46.《黑皮肤,白面具》,[法]F. 法农著,万冰译　　　　58.00元
47.《德国的历史观》,[美]G. 伊格尔斯著,彭刚、顾杭译　58.00元
48.《全世界受苦的人》,[法]F. 法农著,万冰译　　　17.80元
49.《知识分子的鸦片》,[法]R. 阿隆著,吕一民、顾杭译　45.00元

第六批书目

50.《驯化君主》,[美]H. C. 曼斯菲尔德著,冯克利译　68.00元
51.《黑格尔导读》,[法]A. 科耶夫著,姜志辉译　　　98.00元
52.《象征交换与死亡》,[法]J. 波德里亚著,车槿山译　68.00元
53.《自由及其背叛》,[英]I. 伯林著,赵国新译　　　48.00元

54.《启蒙的三个批评者》,[英]I.伯林著,马寅卯、郑想译　　48.00元
55.《运动中的力量》,[美]S.塔罗著,吴庆宏译　　23.50元
56.《斗争的动力》,[美]D.麦克亚当、S.塔罗、C.蒂利著,
　　李义中等译　　31.50元
57.《善的脆弱性》,[美]M.纳斯鲍姆著,徐向东、陆萌译　　55.00元
58.《弱者的武器》,[美]J.C.斯科特著,郑广怀等译　　82.00元
59.《图绘》,[美]S.弗里德曼著,陈丽译　　49.00元

第七批书目

60.《现代悲剧》,[英]R.威廉斯著,丁尔苏译　　45.00元
61.《论革命》,[美]H.阿伦特著,陈周旺译　　59.00元
62.《美国精神的封闭》,[美]A.布卢姆著,战旭英译,冯克利校　　68.00元
63.《浪漫主义的根源》,[英]I.伯林著,吕梁等译　　49.00元
64.《扭曲的人性之材》,[英]I.伯林著,岳秀坤译　　22.00元
65.《民族主义思想与殖民地世界》,[美]P.查特吉著,
　　范慕尤、杨曦译　　18.00元
66.《现代性社会学》,[法]D.马尔切利著,姜志辉译　　32.00元
67.《社会政治理论的重构》,[美]R.J.伯恩斯坦著,黄瑞祺译　　72.00元
68.《以色列与启示》,[美]E.沃格林著,霍伟岸、叶颖译　　128.00元
69.《城邦的世界》,[美]E.沃格林著,陈周旺译　　85.00元
70.《历史主义的兴起》,[德]F.梅尼克著,陆月宏译　　48.00元

第八批书目

71.《环境与历史》,[英]W.贝纳特、P.科茨著,包茂红译　　25.00元
72.《人类与自然世界》,[英]K.托马斯著,宋丽丽译　　35.00元

73.《卢梭问题》,[德]E.卡西勒著,王春华译　　　　　39.00元
74.《男性气概》,[美]H.C.曼斯菲尔德著,刘玮译　　　28.00元
75.《战争与和平的权利》,[美]R.塔克著,罗炯等译　　25.00元
76.《谁统治美国》,[美]W.多姆霍夫著,吕鹏、闻翔译　35.00元
77.《健康与社会》,[法]M.德吕勒著,王鲲译　　　　　35.00元
78.《读柏拉图》,[德]T.A.斯勒扎克著,程炜译　　　　68.00元
79.《苏联的心灵》,[英]I.伯林著,潘永强、刘北成译　　59.00元
80.《个人印象》,[英]I.伯林著,林振义、王洁译　　　35.00元

第九批书目

81.《技术与时间:2.迷失方向》,[法]B.斯蒂格勒著,
　　赵和平、印螺译　　　　　　　　　　　　　　　59.00元
82.《抗争政治》,[美]C.蒂利、S.塔罗著,李义中译　　28.00元
83.《亚当·斯密的政治学》,[英]D.温奇著,褚平译　　21.00元
84.《怀旧的未来》,[美]S.博伊姆著,杨德友译　　　　85.00元
85.《妇女在经济发展中的角色》,[丹]E.博斯拉普著,陈慧平译 30.00元
86.《风景与认同》,[美]W.J.达比著,张箭飞、赵红英译 68.00元
87.《过去与未来之间》,[美]H.阿伦特著,王寅丽、张立立译 58.00元
88.《大西洋的跨越》,[美]D.T.罗杰斯著,吴万伟译　　108.00元
89.《资本主义的新精神》,[法]L.博尔坦斯基、E.希亚佩洛著,
　　高銛译　　　　　　　　　　　　　　　　　　　58.00元
90.《比较的幽灵》,[美]B.安德森著,甘会斌译　　　　79.00元

第十批书目

91.《灾异手记》,[美]E.科尔伯特著,何恬译　　　　　25.00元

92.《技术与时间:3.电影的时间与存在之痛的问题》,
　　[法]B.斯蒂格勒著,方尔平译　　　　　　　　　65.00元
93.《马克思主义与历史学》,[英]S.H.里格比著,吴英译　78.00元
94.《学做工》,[英]P.威利斯著,秘舒、凌旻华译　　　68.00元
95.《哲学与治术:1572—1651》,[美]R.塔克著,韩潮译　45.00元
96.《认同伦理学》,[美]K.A.阿皮亚著,张容南译　　45.00元
97.《风景与记忆》,[英]S.沙玛著,胡淑陈、冯樨译　　78.00元
98.《马基雅维里时刻》,[英]J.G.A.波考克著,冯克利、傅乾译108.00元
99.《未完的对话》,[英]I.伯林、[波]B.P.-塞古尔斯卡著,
　　杨德友译　　　　　　　　　　　　　　　　　65.00元
100.《后殖民理性批判》,[印]G.C.斯皮瓦克著,严蓓雯译　79.00元

第十一批书目

101.《现代社会想象》,[加]C.泰勒著,林曼红译　　　　45.00元
102.《柏拉图与亚里士多德》,[美]E.沃格林著,刘曙辉译　78.00元
103.《论个体主义》,[法]L.迪蒙著,桂裕芳译　　　　　30.00元
104.《根本恶》,[美]R.J.伯恩斯坦著,王钦、朱康译　　　78.00元
105.《这受难的国度》,[美]D.G.福斯特著,孙宏哲、张聚国译　39.00元
106.《公民的激情》,[美]S.克劳斯著,谭安奎译　　　　49.00元
107.《美国生活中的同化》,[美]M.M.戈登著,马戎译　　58.00元
108.《风景与权力》,[美]W.J.T.米切尔著,杨丽、万信琼译　78.00元
109.《第二人称观点》,[美]S.达沃尔著,章晟译　　　　69.00元
110.《性的起源》,[英]F.达伯霍瓦拉著,杨朗译　　　　85.00元

第十二批书目

111.《希腊民主的问题》,[法]J.罗米伊著,高煜译　　　　48.00元
112.《论人权》,[英]J.格里芬著,徐向东、刘明译　　　　75.00元
113.《柏拉图的伦理学》,[英]T.埃尔文著,陈玮、刘玮译　118.00元
114.《自由主义与荣誉》,[美]S.克劳斯著,林垚译　　　　62.00元
115.《法国大革命的文化起源》,[法]R.夏蒂埃著,洪庆明译　38.00元
116.《对知识的恐惧》,[美]P.博格西昂著,刘鹏博译　　　38.00元
117.《修辞术的诞生》,[英]R.沃迪著,何博超译　　　　　48.00元
118.《历史表现中的真理、意义和指称》,[荷]F.安克斯密特著,
    周建漳译　　　　　　　　　　　　　　　　　　　58.00元
119.《天下时代》,[美]E.沃格林著,叶颖译　　　　　　　78.00元
120.《求索秩序》,[美]E.沃格林著,徐志跃译　　　　　　48.00元

第十三批书目

121.《美德伦理学》,[新西兰]R.赫斯特豪斯著,李义天译　68.00元
122.《同情的启蒙》,[美]M.弗雷泽著,胡靖译　　　　　　48.00元
123.《图绘暹罗》,[美]T.威尼差恭著,袁剑译　　　　　　58.00元
124.《道德的演化》,[新西兰]R.乔伊斯著,刘鹏博、黄素珍译　65.00元
125.《大屠杀与集体记忆》,[美]P.诺维克著,王志华译　　78.00元
126.《帝国之眼》,[美]M.L.普拉特著,方杰、方宸译　　　68.00元
127.《帝国之河》,[美]D.沃斯特著,侯深译　　　　　　　76.00元
128.《从道德到美德》,[美]M.斯洛特著,周亮译　　　　　58.00元
129.《源自动机的道德》,[美]M.斯洛特著,韩辰锴译　　　58.00元
130.《理解海德格尔:范式的转变》,[美]T.希恩著,
    邓定译　　　　　　　　　　　　　　　　　　　　89.00元

第十四批书目

131. 《城邦与灵魂：费拉里〈理想国〉论集》，[美]G.R.F.费拉里著，刘玮编译　　　　　　　　　58.00元
132. 《人民主权与德国宪法危机》，[美]P.C.考威尔著，曹晗蓉、虞维华译　　　　　　　　58.00元
133. 《16和17世纪英格兰大众信仰研究》，[英]K.托马斯著，芮传明、梅剑华译　　　　　　　　168.00元
134. 《民族认同》，[英]A.D.史密斯著，王娟译　　55.00元
135. 《世俗主义之乐：我们当下如何生活》，[英]G.莱文编，赵元译　　　　　　　　　　58.00元
136. 《国王或人民》，[美]R.本迪克斯著，褚平译（即出）
137. 《自由意志、能动性与生命的意义》，[美]D.佩里布姆著，张可译　　　　　　　　　　68.00元
138. 《自由与多元论：以赛亚·伯林思想研究》，[英]G.克劳德著，应奇等译　　　　　　58.00元
139. 《暴力：思无所限》，[美]R.J.伯恩斯坦著，李元来译　　59.00元
140. 《中心与边缘：宏观社会学论集》，[美]E.希尔斯著，甘会斌、余昕译　　　　　　　　88.00元

第十五批书目

141. 《自足的世俗社会》，[美]P.朱克曼著，杨靖译　　58.00元
142. 《历史与记忆》，[英]G.丘比特，王晨凤译　　59.00元
143. 《媒体、国家与民族》，[英]P.施莱辛格著，林玮译　　68.00元
144. 《道德错误论：历史、批判、辩护》，

[瑞典]J.奥尔松著,周奕李译　　　　　　　　58.00元
145.《废墟上的未来:联合国教科文组织、世界遗产与和平之梦》,
　　[澳]L.梅斯克尔著,王丹阳、胡牧译　　　88.00元
146.《为历史而战》,[法]L.费弗尔著,高煜译　　98.00元
147.《语言动物:人类语言能力概览》,[加]C.泰勒著,
　　赵清丽译(即出)
148.《我们中的我:承认理论研究》,[德]A.霍耐特著,
　　张曦、孙逸凡译　　　　　　　　　　　　62.00元
149.《人文学科与公共生活》,[美]P.布鲁克斯、H.杰维特编,
　　余婉卉译　　　　　　　　　　　　　　　52.00元
150.《美国生活中的反智主义》,[美]R.霍夫施塔特著,
　　何博超译　　　　　　　　　　　　　　　68.00元

第十六批书目

151.《关怀伦理与移情》,[美]M.斯洛特著,韩玉胜译　　48.00元
152.《形象与象征》,[罗]M.伊利亚德著,沈珂译　　　　48.00元
153.《艾希曼审判》,[美]D.利普斯塔特著,刘颖洁译(即出)
154.《现代主义观念论:黑格尔式变奏》,[美]R.B.皮平著,郭东辉译
　　(即出)
155.《文化绝望的政治:日耳曼意识形态崛起研究》,[美]F.R.斯特
　　恩著,杨靖译(即出)
156.《作为文化现实的未来:全球现状论集》,[印]A.阿帕杜拉伊著,
　　周云水、马建福译(即出)
157.《一种思想及其时代:以赛亚·伯林政治思想的发展》,[美]
　　J.L.彻尼斯著,寿天艺、宋文佳译(即出)
158.《人类的领土性:理论与历史》,[美]R.B.萨克著,袁剑译(即出)

159.《理想的暴政:多元社会中的正义》,[美]G. 高斯著,范震亚译（即出）
160.《荒原:一部历史》,[美]V. D. 帕尔马著,梅雪芹译(即出)

有关"人文与社会译丛"及本社其他资讯,欢迎点击www.yilin.com浏览,对本丛书的意见和建议请反馈至新浪微博@译林人文社科。